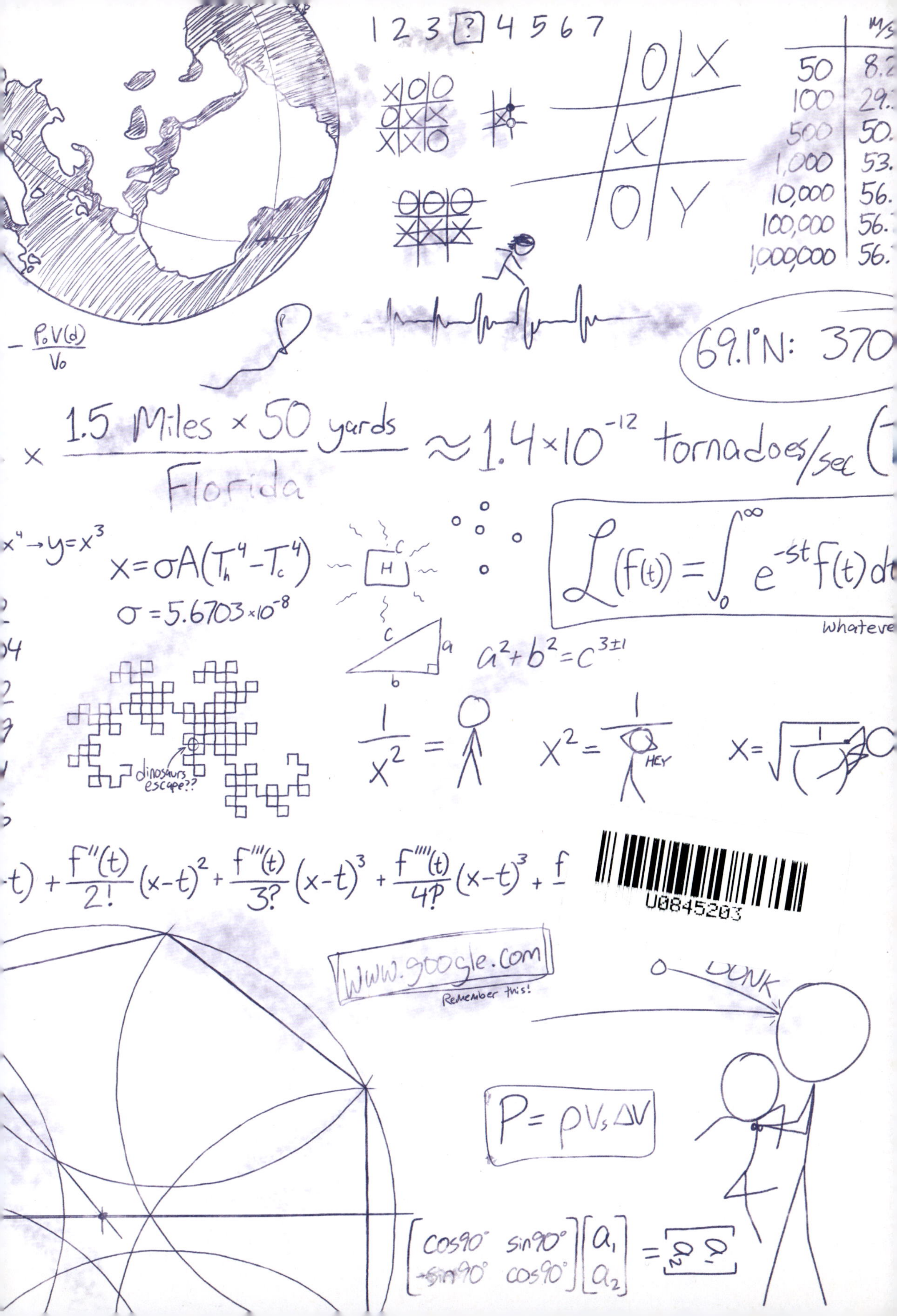

1 2 3 ? 4 5 6 7
O X
X
O Y
m/s
50 8.2
100 29.
500 50.
1,000 53.
10,000 56.
100,000 56.
1,000,000 56.
69.1°N: 370
1.5 Miles × 50 yards / Florida ≈ 1.4×10⁻¹² tornadoes/sec
x = σA(Th⁴ − Tc⁴)
σ = 5.6703×10⁻⁸
H
C
ℒ(f(t)) = ∫₀^∞ e^(−st) f(t) dt
whateve
a² + b² = c^(3±1)
dinosaurs escape??
HEY
www.google.com
Remember this!
DONK
P = ρVsΔV

[美]
兰道尔·门罗
著
Randall Munroe

朱君玺
译
Ent
校译

那些古怪

what if ?

Serious Scientific Answers to *Absurd Hypothetical Questions*

又让人忧心的问题

[珍藏版]

北京联合出版公司
Beijing United Publishing Co.,Ltd.

再**荒诞的问题** 都可能有一个**科学答案**

那些古怪又让人忧心的问题
（珍藏版）

[美] 兰道尔 · 门罗 著
朱君玺 译

图书在版编目（CIP）数据

那些古怪又让人忧心的问题 : 珍藏版 / (美) 门罗 著 ; 朱君玺译 . – 北京 : 北京联合出版公司 , 2016.6（2018.9 重印）

ISBN 978-7-5502-7701-4

Ⅰ . ①那… Ⅱ . ①门… ②朱… Ⅲ . ①科学知识一普及读物 Ⅳ . ① Z228

中国版本图书馆 CIP 数据核字 (2016) 第 103923 号

What If ?: Serious Scientific Answers to Absurd Hypothetical Questions

by Randall Munroe

北京市版权局著作权合同登记号 图字 : 01-2015-1070 号

策　划　联合天际
责任编辑　李　伟　刘　凯
特约编辑　郝　佳
美术编辑　王颖会
封面设计　@broussaille 私制

UnRead
—
探索家

出　版　北京联合出版公司
北京市西城区德外大街 83 号楼 9 层　100088
发　行　北京联合天畅发行公司
印　刷　北京联兴盛业印刷股份有限公司
经　销　新华书店
字　数　150 千字
开　本　710 毫米 × 1000 毫米 1/16　19 印张
版　次　2016 年 6 月第 1 版　2018 年 9 月第 17 次印刷
I S B N　978-7-5502-7701-4
定　价　68.00 元

关注未读好书

未读 CLUB
会员服务平台

本书若有质量问题，请与本公司图书销售中心联系调换
电话：(010) 5243 5752　(010) 6424 3832

免责声明

不要在家里尝试书中提到的任何行为。本书作者是一位互联网漫画家而不是健康或安全专家，他喜欢看到东西着火或者爆炸，换言之他并没有把你的首要利益放在自己心中。本书作者和出版商不承担任何由书中内容直接或间接导致的不良后果。

简 介

这本书里包含了各种各样稀奇古怪的问题的回答。

这些问题都是通过我的网站提交给我的，而在这个网站上——除了充当疯狂科学家的答疑解惑专栏之外——我还会画“xkcd”，一套火柴人风格的网络漫画。不过我并不是画漫画起家的，我的专业是物理，在毕业后去了美国航空航天局（NASA）做机器人方面的工作。后来我离开了 NASA 开始全职画漫画，但我对科学和数学的热爱却并未因此而消减。最终我找到了一个发挥我的能力的途径：回答互联网上各种稀奇古怪、有时让人有些担忧的问题。这本书中包含了网站上我最喜欢的一些问题，以及许多从未在网站上出现过的问题。从我有印象以来，我就一直在用数学来解决稀奇古怪的问题。在我 5 岁的时候，我的母亲在一本相册中记录了当时她和我的一段对话。当她知道我在写这本书后，她翻出了这本相册并把它送到我手中。我从这张 25 年前记录的纸上一字不差地把这些文字摘抄下来贴在这里：

兰道尔：我们家里硬的东西多还是软的东西多？

朱莉：我不知道。

兰道尔：那全世界哪种东西多呢？

朱莉：我不知道。

兰道尔：嗯，每家每户都有三四个枕头，对吧？

朱莉：是的。

兰道尔：然后每家每户都有大约 15 块磁铁，对吧？

朱莉：我猜是吧。

兰道尔：所有 15 加上 3 或者 4，不妨加上 4 吧，就是 19，对吧？

朱莉：是的。

兰道尔：所以全世界一共有大约 30 亿个……软的东西，还有……50 亿个硬的……东西。那么，谁赢了？

朱莉：我猜是硬的东西吧。

直至今日我都不知道当时30亿和50亿这两个数字是从哪里冒出来的，很显然那时我并不理解数字是怎么回事儿。后来我的数学水平慢慢地变好起来，但我使用数学知识的目的还是和我5岁那时一样：我想用它来回答问题。有人说世上没有愚蠢的问题。这句话很明显是不对的：比如说我觉得那时我问的关于硬的东西和软的东西的问题就十分愚蠢。但后来我发现想要完整地回答一个愚蠢的问题有时会带来许多十分有趣的东西。我现在还是不知道世界上硬的东西多还是软的东西多，但在回答问题的过程中我已经学到了许多其他的东西。接下来我将向你们呈现这段旅途中我最喜欢的那些部分。

兰道尔·门罗

目　录
QUESTIONS

全球风暴

GLOBAL WINDSTORM

Q. 如果地球和地上所有的东西都在一瞬间停止转动，但大气层还是保持原来的速度，会怎样？

——安德鲁·布朗

A. **几乎所有人都会死去。但接下来事情就变得好玩儿了。**

在赤道，地球表面相对于地轴的旋转速度约为每秒 470 米（约每小时 1700 千米）。如果地球一瞬间停止转动而空气不受影响，那么结果就是突然刮起一阵时速 1700 千米的大风。

风速在赤道处最大，但所有居住在南北纬 42 度线之间的人（约占全球 85% 人口）都将在一瞬间感受到超音速狂风。

尽管在地表最猛烈的狂风只能维持几分钟，与地面之间的阻力会使风速慢慢降下来，不过这短短几分钟就足以把几乎所有的人类建筑都摧毁殆尽了。

我家在波士顿，那里的纬度足够高，恰好在超音速狂风区之外，但那里的大风的威力仍将是最强龙卷风威力的 2 倍。不管是棚屋还是摩天大楼，所有的建筑都会被连根拔起，夷为平地，大楼的碎片会在天空中飞得到处都是。

在极点附近，大风的威力会减弱一些，但没有一个人类城市能够逃离被彻底摧毁的命运，因为它们都离赤道不够远。挪威斯瓦尔巴特群岛上的朗伊尔城是全世界纬度最高的城市，它也会被威力媲美史上最强热带飓风的狂风摧毁。

如果你打算一直等到风暴结束，那么你的最佳去处可能会是芬兰的赫尔辛基。赫尔辛基地处北纬 60 度左右，虽不足以避免被狂风荡平地面的结局，但赫尔辛基城市下的基岩里有一套复杂的地下通道，以及一个个地下购物中心、曲棍球场和游泳池等设施。

在狂风中没有一幢建筑是安全的，即使是那些足以抵御这种强风的建筑也会面临巨大的麻烦。正如喜剧演员罗恩·怀特说的那样：“不是风在吹，而是风在吹啥。”打个比方吧，你待在一个材料强度足够抵御时速 1700 千米大风的巨型地堡里。

这很好，你应该会没事儿……前提是你是唯一拥有地堡的人。不幸的是，你周围很可能还有邻居。如果位于你上风处的那个家伙的地堡没你的那么结实，那么你的地堡就将面临时速 1700 千米的撞击。

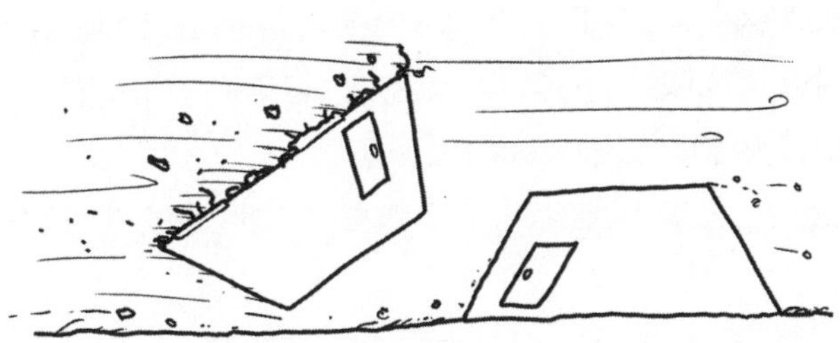

人类不会灭绝。[1] 总的来说，待在地面上的人没几个能活下来的，在空中飞舞的碎片会把任何不具备抗核爆能力的物体全部毁掉。然而待在地面之下的大部分人应该都能活得好好的。如果在这一切发生时你待在深深的地下室里（或是在更安全的地铁隧道里），那么你活下来的几率会非常大。

1. 我是指不会马上灭绝。

其他地方也会有幸存者。在阿蒙森 - 斯科特南极科考站的几十位科学家及员工应该不会受到狂风的影响。但对于他们来说，出事儿了的第一个迹象是外部世界一下子变得静默了。

这诡异的宁静可能让他们一时摸不着头脑，但早晚会有人注意到更加奇怪的事情。

>> 空气

随着地表的狂风消失，事情会变得更加奇怪。起初的狂风此时会转化成热浪。一般来说，大风中所携带的动能小到可以忽略不计，但现在我们面对的可不是一般的风。随着之前的狂风突然停止，空气会被加热。

整块大陆上的空气温度会急剧升高，而那些空气最为潮湿的地区将形成全球性的雷暴。

与此同时，横扫海面的大风会搅动表层海水，使之雾化。于是有这么一段时间，海洋将不存在表面一说——无法再区分出哪里是水珠结束的地方，哪里是海面开始的地方。

海水是冰冷的。在薄薄的表层水之下，是温度几乎均匀为 4℃的深层水。风暴会将深处冰冷的海水带到表层，由此产生的冰冷的水珠遇上炽热的空气会产生一种前所未见的天气形态——一种夹杂着风、水珠、雾以及温度剧烈变化的混合体。

由于深层的新鲜营养物质随着水流涌到了表层，这种海水的涌升会使表层生物大量繁衍。但与此同时也会导致大量鱼类、蟹类、海龟等生物的死亡，因为深层的海水含氧量太低不足以供它们呼吸。任何需要呼吸空气的生物，比如鲸类和海豚，面对翻涌的海水空气界面都将难以存活。

产生的海浪将会从东到西席卷全球，所有东面迎海的海岸都将直面有史以来最为凶猛的风暴潮。云雾状的海水水珠将会扫荡内陆，让你睁不开眼睛，随后是同样席卷而来的海浪。在一些地方，海浪将冲进数千米深的内陆。

风暴会把巨量尘土和碎屑抛射到大气层中。同时，冰冷的海洋表面将形成一层厚厚的毯状水雾。正常情况下这将导致全球气温急剧下降，事实上也将如此。

至少，在其中一个半球上是这样。

如果地球停止转动，平常的日夜交替将会终止。虽然太阳不会完完全全静止在空中，但以往每天仅有一次的日出日落此时将历时一年。

日夜将各有 6 个月长，即使是在赤道也是如此。在处于白天的那个半球上，地面将接受阳光不间断的炙烤，而在处于夜里的那个半球，气温会大幅下降。而且在对流的作用下，处于白天的那个半球，被阳光直接照射的地区将会产生巨大的风暴。[2]

从某种角度来说，此时的地球会与那些潮汐锁定的地外行星类似——这样的行星常见于红矮星宜居带里，但更好的比较对象也许是非常早期的金星。金星由于其特殊的自转速度，每次都会有一个面朝向太阳长达数月之久，像我们现在的地球一样。不过，由于金星表面的稠密大气层环流速度非常快，所以处于白天和黑夜的两个半球之间的温度基本相同。

2. 此时由于没有了科里奥利力（来自物体运动所具有的惯性），风暴的旋转方向将变得无法预测。

虽然一天的长度会发生变化，但一个月的长度并不会！因为月亮还是在绕着我们的地球转。不过没了地球的自转给它提供潮汐能，月亮将不会像之前那样慢慢地飘离地球，而是会慢慢地朝地球方向移动。

事实上我们的忠实伙伴月亮会逐渐着手修复安德鲁设想的悲剧情形带来的伤害。目前地球的自转速度比月亮快，潮汐在不断地减慢地球的自转速度，同时将月球慢慢推离地球。[3] 如果地球停止转动了，月亮将不再飘离地球，而且也不再会减慢地球的自转速度。相反，月亮产生的潮汐会逐渐加快地球的自转速度。慢慢地，月亮的引力将会拖动地球……

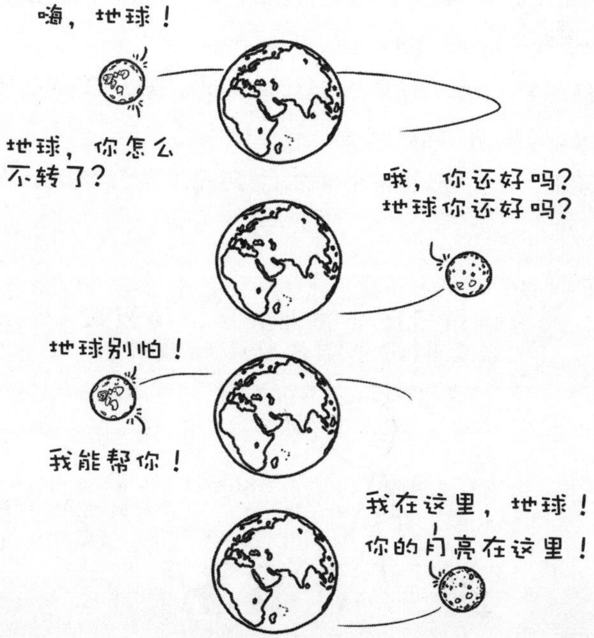

……然后地球又会再度开始自转。

3. 这一现象成因请参见第 26 期 What If 文章“闰秒”。

相对论棒球

RELATIVISTIC BASEBALL

Q. 如果棒球被以 0.9 倍光速掷出会产生什么后果？

——艾伦 · 麦克马尼斯

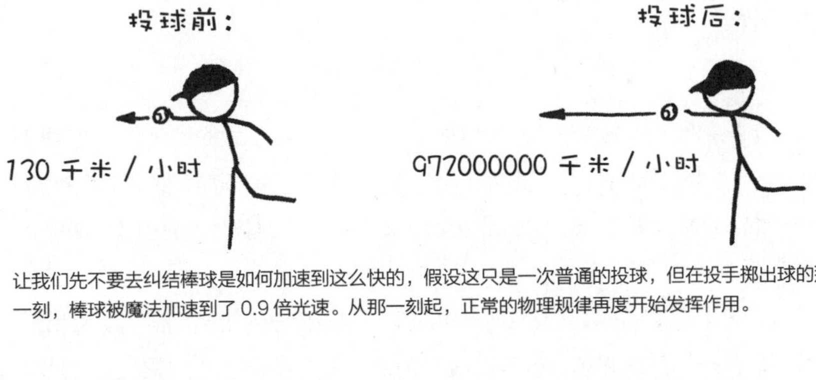

让我们先不要去纠结棒球是如何加速到这么快的，假设这只是一次普通的投球，但在投手掷出球的那一刻，棒球被魔法加速到了 0.9 倍光速。从那一刻起，正常的物理规律再度开始发挥作用。

A. **答案是“会发生很多事情”**，而且这些事情发生在相当短的一段时间内，对于击球手（或投球手）来说他们的结局有些悲惨。为了弄清楚到底会发生什么，我找来了一些物理书、一个诺兰 · 莱恩[1]人偶，以及一堆核爆试验的录像带。接下来我将向

1. 美国棒球史上投球速度最快的投手。

你展示尽我所能推理出来的纳秒级事件记录。

棒球的速度实在是太快，以至于其他任何东西看上去都像静止了一样。即使是来回振动速度可达每小时上千千米的空气分子，相比起移动速度高达每小时 9 亿千米的棒球，看上去也会像冻结在空中一样。

空气动力学在此时已经不起作用了。正常情况下，空气会流过运动物体的表面，但此时棒球前方的空气分子根本没有时间躲开棒球，棒球会直直地撞上这些空气分子，其力度之大甚至能使棒球表面空气分子的原子核发生聚变反应。每一次碰撞都会释放出一股伽马射线暴和四处飞散的粒子。[2]

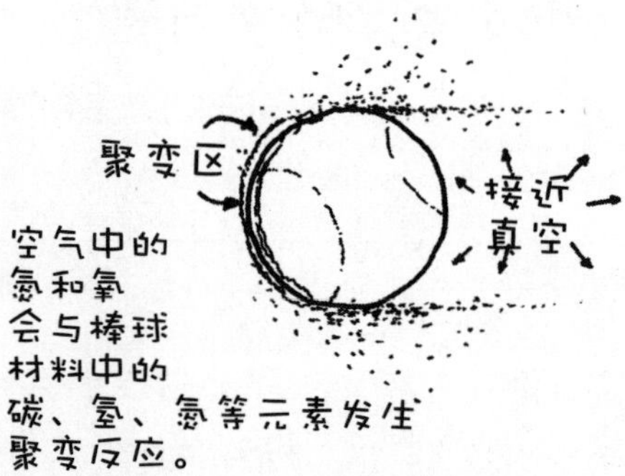

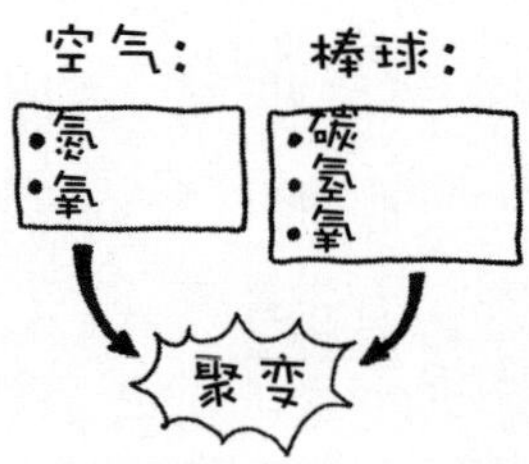

这些伽马射线和碎屑会形成一个以投手丘为中心不断扩大的气泡，它们会扯碎空气中的分子，把电子从原子核里剥离出来，整个球场内的空气都会变成不断膨胀的炽热等离子泡。这个等离子泡的边缘会以接近光速的速度（比棒球本身的速度略快一些）向击球手飞去。

棒球前方不断发生的聚变反应所产生的反作用力会把棒球向后推，慢慢地降低它的速度，就像一枚引擎点燃、尾部还在朝前飞的火箭。不幸的是，棒球的速度实在是太快，以至于这持续不断的热核反应所产生的巨大反作用力，仍然不足以使棒球的速度降低多少。然而它还是会不停地侵蚀棒球的表面，把棒球产生的细小碎屑向四面八方喷射出去。这些飞散的碎屑一旦撞上别的空气分子，其本身的巨大速度又将引发两

2. 在我最初发表这篇文章之后，麻省理工学院的物理学家汉斯·林德克奈彻特联系我说，他在他们实验室的计算机上模拟了这一场景，他发现在棒球刚飞出去的一小段时间内，绝大多数空气分子的移动速度甚至高到无法产生聚变，它们会直接穿透棒球飞出。较之我原先文章所描述的结果，空气加热的速度会更慢，同时也更均匀。

到三轮新的核聚变。

在棒球被掷出 70 纳秒后，它已经飞到了本垒板前。此时击球手甚至都还没看到棒球从投球手手中掷出，因为传递这一信息的光几乎是和棒球本身同一时刻到达击球手面前的。与空气之间的持续碰撞几乎已经把整个棒球侵蚀殆尽了，这时出现在击球手面前的是一团子弹形状的、不断膨胀的等离子云（主要成分是碳、氧、氢和氮），撞击着空气，引发更多的聚变反应。最先击中击球手的是外层的 X 射线，几纳秒后碎屑云也将接踵而至。

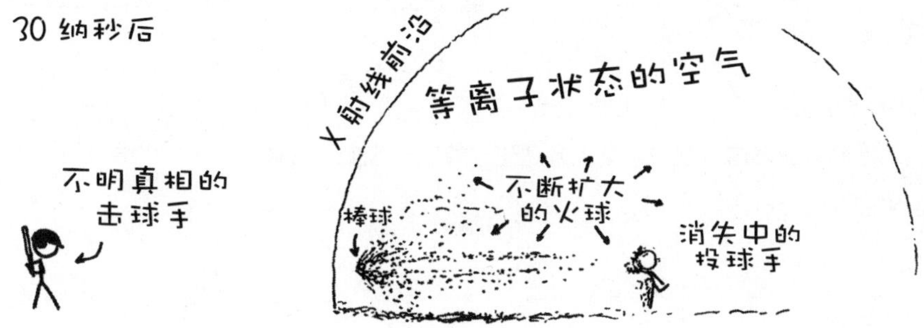

即使在飞抵本垒板后，等离子云团的核心部分仍将以接近光速的速度前进。它会先撞上球棒，但转瞬间击球手、本垒板和接球手都将被云团夹带着，撞穿后面的挡球网，同时解体。外层的 X 射线和炽热的等离子气体将继续向上向外扩张，将挡球网、双方队伍、看台以及周围的居民区一一吞没——而这些都将发生在球被掷出后的第一个毫秒内。

如果你在城市外一个小山丘上观看这场赛事，你先会看到一股耀眼的光线，其亮度远远超过太阳。几秒钟后这股强光慢慢消散，随之而来的是一个不断变大的火球升入高空，形成一个蘑菇云。随后冲击波会伴随着一声巨响呼啸而来，摧毁沿途的树木和建筑。

离球场中心大约一两千米范围之内的所有区域都会被夷为平地，火焰风暴会吞噬整座城市。原先的那个棒球场所在地将会留下一个大坑，坑的中心在挡球网后面 100 多米的地方。

根据职业棒球大联盟规则的 6.08(b) 条款，这个球将被判定为“触身球”，击球手将被保送上一垒。

乏燃料游泳池

SPENT FUEL POOL

Q. 如果我在一个普通的乏燃料（用过的核燃料）水池里游泳会怎么样？我是不是要潜到水底才会受到致命剂量的辐射？我在表面能安全地待多久？

——乔纳森· 巴斯蒂安·菲利亚特罗

A. **假设你的游泳技术还算不错的话，**那么你差不多可以通过不停踩水在水中活上 10~40 小时，之后你就会因为体力不支而昏迷并溺水。对于底下没有核燃料的水池来说也是这样……

核反应堆产生的乏燃料具有高度放射性。水在屏蔽辐射和散热方面性能都不错，因而乏燃料会被存放在水池底部，直到其中的放射性物质活跃程度降到一定水平后才会被转移到干桶中。对于这些干桶该储存在哪里，我们目前还没有达成共识，但总有一天，我们会找到合适的地方的。

下面是一个普通的乏燃料储存池的样子：

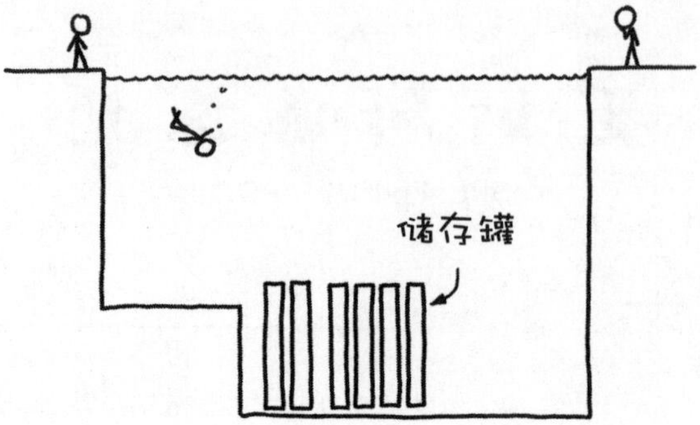

辐射产生的热量不是大问题，虽然理论上来说，乏燃料池中的水温可以达到 50℃，但在现实情况下，水温一般会介于 25~35℃——这比大多数泳池的水温要高，但比浴缸里的热水温度要低。

辐射水平最高的燃料棒，应该是最近才从核反应堆里移除出来的那些。对于乏燃料里释放出来的辐射而言，每 7 厘米深的水就能让剂量减半。根据安大略电力公司的报告中给出的辐射水平，如果把刚取出来的燃料棒放在燃料池中，那么危险区域如下：

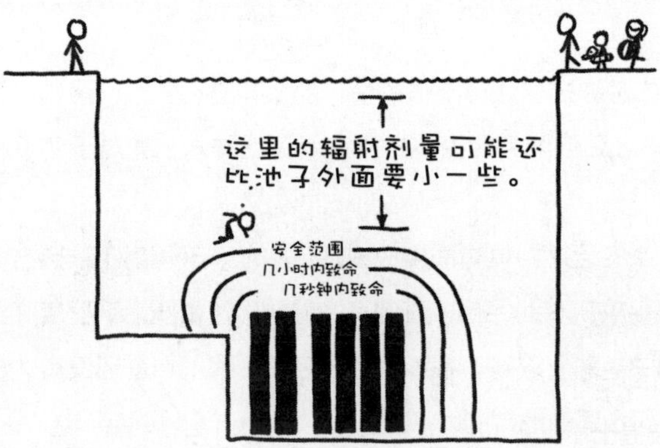

当你潜到水底，用手肘碰一下刚拿出来的燃料罐，然后立即游回水面，所受到的辐射就极有可能让你丧命。

但若是停留在最外面的那块区域，那么你想待多久就可以待多久——燃料棒核心所释放出来的辐射剂量，比你在街上四处走动时受到的背景辐射[1]剂量还少。实际上，只要你待在水下，那么绝大多数普通背景辐射是不会影响到你的。你在乏燃料池里踩水受到的辐射剂量没准儿比你走在大街上时受到的剂量还要少。

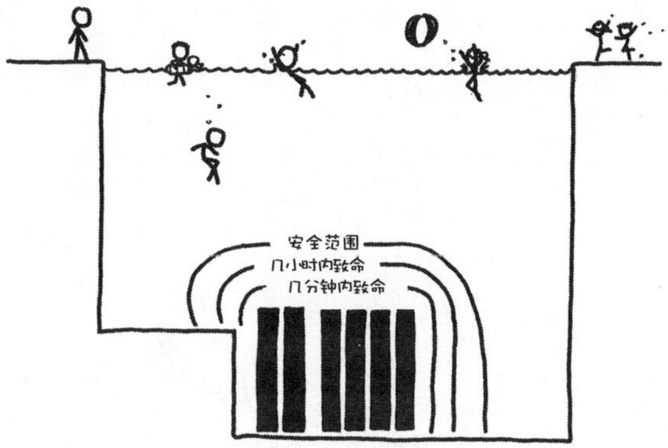

记住，我只是个漫画家。如果你打算遵循我关于核废料安全问题的建议，那么之后无论发生什么都是你自作自受。

以上讨论完全建立在没有出任何差错的情况下，如果乏燃料棒的外壳发生了腐蚀，那么水中就可能会有些裂变产物。这些物质能够很好地清洁水质，你在里面游泳也不会受到伤害，但它的辐射剂量已经到了让你不能把这里的水当瓶装水卖出去的程度。[2]

我们知道在乏燃料池里游泳一般来说是安全的，因为会有潜水员定期进行保养。

但是，这些潜水员也必须小心。

2010 年 8 月 31 日，一位潜水员正维护瑞士莱布施塔特核电站的乏燃料池。突然他发现在池子底部有一段管子，不知道是什么东西，于是他通过无线电询问主管该怎么办。主管让他把管子放到他的工具篮里，他也这么做了。由于水池中气泡的声音太大，他没有听到辐射警报器的响声。

当工具篮被提出水面后，屋子里顿时警铃大作。工具篮被扔回水中，潜水员也马上离开了水池。他身上的辐射计量器显示他受到的全身辐射剂量比正常水平高，而他右手上的剂量更是极高。

1. 译注：背景辐射是环境中普遍持续存在的电离辐射，通常来自人类活动排放和自然界的释放。
2. 这很糟糕——它来当“能量饮料”可是太合适了。

原来这根管子是反应堆核心中辐射监测器上的一根保护管，长时间的中子流使得它具有高度放射性。在 2006 年一个舱室关闭时它意外地脱落了下来，然后就沉到了燃料池底部一个不起眼的小角落，之后的 4 年里也一直没有被发现。

要是这名潜水员把那根管子放到工具腰带或者背包里等靠近身体的地方的话，管子上的辐射物质足以使他丧命。正如前面所说的，水救了他一命，只有他的手——手比身体其他娇嫩的内脏器官更能承受辐射——受到了大剂量的辐射。

所以说，只要你按规矩在乏燃料池里游泳，你应该不会遇到问题，除非你潜到水底或捡了个奇怪的东西上来。

为了确证，我联系了一位在研究用核电站工作的朋友，问他如果你试图在他们被辐射污染的池子里游泳会发生什么。

“在我们这里？”他想了一会儿之后说道，“你会死得很快，甚至在你碰到水之前，警卫就一枪把你打死了。”

那些古怪而又让人忧心的问题合集一

WEIRD (AND WORRYING) QUESTIONS FROM THE WHAT IF? INBOX, #1

Q. 如果把牙齿的温度降到很低，有没有可能在喝到热咖啡的时候牙齿就崩碎了？

——谢尔比·赫伯特

Q. 美国每年有多少幢房子被大火烧毁？让这个数字大幅增长（比如上升 15%）最简单的方法是什么？

——匿名提问者

纽约式时间机器

NEW YORK-STYLE TIME MACHINE

Q. 我总认为当你回到过去时，你会到达和穿越前同一位置的地方，至少在电影《回到未来》中是这样的。如果真是如此，那么站在纽约的时代广场向前穿越 1 千年会怎样？ 1 万年呢？ 10 万年呢？ 100 万年呢？ 10 亿年呢？如果是向未来穿越 100 万年呢？

—— 马克 · 德特兰

>> 1 千年前

在过去 3 千年间，曼哈顿地区就一直有人居住。最早来此定居的人大约是在 9 千年前。

欧洲人于 17 世纪来到这里，那时居住在此的还是勒纳佩人。[1] 勒纳佩人是一个由众多部落组成的松散联盟，住在如今的康涅狄格、纽约、新泽西以及特拉华地区。

1. 又名特拉华人。

1 千年前，这个地区很有可能还居住着一群相似的部落联合体，但是此时距离欧洲人初次抵达还有 500 年。他们和 17 世纪勒纳佩人的距离，就像勒纳佩人和现代人的距离一样远。

要想知道 1 千年前连城市都没有的时代广场看上去是什么样，我们就要借助一个伟大的项目：威利极亚（Welikia）[2]。它是由一个更小的项目——曼纳哈塔（Mannahatta）发展而来的。威利极亚计划已经绘制出了欧洲人第一次到达纽约城时那里的详细生态地貌图。

在 welikia. org 上，我们可以看到互动式的地图，一窥纽约以前的美景。1609 年，曼哈顿岛还是由起伏的山脉、沼泽、林地、湖泊和河流形成的地景的一部分。

1 千年前的时代广场的样子应该和威利极亚中描述的差不多。表面上看，可能会觉得它有点像如今生长在美国东北部的那些古老森林，但两者还是有一些显著差异。

1 千年前的时代广场有更多大型动物。如今在美国东北地区零碎分布的小片古老森林里，已经几乎见不到大型食肉动物了。那里还有一些熊、少量的狼和郊狼，几乎没有山狮。（不过鹿群的数量暴增，部分原因是大型食肉动物都消失了。）

1 千年前的纽约森林本应满是栗树。20 世纪初期的枯萎病发生之前，北美东部的硬木林曾有四分之一是栗树，但现在活下来的只有树桩了。

现在在新英格兰的森林，你还能看到那些树桩。它们会间歇性地生出新芽来，但不久就会因枯萎病而死去。用不了多久，最后的栗树树桩也会死去。

2. 勒纳佩语，意为“美好家园”。

在森林中狼很常见，随着你往内陆行进还会越来越多。你可能还会在内陆地区的森林里遇上山狮[3, 4, 5, 6, 7]和旅鸽。[8]

但有一种生物你不会看到：蚯蚓。当欧洲殖民者第一次来到新英格兰地区时，那里还没有蚯蚓。要想知道其中的原因，我们将视线移到更早的时期。

>> 1 万年前

一万年前的地球刚从冰河期里走出来。

此前覆盖新英格兰的大冰盖刚刚消退。2.2 万年前，冰盖的南端在斯塔顿岛附近，但在 1.8 万年前，冰盖向北退到了杨克斯以北。[9] 到了 1 万年前，大部分冰盖已经后退到如今的加拿大边境以北了。

冰盖的消退抹去了基岩以上的所有东西。在之后的 1 万年里，生命开始渐渐转移回来。一些物种向北移动的速度比其他物种快，当欧洲人到达新英格兰时，蚯蚓还没回到那里呢。

随着冰盖的消退，一部分大冰块从整体上脱落下来，就这样遗留在地面上。

3. 又名美洲狮（cougar）。
4. 又名美洲虎（puma）。
5. 又名山猫（catamount）。
6. 又名美洲豹（panther）。
7. 又名斑猫（painted cat）。
8. 虽然你可能不会看到欧洲殖民者们当初遇到的数亿只旅鸽形成的黑压压的旅鸽云。查尔斯·曼恩在他的书《1491》中声称欧洲人带来了天花、蓝绿茎牧草和蜜蜂，搅乱了当地的生态系统，欧洲人看到的庞大的旅鸽群其实是生态系统混乱的一个表现。
9. 也就是现在的杨克斯所在地。那时这个地方的名字应该还不是“杨克斯”（Yonkers），因为“杨克斯”来源于一个意为“安定下来”的荷兰语单词，而这要追溯到 17 世纪晚期了。不过有人声称叫作“杨克斯”的地区一直存在，在人类甚至地球存在之前就已经存在了。大概这么想的只有我一个人吧，但我可是想说什么就说什么的哦。

当这些冰块融化后，产生的水填满了地面上的低洼处，形成了所谓的锅穴湖。位于昆士兰的斯普林菲尔德大道北部尽头处的奥克兰湖就是一个锅穴湖。撤退的冰盖还会留下形成期间夹杂的卵石，这些石头被称为冰川漂砾，如今在中央公园还能看到。

在冰川下，融水形成的河流在高压下流动，在所经之处堆积起大量沙石。这些沉积物形成了所谓的“冰河沙堆”（eskers）的脊，在现今我位于波士顿的家旁边的树林处纵横交错。很多奇奇怪怪的地形都是由这种现象造成的，包括世界上仅存的垂直 U 形谷河床。

>> 10 万年前

10 万年前的世界看起来可能和现在的世界更加相像。[11] 我们生活的时代里充满了快速交替的冰期，但在过去的 1 万年里，我们的气候一直保持稳定 [12] 和温暖。

10 万年前，地球正处在一个相似的气候稳定期末端，这个时期被称为桑加蒙间

10. M. C Escher 的名字 Escher 与 Esker 相近。

11. 不过没有这么多广告牌。

12. 嗯，是曾经保持稳定，现在我们要使气候失衡了。

冰期。那时可能也有一个像我们现在这样高度发达的生态系统。

不过那时的海岸地质和现在完全不同，斯塔顿岛、长岛、楠塔基特岛和马萨葡萄园岛都是被最近一次的冰川像推土机一样推挤而成的坡台。在10万年前，海岸附近是另一批岛屿。

那时的丛林里可以找到许多现在的动物——比如鸟类、松鼠、鹿、狼、黑熊，除此以外还有一些很神奇的物种。要想了解这些生物，我们首先来看看谜一般的叉角羚。

现代的叉角羚（美洲羚羊）仍然是一个谜。它们能跑得飞快，速度远比生存所需的最高速度更快。它们能以每小时88千米的速度飞奔，并且能在很长一段距离内保持这个速度。而它们跑得最快的捕食者狼和郊狼在极速时也只能勉强突破每小时56千米。那么叉角羚为什么会进化出这么快的速度呢？

答案在于叉角羚进化时所处的环境远比现在的环境更加危险。10万年前，北美丛林是恐狼、短面熊和剑齿虎的家园，它们之中的任何一种都可能比现代捕食者跑得更快，也更加致命。不过它们都在第四纪灭绝事件（即冰河时期灭绝事件）中灭亡了，在此之前刚有人类来到美洲。[13]

如果我们把视线再往前移，就会看到更可怕的捕食者。

>> 100万年前

100万年前，在最近一次大冰川期之前，世界还是相当温暖的。那时正处于第四纪中期，现代大冰川期在几百万年前已经开始，不过在冰川进退之间存在着一段平静时期，那期间气候相对来说比较稳定。

我们之前见识到了跑得飞快的以叉角羚为食的各种猎食动物，现在马上就会看到另一种残暴的食肉动物，一种长得很像现代狼的长腿土狼。土狼曾经主要在非洲和亚洲活动，随着海平面的下降，有一个种类的土狼跨过白令海峡进入了北美地区。由于它们是唯一一种跨过海峡的土狼，人们给它起了个名字叫豹鬣狗，拉丁名意为“见过海峡的土狼”。

接下来马克的问题把我们带到了更远的过去。

---

13. 如果有人问起来，就说完全是巧合。

>> 10 亿年前

10 亿年前，各个大陆板块被挤到一起，是一个超级大陆。这个超级大陆并不是人们所熟知的泛古陆，而是联合大陆的前身：罗迪尼亚超大陆。详细的地质记录相当残缺，但我们猜测它是下面这个样子的：

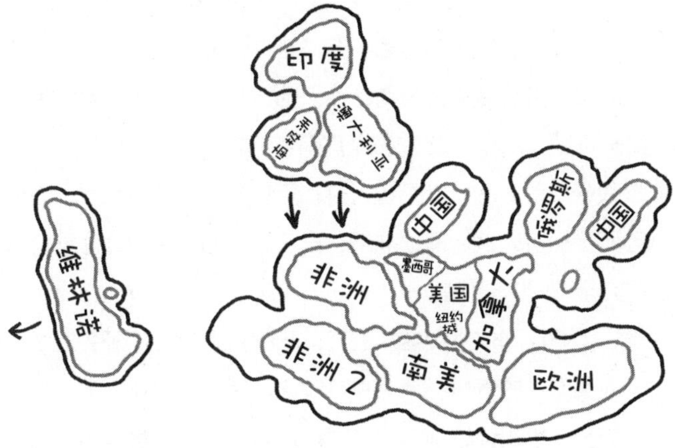

在罗迪尼亚超大陆时期，现在位于曼哈顿底部的基岩还没有形成，不过北美地区深处的岩石已经存在很久了。现在的曼哈顿所在的那块大陆当时可能还在内陆地区，与如今的安哥拉和南美部分相连。

在这个古老的世界中，没有植物也没有动物。海洋里孕育着大量生命，但都是简单的单细胞生物。海洋表面漂浮着大量蓝藻。这些其貌不扬的生物是生命长河中最为致命的杀手。

蓝藻细菌是第一种进行光合作用的生物，它们吸入二氧化碳并释放出氧气。氧气是一种很暴力的气体，它会让铁生锈（氧化），让木头燃烧（剧烈氧化）。当蓝藻刚出现时，它们释放出的氧气对于其他几乎所有种类的生命来说都是有毒的，随之产生的物种大灭绝被称为大氧化事件。

在蓝藻使地球大气层和海洋中充满有毒的氧气后，其他生物慢慢进化出了新的能力，能够利用氧气的化学活性进行新的生物过程。我们就是那些第一批呼吸氧气的生物的后代。

这段历史有很多细节我们仍然不甚了解，10 亿年前的世界很难进行重建，不过马克的问题现在把我们带到了更不确定的地方：未来。

>> 100 万年后

人类终将灭亡。没有人知道会是什么时候[14]，但没有什么东西能够永远存活下去。也许我们会逃到其他星球上继续存在百千万亿年；也许文明会崩溃，我们都会死于疾病或是饥荒，最后的人类会被猫科动物吃掉；也许我们所有人都会在读完这个句子后的几小时里被纳米机器人杀害。未来充满了各种可能。

100 万年是很长一段时间。它是智人存在历史的好几倍，是我们发明书写语言时间的几百倍，因而我们可以很合理地推断，无论人类的未来将会怎样，百万年后我们必将处在与目前完全不同的时代里。

没有了人类，地质活动依然会继续进行。风雨和呼啸的沙子会逐渐分解并掩埋我们文明的印记，人类造成的气候影响很有可能会延后下一次冰河期，但我们不会终结冰河期的循环。最终，冰川会继续向前进发。几百万年后，没有多少人造物体还能保存下来。

人类存留时间最长的遗物可能是我们埋在地球各处的塑料片。我们挖掘出原油，对其进行加工生产出持久耐用的聚合物，然后把它们散布到地表各处，由此留下的印记将会比其他任何事物留存更长的时间。

我们留下的塑料会被撕碎并掩埋，或许一些微生物会进化出消化塑料的能力。很可能在几百万年后，一层无处可去的碳氢化合物处理品——包括洗发水瓶子和购物袋转化后形成的碎片——会成为我们文明存在过的化学纪念碑。

>> 遥远的未来

太阳正在慢慢变亮。在过去的 30 亿年里，一套复杂的反馈系统使得地球的温度

14. 如果你知道的话，请发邮件告诉我。

能够保持相对稳定，即使太阳在缓慢地变得越来越热。

但 10 亿年后，这些反馈系统就会失效。曾经孕育生命并保持地球凉爽的海洋会成为生命最大的敌人。在炽热阳光的照射下，海水会煮沸，在地球表面形成一层厚厚的水蒸气毯子，并由此引发失控的温室效应。10 亿年后，地球将成为第二颗金星。

随着地球变得越来越热，我们最终会失去所有的水，大气中将充满岩石蒸汽，因为地壳自身也开始沸腾了。几十亿年后，我们最终将被不断膨胀的太阳所吞没。

那时地球将被焚毁，而曾经组成时代广场的许多分子都会被垂死的太阳吹走，这些粉尘云会在太空中飘荡，或许还会坍缩形成新的行星和恒星。

如果那时人类已经逃出太阳系，目睹太阳的死去，那么我们的后代就将生活在这些新形成的星球上。那些曾经组成时代广场、被太阳之心循环利用过的原子，将会形成我们新的身体。

总有一天，我们要么全都死了，要么就都是纽约人了。

随机伴侣

SOUL MATES

Q. 如果每个人都有且仅有一个知心伴侣，但这个人是随机匹配的，会发生什么？

——本杰明·斯塔菲尼

A. **噢，那将是多么可怕的一个噩梦啊！**

首先，随机匹配一个知心爱人，这个想法本身就是有许多问题的，正如蒂姆·明钦在他的《如果没有你》中唱的那样：

> 你的爱是百万里挑一；
>
> 花多少钱也买不来；
>
> 但剩下的九十九万九千九百九十九人里；
>
> 统计上讲，总有一些差不多一样好。

但如果我们真的只有唯一一个完美的知心伴侣，换成其他任何一个人都不行会怎么样呢？我们会找到彼此吗？

假设你的知心伴侣在你一出生时就已经确定了，你不知道是谁，也不知道在哪里，但正如浪漫桥段中常见的那样，当你们四目相视的时候，就会认出彼此。

但问题马上就出现了。首先，你的那位知心伴侣还活着吗？从古至今总计约有1000 亿人曾经活在这个世界上，但现在总人口只有 70 多亿人（也就是说人类的死亡率有 93%）。如果我们的那位伴侣真的是随机匹配的，那么有 90% 以上的几率他们已经去世很久了。

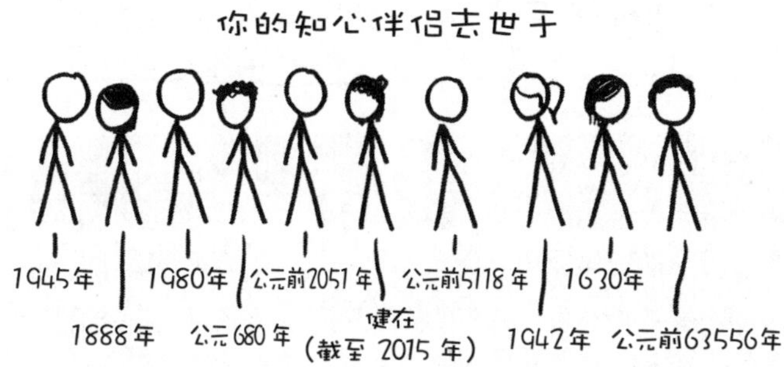

这真是太可怕了！不过等等，事情其实会更糟。既然我们的伴侣可以是已经逝去的人，那么也有可能是将来还没出生的人。毕竟你的伴侣的伴侣就是生活在未来嘛。

所以我们需要假设你的知心伴侣和你生活在同一个时代，此外为了避免事情变得奇怪，还需假设他 / 她的年龄和你只相差几岁。（这个要求要比标准年纪差诡异指数[1]更严格一些，但如果一个 30 岁的人和一个 40 岁的人可以成为知心伴侣，要是他们早 15 年遇到彼此就会违背诡异指数准则了。）有了年龄相近的限制，那么可选的伴侣池就只剩不到 5 亿人了。

那么性别和性取向的问题呢？还有文化和语言的不同呢？我们可以用人口统计数据进一步缩小选择范围，但这就违背了最初随机选择的要求了。在我们假设的情况中，在你遇上你的知心伴侣之前对他 / 她是一无所知。每个人有且仅有一个性取向，那就是他 / 她的另一半。

这种情况下遇上知心伴侣的可能性微乎其微。每天与我们有眼神交流的陌生人可能一个都没有（比如那些死宅或者住在小镇上的人），也有可能有数千人（比如站在美国时代广场上的警察叔叔）。我们不妨假设你平均每天都会去看几十个以前从未

1. xkcd,“Dating pools”, 诡异指数准则：不要和比你年龄的一半大 7 岁以下岁数的人谈恋爱。

看到过的陌生人（对于我这种内向的人来说，这个数字已经是高估了），如果其中有10% 的人和你年龄相近，那么一生中你会看到约 5 万个潜在的伴侣。而之前我们已经估算过所有可能的伴侣人数约为 5 亿人，因而你找到真爱的几率只有万分之一。

由于这么一来，孤独一生的可能性实在是太大，整个社会可能会重新进行组织，尽可能增加眼神交流的机会。比如我们可以建造两个巨大的相向运动的传送带，上面各站一排人……

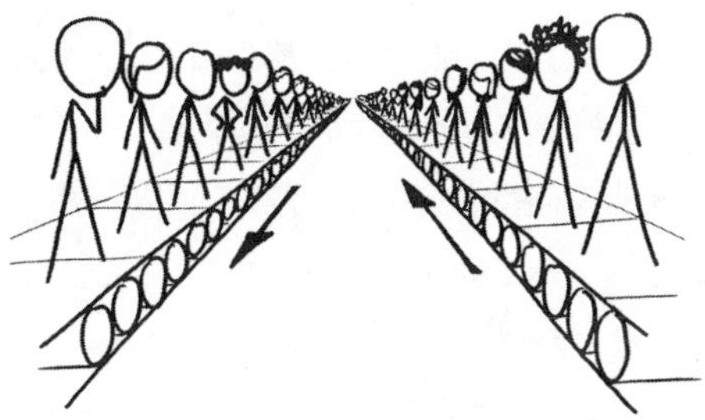

……不过如果通过网络摄像头看到彼此也算眼神交流的话，我们可以使用改良版的聊天轮盘。

如果每个人每周 7 天，每天花 8 个小时在这个系统上，并且每次只需几秒钟就能判定看到的人是不是知心伴侣，那么理论上来讲，这套系统能在几十年内帮助所有人找到知心伴侣。（我测试了一些简单的情形，用来估计人们匹配到知心伴侣的速率。如果你想自己去计算某些特殊情况下需要多长时间，可以先去看看错排问题。）

在现实情况下，许多人都不可能把所有时间都用来寻找伴侣，更少有人会花 20 年去干这事，所以大概只有富家子弟才玩得起这种知心伴侣轮盘吧。不幸的是，对于那最富有的 1% 的富人来说，他们的伴侣极有可能是在剩下的 99% 的人群之中。所以只有最富有的 1% 的富人会使用这项服务，而这 1% 的富人之中又只有 1% 找到了真爱，这样算来找到知心伴侣的几率还是只有万分之一。

至于这 1% 中剩下的那 99% 的人[2]，则会有动力出资让更多的人用上这套系统。他们可能会资助一些慈善项目，项目类型介于“一娃一本”（One Laptop Per Child）和 OKCupid（美国交友网站）之间。像超市收银员、时代广场上的警察叔叔这样的职业可能会成为香饽饽，因为他们每天都会和大量人眼神接触。人们会蜂拥到城市和公共场所去寻找爱情——不过他们现在不也是这么做的嘛。

但即使有一群人在知心伴侣轮盘上花费大把光阴，另一群人去干那些每天能与大量陌生人有眼神接触的工作，剩下的人则听天由命，我们之中仍然只会有很少一部分人能找到真爱，剩下的人就只能怪自己时运不济咯。

在如此之大的压力下，有些人可能会弄虚作假。他们想摆脱单身一族，因而他们可能会随手找一个单身的人假装是一见钟情。他们会结婚，把他们之间的不和隐藏起来，还要努力在朋友和家人面前装出笑脸。

一个充满随机知心伴侣的世界实在孤独得吓人，让我们祈祷这不是我们的现实世界吧。

2. 我们是那 0.99% 的人！（梗出自于占领华尔街运动）

激光笔

LASER POINTER

Q. 如果地球上所有人都拿着激光笔同时照向月亮，月亮的颜色会发生变化吗?

——彼得·利波维奇

A. **不会——如果你用的是一般的激光笔的话。**

首先你要考虑这么一个问题，那就是不是所有人都能同时看到月亮。

我们可以让所有人都挤在一个地方，但我们还是先挑一个尽可能多的人口能看到月亮的时刻吧。由于全世界75%的人口都住在0度和东经120度之间，因此不妨把这个时刻定为月亮位于阿拉伯海附近的时候。

下一个问题是要朝新月还是满月照激光笔。新月要暗一些，这样更容易看到激光笔照射的效果。但是新月大多出现在白天，这又抵消了它之前的优势。

目标出场

所以我们还是选择半月的时候吧，这样我们就可以很容易地比较激光笔照射在亮半边和暗半边的结果。

红色激光笔标准功率约为 5 毫瓦，好点儿的激光笔射出的足够平行的光柱能够照到月亮上，虽然此时形成的光斑仍然会散开成很大一块区域，面积接近月球截面的大半。在光线飞往月球的途中，大气层会略微扭曲一下，还会吸收掉一部分，但绝大多数光还是能够顺利抵达月球。

不妨假设所有人的瞄准精度都足够照到月球，但也没法更精确了，所有的光束均匀分布于月球表面。

格林威治时间午夜过后半个小时，所有人都按下了开关。

效果是这样的：

不给力啊！

这个结果不足为奇。太阳辐射到月球上的能量是每平方米 1000 多瓦。月球的截面积约为 10^{13} 平方米，也就是说月球接收到的太阳辐射总功率为 10^{16} 瓦，平均到每个人头上就是 2 兆瓦，完爆我们手中的 5 毫瓦激光笔。诚然每个人的激光笔的功效都有所不同，但这对整体结果几乎没有任何影响。

1 瓦的激光笔非常危险。它不仅足以让你失明，还能烧伤你的皮肤，或者把东西点燃。很明显，在美国普通消费者买这玩意儿应该是非法的。

开玩笑啦！你花上 300 美元就能买到一支，只要在网上搜索“1 瓦手持激光”就能找到。

所以假设我们花了 2 万亿给每个人都买了一支 1 瓦的激光笔。（供总统候选人备忘：这个政策肯定能赢得我这一票。）现在这种激光笔不仅功率更大，而且绿色的光柱会更接近可视光谱的中端，人眼对绿色更加敏感，因而会感觉看上去亮了一些。

换了新装备之后效果如下：

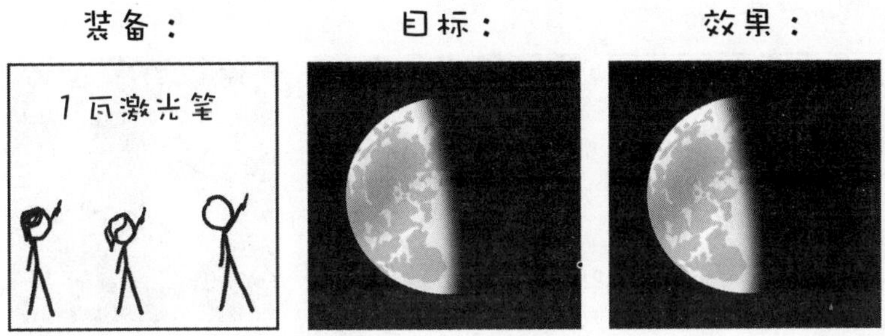

还是不给力啊！

我们用的所有激光笔加起来只能产生 5 弧分宽、150 流明照度（比绝大多数手电筒都亮）的光柱。这个光柱能让月球的可视表面增加约 0.5 流明的照度，但太阳光线照射到月球上能够产生 13 万流明的照度。（就算我们所有人都照射同一个点，也只能让月球 10% 的可视面积的照度提升大约 6 流明。）

相比之下，满月时的月光照到地球上照度约为 1 流明，这意味着不仅从地球往月球看这束光不够亮，甚至你站在月球上往地球看，看到的光柱还没有照在地球上的月光亮。

随着锂电池技术和 LED 照明技术在过去 10 年间的大幅进步，高亮度手电筒开始大量出现。但很明显手电筒还是不给力，所以我们直接略过手电筒，给每个人发一台“夜

太阳”。

你可能从没听说过这个名字，但在电影里你应该看到过它。它就是装在警车上或海岸警卫队直升机上的搜索大灯。它的照度可达 5 万流明，能让一块区域看上去就像在白天一样。

这种光一般发散角度有好几度，所以我们需要用一些聚光镜片来把光束发散程度限制在 0.5 度以内，这样才能照到月球上。

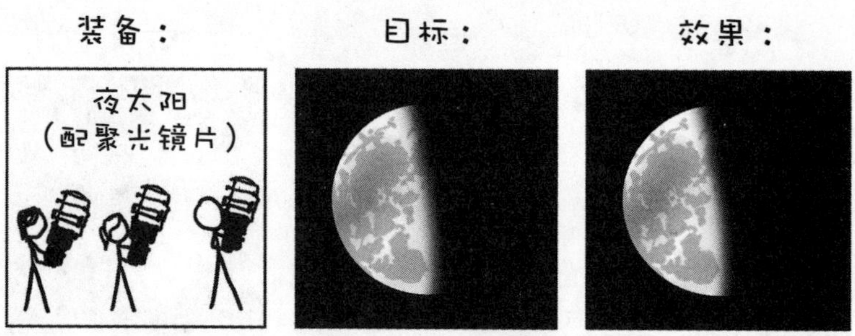

可能看不大出来，但我们其实是有进步了！这股光束将产生 20 流明的照度，是月球暗的那一半的亮度的 2 倍！不过，效果还是不明显，而且亮的那一半显然没受什么影响。

这次让我们把夜太阳换成 IMAX 电影的投影机阵列，它由 2 台水冷的 3 万瓦大灯

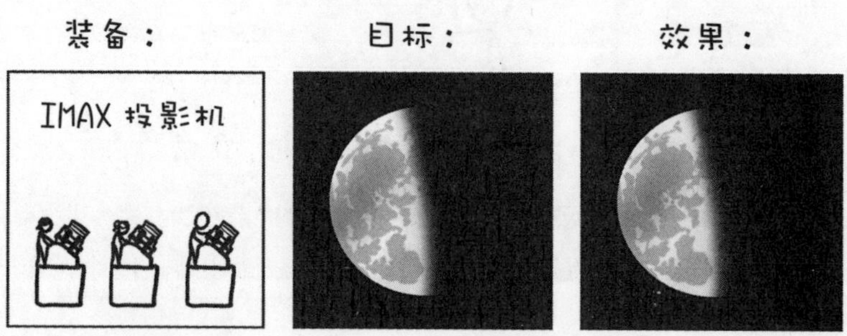

组成，总输出可超过一百万流明。

还是几乎看不出区别。

拉斯维加斯的卢克索酒店顶部装有全世界最强力的聚光灯。假设每个人手中都拿着一台，然后再用一个透镜阵列把所有的光束都聚焦到月球上。

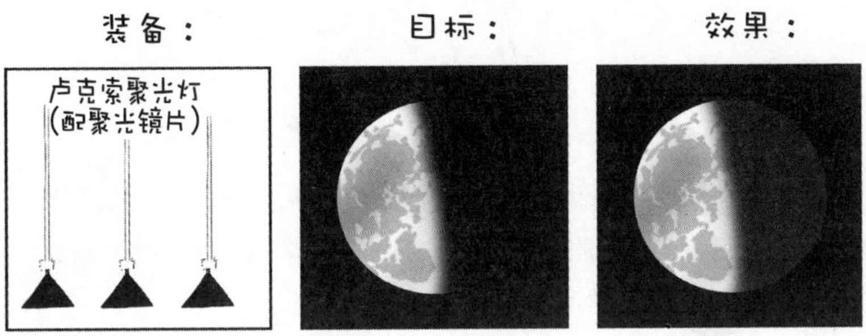

这次效果明显多了，目标达成！干得漂亮！

好吧……

美国国防部研发了一种兆瓦级的激光器，用来拦截并摧毁尚在中段飞行的来袭导弹。

波音 YAL-1 激光器是一个装在波音 747 上兆瓦级别的氧碘化学激光器。它发出的是近红外激光，因而无法直接用肉眼看到，但我们不妨假设我们造了一台同等能量的可见光激光器。

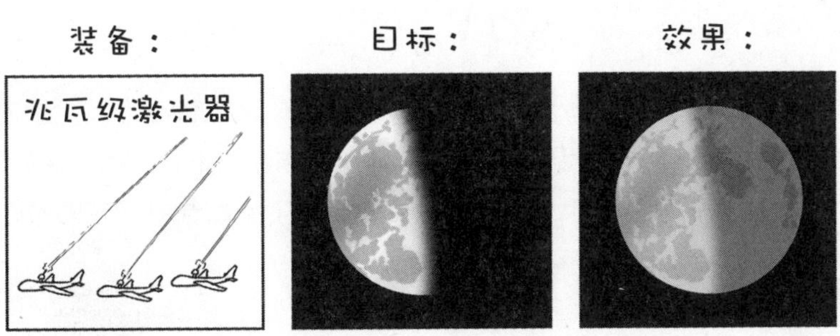

终于能和阳光媲美了!

但我们也在消耗 5 拍瓦[1] 的功率，相当于全世界平均用电量的 2 倍。

好吧，我们这次在整个亚洲以每平方米 1 台兆瓦级激光器的密度放置所有的激光器，光给这 50 万亿台激光器提供能量就能在大约 2 分钟内耗尽地球上所有原油储备。但在这 2 分钟时间内，月球看上去是这个样子的：

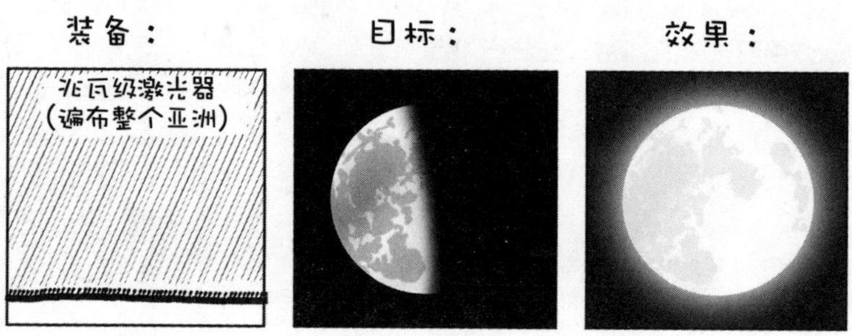

整个月球将会和正午的太阳一样亮，2 分钟后，月球的风化层会被加热到炽热的状态。

好吧，我们又朝疯狂更进一步了。

世界上最强大的激光是美国国家点火装置（一处核聚变研究实验室）中的约束激光束。它能产生功率高达 500 太瓦[2] 的远紫外线激光。不过它的点火时间只持续几纳秒，

1. 译注：1 拍瓦 $=10^{15}$ 瓦

2. 译注：1 太瓦 $=10^{12}$ 瓦

因而它所释放出来的总能量约合四分之一杯汽油。

假设我们找到了一个办法能够让它持续不断地输出能量，然后人手发一套，把它们都对准月球。不幸的是，激光发出的能量首先会把地球大气层变成等离子体，瞬时引燃整个地球，杀光全人类。

但我们不妨假设通过某种方法，激光穿过了大气层而不受影响。可是在这种情况下，地球还是会烧起来。从月球反射回来的光会比正午的太阳亮 4000 倍。此时的月光能在不到一年的时间里烧开整个地球上的海水。

但先不去管地球，月球会发生什么？

激光本身造成的辐射压力足以让月球产生一千万分之一倍重力加速度。这个加速度在短期可能没什么明显影响，但经年累月它会慢慢把月球推离地球轨道……

……如果辐射压力是唯一的力的话。

4 千万焦耳的能量就能气化 1 千克的石头。假设月球岩石的平均密度约为每立方米 3 千克，那么激光发射出的能量将会以每秒 4 米的速度气化月球的基岩。

$$\frac{50\text{亿人}\times 500\text{太瓦/人}}{\pi\times\text{月球半径}^2}\times 20\,\frac{1\text{千克}}{4\text{千万焦耳}}\times 3\,\frac{1\text{立方米}}{\text{千克}}\approx 4\text{米/秒}$$

但真实情况下月球的基岩不会气化得那么快，这其中有个很重要的原因。当一块石头被气化后，它并没有凭空消失。月球的表层会变成等离子体，而这层等离子体将把剩余的表面和激光束隔离开来。

我们射出的激光束会往等离子体中输入越来越多的能量，等离子体也会变得越来越热。其中的粒子会相互弹来弹去，轰击月球表面，最终以惊人的速度射向太空。

这股喷射出来的物质实际上相当于把整个月球表面变成了一具火箭发动机，还是非常高效的那种。像这样轰击材料表面的方法叫作激光烧蚀，而我们发现它是一种很有前途的航空推进技术。

月球质量巨大，但慢慢地岩石产生的等离子体将会不可避免地将它推离地球。（产生的喷射流也会荡平地球朝向月球的那一面，并摧毁所有激光器。但我们现在不妨假装这些激光器刀枪不入。）这些等离子体也会把月球表面一层层撕扯开来，但这一过程过于复杂，难以模拟。

但我们不妨瞎猜一回，令等离子体中的粒子以平均每秒 500 千米的速度射向太空。这样不出几个月，月球就会被推到激光的有效射程之外。月球的大部分质量得以保留，但会逃离地球的引力场，进入一个环绕太阳的不对称轨道。

严格说来，按照国际天文学联盟定义，月球不会变成一颗新的行星。由于它的新轨道与地球轨道有交叉，它会被归类为像冥王星那样的矮行星。与地球轨道的交错使得月球的新轨道产生不可预测的摄动[3]，它最终的命运不是一头撞入太阳之中，就是被弹射到太阳系之外，或者轰然撞上太阳系中的某颗行星——很有可能就是地球。我想我们都会赞同，这种情况下我们真的是自作自受。

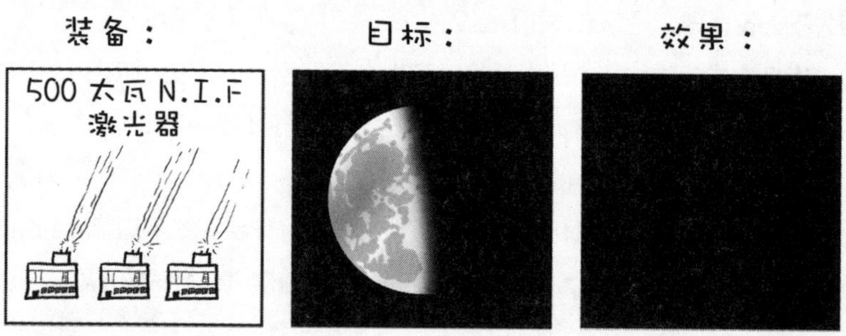

这回够给力了吧。

3. 译注：一个天体绕另一个天体转动时，因受到其他因素的影响，偏离原来的轨道的现象。

元素周期墙

Periodic Wall of the elements

Q. 如果你把元素周期表里的元素制作成立方砖头，并按照周期表的排列方式把这些方块一个个排起来，会发生什么?

——安迪·康诺利

A. **确实有人收集各种元素。**他们会试图收集尽可能多的元素的物理样本，并把它们放在类似于元素周期表的展示盒里。[1]

在所有的118种元素中，有30种（如氦、碳、铝和铁）能在本地的零售超市里买到纯净的样品。另有几十种元素可以通过拆解某些东西得到，比如你可以在烟雾探测器中找到微量的镅。另一些元素你可以在网上买到。

总的来说，搞到其中近80种元素的样品还是可行的。如果你愿意牺牲一下你的健康、安全和逮捕记录的话，你可以弄到90种。而剩下的那些元素，不是太具有放射性，就是半衰期太短，一次最多只能获得几个分子。

但如果你真的搜集到了所有元素的样品呢?

元素周期表有7行。[2]

1. 你可以把这些元素想象成危险的、具有放射性的、短命的口袋妖怪。
2. 在你读到这篇文章时，可能已经开始加入第8行了。如果你在2038年读这篇文章，周期表就会有10行。但我们的机器人领主会禁止一切关于此的讨论。

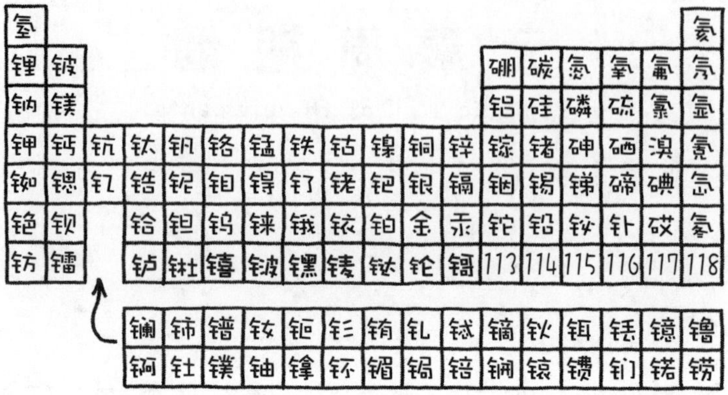

· 前两行元素堆起来没什么大问题。

· 第三行元素会让你烧起来。

· 第四行元素产生的有毒烟雾会让你丧命。

· 第五行元素会造成以上所说的所有后果，还会使你受到一点辐射。

· 第六行元素会剧烈爆炸，会毁掉整幢房子，伴随着具有放射性并且有毒的大火以及满地的尘土。

· 不要拼出第七行。

· 我们一行一行来讨论。首先是第一行，简单得有些无聊。

氢立方体会慢慢上升并扩散，就像没有气的气球一样。氦立方体也是一样。

第二行就有些复杂了。

锂会立即失去光泽。铍有很强的毒性，所以你处理起来要小心一些，不要让任何碎屑飞到空气中。

氧气和氮气会飘来飘去，慢慢扩散开来。氖则会向上飘走。[3]

淡黄色的氟气会在地上铺展开来。氟是元素周期表中反应活性最高、腐蚀性最强的元素。几乎任何其他元素接触到纯氟时都会自发地燃烧起来。

我咨询了化学家德雷克 · 劳维[4]，他表示氟不会与氖反应，而且“会和氯达成某种意义上的武装停火协议，但别的东西嘛，啧啧”。氟遇到后几排的元素也会引起麻烦，如果空气中有一些水汽的话，氟还会结合水汽形成具有腐蚀性的氢氟酸。

即使你不慎呼吸到了痕量[5]的氢氟酸，你的鼻子、肺、嘴巴、眼睛都会受到严重伤害，时间长了整个人体都会被腐蚀掉。为此你绝对需要一个防毒面具，不过你要知道氟能够腐蚀绝大多数的面具材料，所以记得在选择一款面具前先进行一下测试。玩得愉快！

下面是第三行。

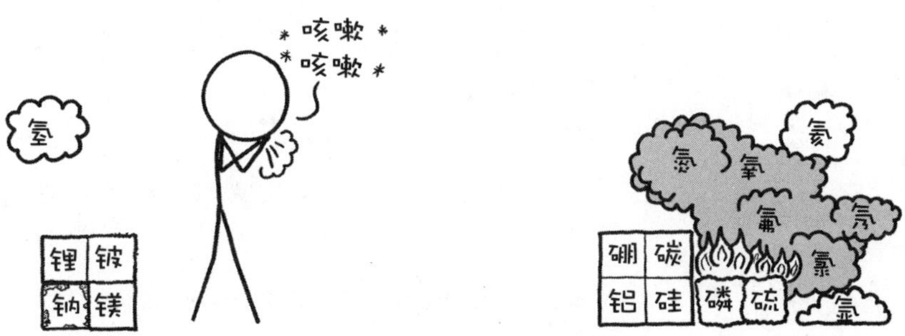

这里的数据一半来源于《物理和化学手册》，一半来自英国电视喜剧“看看你周围”。

3. 这是说，假设它们都处于双原子结构（比如氧气 O_2 和氮气 N_2）。如果元素立方体是单原子结构，它们会在一瞬间组合起来，同时产生数千摄氏度的高温。

4. 劳维是很棒的药物研究博客 In the Pipeline 的作者。

5. 译注：指非常少，只有一点痕迹的计量。

这一行里最惹事的是磷。纯磷有好几种存在形式，红磷可以相对安全储存，而白磷一遇到空气就会自发燃烧，并产生难以熄灭的红色火焰，而且有很强的毒性。[6]

硫在普通情况下不会引发什么问题，再不济也就是闻起来味道不太好。不过别忘了硫的左边是熊熊燃烧的磷……右边是氟和氯。和许多其他物质一样，硫遇到纯氟气体也会着火。

惰性的氩气密度比空气大，所以它只会沉在地面上铺展开来。先别管氩气，你的大麻烦还在后头呢。

之前说到的大火会产生各种名字耸人听闻的化合物，比如六氟化硫。如果你在室内进行这个实验，那么你会被有毒烟雾呛到死，整幢房子也有可能被大火吞噬。

不过现在还只是第三行。让我们来看第四行！

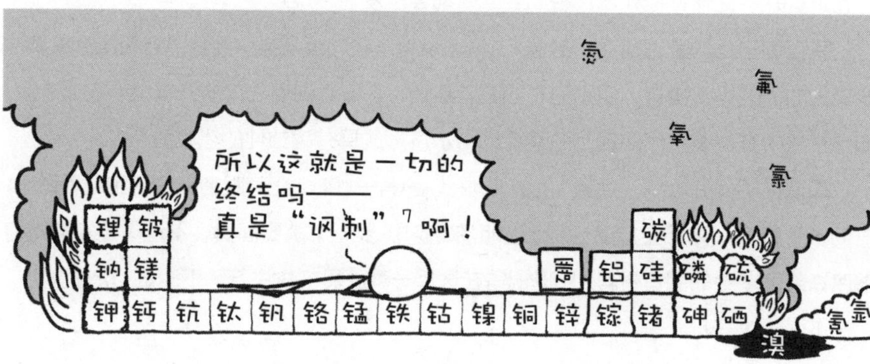

砷听上去就很吓人，而它的吓人理由也相当充分——它对几乎一切形式的复杂生命都是有毒的。

有些时候，这些吓人的化学品引发的恐慌是有点夸大其词。比如在我们所有的食物和水中都有痕量的砷存在，但我们的身体能够很好地处理掉这些微量砷。但现在可不是这样。

燃烧的磷（现在又加上燃烧的钾，钾和磷都很容易自燃）能够引燃砷，同时释放出大量有毒的三氧化二砷，这东西相当毒，不要吸入。

这一行的元素还会散发出可怕的气味。硒和溴会剧烈反应，劳维表示相比于燃烧的硒，“硫闻起来就像香奈儿香水”。

---

6. 白磷的这个性质被用到了争议很大的白磷燃烧弹中。

7. 译注：此处为双关，“讽刺”的英文是 ironic，而“铁”是 iron。

如果铝块能够经受住大火，那么你就会看到一个诡异的现象。在铝块下面熔化的镓会被铝吸收进去，破坏铝的内部结构，使其变得像浸水的纸一样又软又烂。[8]

燃烧的硫会溅到溴块中去。溴在室温下是液体，除它以外，室温下是液体的单质就只剩下汞了。而且溴也是个很棘手的东西。到现在这份儿上，各种火焰形成的有毒化合物已经数不清了。不过如果你是在安全距离以外做这个实验的话，你还是有可能活下来的。

第五行有一个元素很有意思：锝 -99，它是目前为止我们遇到的第一个带放射性的砖块。

锝是不具有稳定同位素的所有元素中原子序数最低的一个。虽然 1 立方分米的锝块释放出的辐射剂量不会使你丧命，但剂量还是非常大的。要是你整天戴着一顶锝做的帽子，或者呼吸它的微粒，那么你是肯定会死的。

除了锝，第五行基本和第四行差不多。

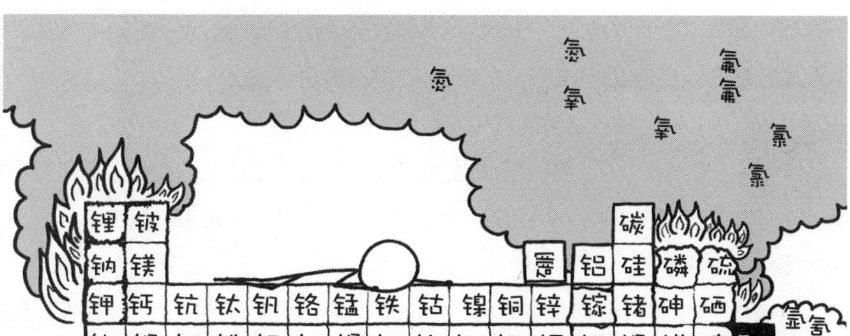

8. 在 YouTube 上搜索“镓渗透”你就会明白这种现象是有多诡异。

9. 译者注：43 号元素。

现在到第六行了！现在无论你多么小心，这一行元素还是肯定会置你于死地。

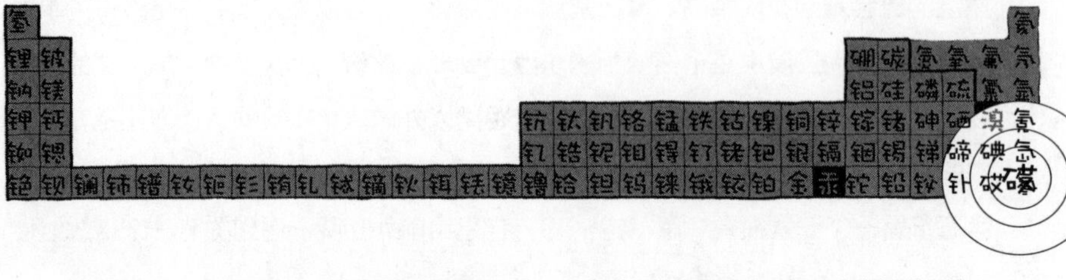

这个版本的元素周期表比你平常看到的要宽一些，因为我们把镧系元素和锕系元素插进了第六和第七行。（这些元素一般不放在主表中而是单独列出来，避免主表太宽。）

元素周期表的第六行有许多放射性元素，包括钷、钋[10]、砹和氡[11]。 砹是里面的大坏蛋。

我们不知道砹看上去是什么样子的，正如劳维所说：“这玩意儿根本就是不想存在。”砹具有极强的放射性（半衰期以小时计算），任何一块稍微大一点儿的砹块都会被自身衰变释放出来的热量气化掉。化学家猜测它的表面是黑色的，但没有人能够确切知道。

材料安全数据中没有砹这一项。假如有的话，里面大概会是一连串血迹斑斑的“不”字。

而我们这个立方体中的砹含量将在短时间内超过有史以来所有提纯出来的砹的总量，这里我强调“短时间内”，是因为这个砹块将会迅速变成一大团炽热的气体。这股热气本身就会让任何靠近的人三度烧伤，整幢建筑也会被夷为平地。之后这团热气会迅速升入空中，同时放出更多的热和辐射。

你刚刚引发的爆炸大小刚好能让你的实验室面临最大量的文书工作。如果爆炸规模再小一些，你没准还能够私下摆平；如果规模再大一些，城市里就剩不下什么人来看你的事故调查报告了。

夹杂着砹、钋和其他放射性产物的灰尘和碎片会随着降雨落回地面，使得下风处的整块区域完全不适合人类居住。

而辐射水平也会出奇地高。鉴于每眨一次眼睛需要几百毫秒，你真的会在“一眨

10. 2006 年，前克格勃（KGB）特工亚历山大 • 利特维年科被人用一把顶部涂有钋 -210 的雨伞谋杀。

11. 氡是里面最无害的一个了。

眼的工夫”里因辐射过量而丧命。

你的死因将会是“急性严重辐射中毒”，也就是说你其实是被煮熟了。

第七行就更糟了。

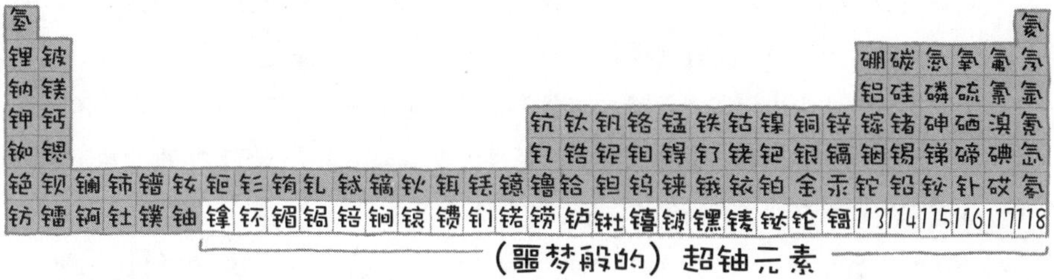

元素周期表的最后一行有各种奇奇怪怪的元素，它们被称为**超铀元素**。在很长一段时间内，这些超铀元素的名字都是些类似于“Ununumium”的临时名字，但后来它们都渐渐地有了正式的永久名字。

不过起名字这事儿倒不必着急，因为绝大多数超铀元素非常不稳定，它们只能在粒子加速器中制得，存在时间不超过几分钟。如果你有 10 万个𫟷（Lv）原子，一秒钟后就只剩一个了，再过几百毫秒就一个都不剩了。

但是对于我们的项目而言，很不幸，超铀元素可不会“轻轻地我走了”，它们会衰变。它们中大多数衰变出来的东西还会接着衰变。原子序数最高的那些元素的立方体会在几秒内发生衰变，同时释放出惊人的能量。

其结果不会“像核爆一样”，其结果就是核爆。不过，和裂变弹不同，它们不会发生链式反应，而就只是一个反应而已，所有衰变都发生在一瞬间。

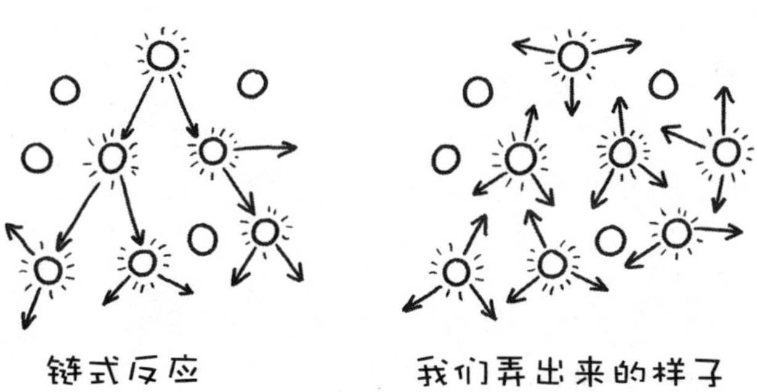

反应产生的能量会瞬间把你（和剩下的周期墙）烧成等离子体。爆炸规模和一次中型核爆炸相当，但释放的放射性尘埃则会比后者糟糕得多——元素周期表上那些大杂烩全都在飞速地尽力变成其他什么玩意儿。

你所在的城市将会升起巨大的蘑菇云，烟柱会借着自身产生的热量一直冲上同温层。如果你所在的区域人口密集，那么瞬间造成的人员伤亡将会难以计量，而且长期的放射性尘埃带来的后果还会更糟。

这次的放射性尘埃和普通日常的核爆放射尘[12]可不一样，这是一个还在不停爆炸的核弹。爆炸产生的碎屑会遍布全球，放射性水平将会是切尔诺贝利灾难的数千倍以上。你周围的整个区域都会被彻底摧毁，在接下去的几个世纪内都寸草不生。

收集东西诚然很有意思，但当你收集的是化学元素时，你可能不会想要全部收集全。

12. 你懂的啦，我们平常拍拍肩抖掉的那玩意儿。

大家一起跳

EVERYBODY JUMP

Q. 如果地球上的所有人都尽可能挤在同一个地方，一起跳起，然后全部在一刹那间同时落地，会发生什么?

——托马斯·贝内（还有很多人）

A. 这个问题是所有提交到我的网站中的问题中问得最多的问题之一。之前ScienceBlog.com 和 Straight Dope[1] 都曾分析过这个问题，运动学的部分他们已经讲得很明白了，我这里就不再重复一遍了。不过他们并没有告诉你事情的全部。

我们不妨来仔细分析一下。

首先，全球的人口都被魔法运输到了同一个地方。

1. 《芝加哥读者报》上的问答专栏。

整个人群的面积和罗得岛的面积相当。不过我们为什么要用“和罗得岛的面积相当”这种含糊的说法呢？这是我们的场景，我们说了算。我们就让所有人都真的来到罗得岛上好了。

随着正午的到来，大家一起跳起。

和其他地方讨论得到的结果一样，这个举动对地球一点影响都没有。地球的质量是所有人类质量的 10 万亿倍以上。正常人良好发挥时平均可以垂直跳起 0.5 米左右的距离，即使地球是刚体[2] 并能瞬时做出响应，它也只会被向下推不到一个原子宽度的距离。

接下来所有人都落到了地上。

2. 译注：在任何力的作用下，体积和形状都不发生改变的物体。

严格来说，落地这个过程确实会传递给地球巨大的能量，但是受力的面积太大了，产生的影响最多也只是在好多花园里留下一堆脚印而已。一股轻微的压力波会穿过北美大陆并消散掉，几乎不会产生任何影响。所有人落地时产生的巨大声响可能会持续几秒钟。

最终，一切都安静下来。

几秒钟过去了。大家都开始四下环顾。

尴尬的目光。一些人开始咳嗽。

一个人掏出了手机。几秒钟后，余下的 50 亿人都拿出了手机。所有的人，即使手机兼容当地网络的那些人，都将看到手机屏幕上有一句相同的话：无信号。所有的手机网络都在史无前例的重压下崩溃了。罗得岛外，没人操纵的机器开始慢慢地停了下来。

罗得岛上位于沃里克的 T. F. Green 机场每天能够处理的旅客吞吐量只有几千人。即使我们能够把一切安排得井井有条（包括派出队伍寻找并运回燃料），机场以 500% 的运力持续运行数年，也不会有任何可见效果。

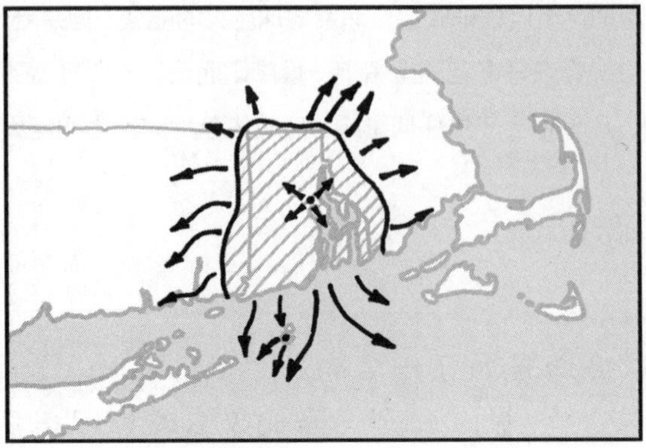

就算周围所有机场一起来帮忙，事态也不会有任何缓解，加上当地的轻轨系统也是杯水车薪。绝望的人们爬上停泊在普罗维登斯深水港的集装箱船，但搜集长途海上航行所需的食物和淡水又是一个巨大挑战。

人们征用了罗得岛上 50 万辆私家车帮助疏散，用不了多久，I-95、I-195 和 I-295 公路上将出现史上最严重的交通拥堵。绝大多数汽车中都塞满了人，有一小群幸运的人逃出了罗得岛，开始沿着废弃的道路网去往其他地方。

在汽车耗尽燃油前，一些人把车开到了纽约或者波士顿。由于此时几乎是不可能有电力供应的，因而与其花功夫去找一个还能工作的油泵，还不如直接抛弃这辆车再去偷一辆车。没有人能阻止你，所有警察都还在罗得岛呢！

岛上的外围人群开始向邻近的马萨诸塞州和康涅狄格州涌去。任何两个相遇的人几乎都不可能说同一种语言，也几乎没有人熟悉这片区域。整个州变成了由时分时合的社会阶层组成的、混乱无序的群体。暴力随处可见，每个人都又饥又渴，杂货店早已被洗劫一空，淡水资源难以获取，有效的分配机制也无法建立起来。

不出几周，数十亿人将在罗得岛上死去。

幸存者们散布在世界各地，努力尝试在旧文明的废墟之上重建新文明。人类不至于灭绝，但人口将会锐减。讽刺的是，地球的轨道没有受到丝毫影响，仍然像人类惊天一跳之前那样默默旋转着。

但至少我们知道了后果。

一摩尔鼹鼠

A MOLE OF MOLES

Q. 如果你把一摩尔的鼹鼠放到一起会发生什么？[1]

——肖恩·赖斯

A. **有点可怕。**

首先我们要弄清一些定义。

摩尔是一个计量单位，而不是典型的那些单位。它其实就是一个数字，就像“一打”或“十亿”那样。如果你有 1 摩尔的某种东西，那么这意味着你有 602 214 129 000 000 000 000 000 个（通常写成 6.022×10^{23}）这种东西。这个数字无比巨大[2]，因为它就是用来计算分子数的，而分子可是有许许多多的。

1. 英文 mole 的两个含义分别是摩尔（计量单位）、鼹鼠。
2. 一摩尔的数量接近于一克氢中所含的氢原子数。地球上所有的沙粒的数目也恰好很接近这个数字。

“Mole”也可以指一种会打洞的哺乳生物：鼹鼠。鼹鼠的种类有许多，其中有一些看上去非常吓人。[3]

那么一摩尔（602 214 129 000 000 000 000 000只）鼹鼠放到一起会是什么样的呢?

首先我们先从一些狂野的近似联想开始。很多时候我在拿起计算器进行计算之前，都会先在脑中想一想，这次就是一个例子，我想对这个数量有一个大致的概念。在这么大的数字面前，10和1与0.1之间的区别已经微乎其微，我们可以近似地把它们认为都是相等的。

鼹鼠的体形很小，我可以很轻松地把它们拿起来再扔出去。任何我能扔出去的东西重量都是1磅。1磅就是1千克。602 214 129 000 000 000 000 000这个数字看起来有一万亿的2倍长，所以它大约有一亿亿亿这么多。我恰好记得一颗行星的质量也差不多是这么重。

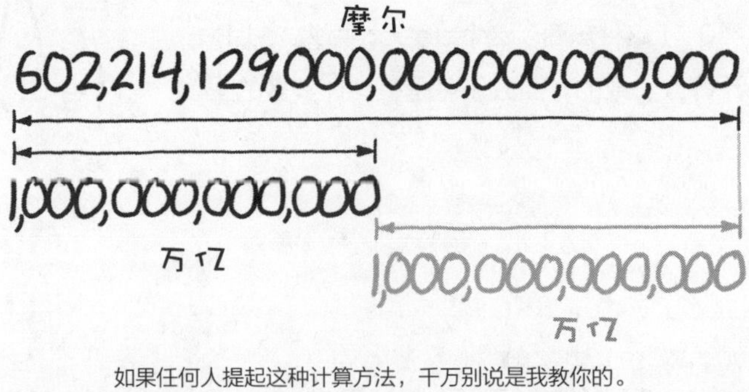

如果任何人提起这种计算方法，千万别说是我教你的。

3. http://en.wikipedia.org/wiki/File:Condylura.jpg

这也就意味着 1 摩尔鼹鼠的大小已经能和行星的大小相媲美了。这个估算相当粗略，可能多算或者少算了几千倍。

让我们用一些精确些的数字。

一只东部鼹鼠（拉丁学名：Scalopus aquaticus）重约 75 克，也就是说一摩尔的鼹鼠重：

$$(6.022\times10^{23})\times 75\text{ 克}\approx 4.52\times10^{22}\text{ 千克}$$

这比半个月球还要重一些。

哺乳生物体内很大一部分是水。1000 千克的水体积为 1 立方米，所以那么多的鼹鼠的体积大约为 4.52×10^{22} 立方米。你可能发现了我们这里忽略了鼹鼠间的空隙，稍后你就会知道为什么要这么做。

4.52×10^{22} 立方米的立方根是 3562 千米，也就意味着这么多鼹鼠能堆成半径 2210 千米的一个球，或边长 2213 英里（1 英里≈ 1.6 千米）的立方体。[4]

如果这些鼹鼠被释放到地球表面，它们堆起来能够达到 80 千米高，差不多已经到了（之前定义的）外太空的最低高度。[5]

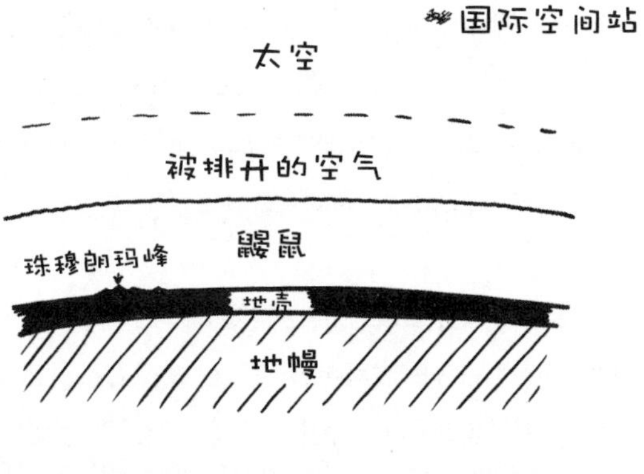

这个吓人的高压肉柱会抹掉这个星球上绝大多数的生命，这会威胁到域名解析系统的完整性，所以在地球上这么干是万万不行的。

4. 这里有一个我以前从来没注意到的巧合：1 立方英里约等于 4π/3 立方千米，因而半径为 X 千米的球的体积和边长为 X 英里的立方体的体积几乎一样。

5. 译者注：美国定义抵达离地 50 英里（约 80 千米）高度的人即可被称为宇航员。后来国际航空联合会规定抵达离地 100 千米（约 62 英里）高度的人才可被称为宇航员。

相反，我们可以把鼹鼠都堆在星际空间中。在重力的作用下，它们会慢慢聚集成一个球体。肉不怎么能被压缩，所以这个大肉球只会因重力作用而缩小一点，最后我们将看到一个比月球稍大一些的鼹鼠星。

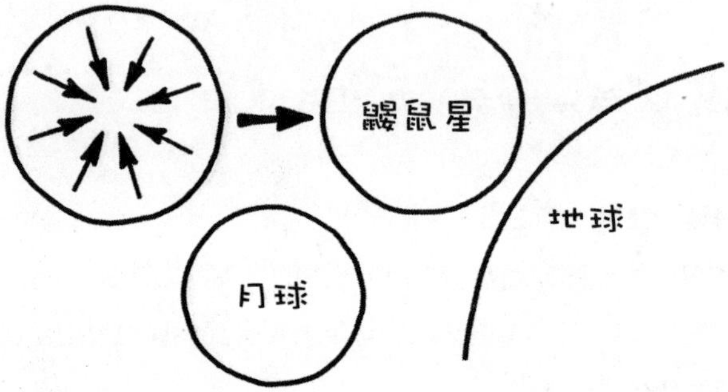

鼹鼠星表面的重力加速度约为地球的十六分之一，和冥王星差不多。起初整个星球的温度都很均匀，差不多比室温高一些，随后重力收缩会使内部的温度上升几摄氏度。

之后事情就变得奇怪起来。

鼹鼠星说白了就是一个大肉球，其中蕴含着巨大的能量（鼹鼠星所含的卡路里足够目前全世界人口吃上 300 亿年）。一般来说，有机物被微生物分解时，会以热量的形式释放出大部分蕴藏的能量。但鼹鼠星大部分内核的压强在 100 兆帕以上，这么高的压强足以杀死任何细菌，并把鼹鼠的尸体都蒸熟。这样鼹鼠体内就不存在可以分解鼹鼠肉的微生物了。

在接近表面的地方，压强没有这么高，但还需要面临另一个难题：鼹鼠星的内部含氧量非常低。没有氧气，普通的分解过程将无法发生，只有那些厌氧菌才能在这种条件下继续分解。虽然厌氧分解效率很低，但这个过程仍会释放大量热量。这股热量最终会把整个星球都变成一个大蒸笼。

但分解产物又会反过来限制分解的继续进行。很少有细菌能在超过 60℃的环境里存活，因而随着温度的上升，细菌逐渐死去，分解进程也就慢慢停滞下来。整个星球的鼹鼠尸体会渐渐变成富含有机质的油母岩。如果星球的温度继续升高的话，它们最终会变成石油。

鼹鼠星的外表面会向外辐射热量并冻结起来，冰冻的外壳就像给整个星球穿了一件毛大衣一样，会把星球内部和外太空隔绝开来，因而会减缓热量向外太空流失的速度。然而在液体内部，热传递的主要形式为对流，滚烫的肉浆和像甲烷（以及死去的鼹鼠肺中的空气）这样被困在其中的气体形成的气泡会在鼹鼠星的地壳里周期性地翻滚上来，从地表猛烈喷发出来并形成“死亡”间歇泉，将无数鼹鼠的尸体抛射出鼹鼠星球。

在经过数百万年的动荡之后，鼹鼠星开始慢慢停息下来，温度也低到整个星球都开始冰冻起来。此时由于鼹鼠星内部深处的压强如此之大，以至于在冷却的过程中，水结晶成了奇特的冰 III 和冰 V 形态，最终这些冰块都会变成冰 II 和冰 IX 形态[6]。

总而言之，这个故事的结局相当凄凉。不过好在有一个更好的结局。

我手上没有全球鼹鼠数量（或者小型哺乳生物的总体生物质量）的可靠的数字，但我们不妨认为小鼠、大鼠、田鼠以及其他小型哺乳动物的数量约为世界总人口的几十倍。

在我们的星系中可能约有 10 亿颗宜居星球。如果我们将来去殖民这些星球，几乎一定会带着一些小鼠或大鼠。如果这些星球中有百分之一住着和地球上数目相当的小型哺乳生物，那么几百万年后（相对于整个宇宙的进化史来说已经很短了），所有曾经存活的这些小生物的个数将会超过阿伏伽德罗常数[7]。

所以如果你想要有一摩尔的鼹鼠，得先造一艘宇宙飞船。

6. 相互之间没有关系。

7. 译注：每摩尔物质含有的微粒数，即 6.022×10^{23}。

疯狂电吹风

HAIR DRYER

Q. 如果把电吹风放在一个密封的一米见方的铁盒子里，并且让它不停地吹，会发生什么?

—— 啪嗒龟

A. **一个普通的电吹风功率是 1875 瓦。**

这 1875 瓦总得有个地方去。无论盒子里发生了什么，只要有 1875 焦耳的电能被消耗掉了，那么最终就会产出 1875 焦耳的热能。

对于所有使用电能的设备来说都是如此，懂得这一点会很方便。比如说，有人会担心插在插座上的充电器(没有连充电设备)会浪费电，那么他们的担忧是正确的吗?根据热交换你可以得出一个简单的经验法则：如果一个不在充电的充电器摸起来不是很暖手，那么它一天消耗的电费不会超过一美分。而对于一个智能手机充电器来说，如果它摸起来不暖手，那么它一年所消耗的电力价值不会超过一美分。对于几乎所有的电力设备来说，这都适用[1]。

现在回过头来再来看这个盒子。

热量会从电吹风中流出并进入盒子。假设电吹风坚固无比，那么盒子的内表面会

1. 只要你没把充电器连上充电设备就行。因为一旦充电器连上了某个设备，比如智能手机或笔记本电脑，那么电力就会从墙里通过充电器流入充电设备。

一直升温，直到外表面的温度达到 60℃。在这个温度下，盒子散发热量的速度正好和电吹风发出热量的速度相等，于是整个系统便进入了平衡状态。

比我爸妈还温暖哎，你是我的新家长啦！

如果盒子外面有一点微风，或者盒子放在潮湿表面或金属表面上，那么它散发热量的速度会更快，平衡温度会因此降低一些。

如果盒子是金属做的，那么只要你敢把手放在这 60℃的表面 5 秒以上，那么你的手一定会被烫伤。如果是木头做的，虽然你可以摸得时间会更长些，但是电吹风出风口对着的那部分木头有着火的危险。

盒子的内部就像烤箱一样。里面的温度高低取决于盒壁的厚度，盒壁越厚或者绝热性越好，温度就能升得更高。其实不用很厚的盒子就能产生足够的高温烧毁电吹风了。

但我们不妨假设电吹风不可摧毁。如果我们真有这么酷的电吹风，只调到 1875 瓦的功率真是太看不起它了。

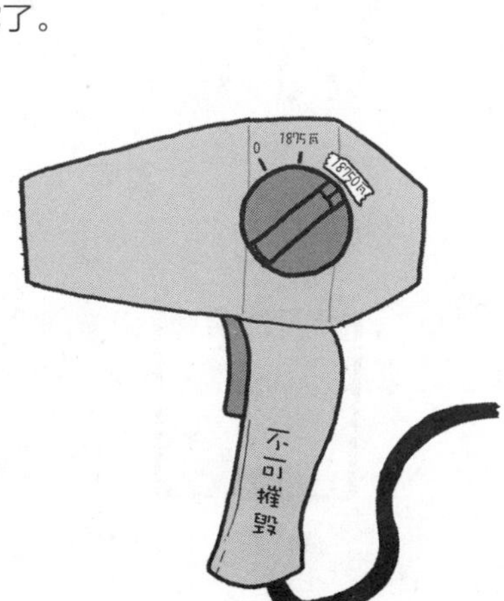

当 18750 焦耳的能量流出电吹风之后，盒子的表面将会达到 200℃，和一个用中低火烧的平底锅的温度差不多。

我很想知道这个转盘最高能转到多少。

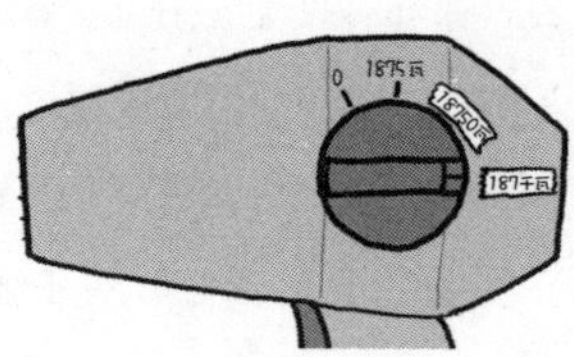

表盘上还空着很多位置呢。

现在盒子表面的温度已经达到 600℃，足以让它放出黯淡的红光。

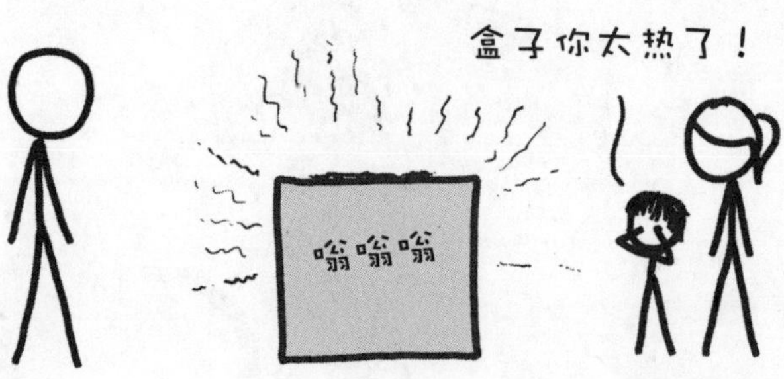

如果盒子是铝制的，那么它的内部已经开始融化了。如果它是铅质的，那么它的外表面将开始熔化。如果把它放在木头地板上，那整幢房子已经烧起来了。但我们不管周围发生了什么，我们的电吹风是不可摧毁的。

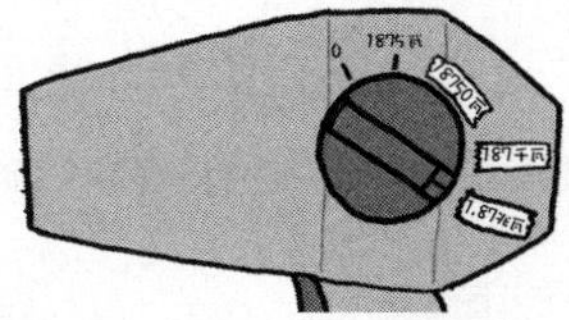

如果你把 2 兆焦耳（2×10^6 焦耳）的能量注入激光的话，它已经足以摧毁导弹了。

现在温度达到了 1300℃，盒子已经和熔岩差不多热了。

能不能再给力一点?

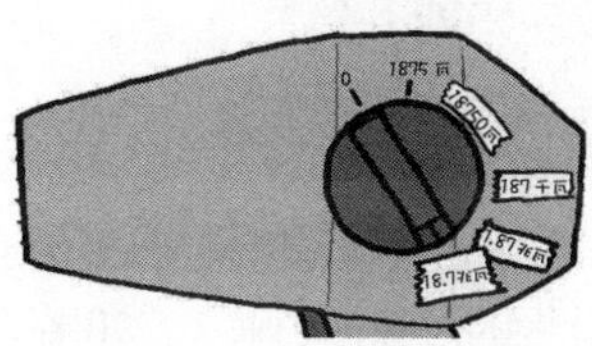

这台电吹风估计已经不符合规范了。

盒子里已经流入了 18×10^6 焦耳的能量。

盒子表面的温度已经达到了 2400℃。如果盒子是铁质的，那么它早已经熔化了。如果它是由钨之类的材料制成的，也许还能撑更长的时间。

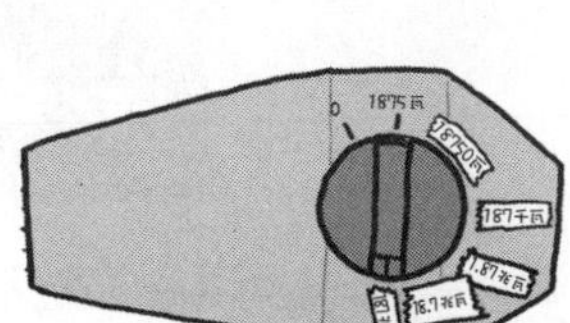

再调高一次功率我们就收手。

187 兆瓦（187×10^6 瓦）的功率足以让盒子发出白光。没有多少种材料制成的盒子能承受这样的高温，所以我们得假设盒子也是不可摧毁的。

地面已成一片岩浆。

不幸的是，地板不是不可摧毁的。

但在它烧穿地板之前，有个人在它底下扔了个装满水的气球。水蒸气产生的冲击力会把盒子炸飞到外面的人行道上。[2]

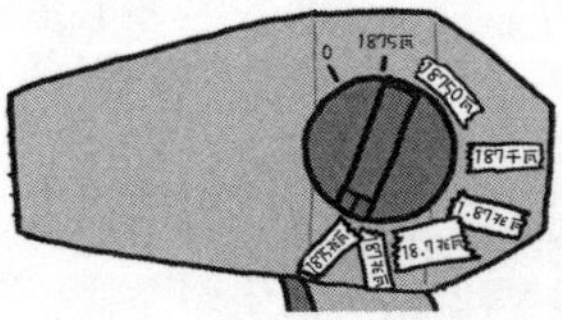

功率达到 1875 兆瓦（收手什么的是骗你的啦）。如果《回到未来》这部电影中说的是真的，电吹风已经产生了足够回到过去的功率。

2. 注意：如果你某天和我一起被困在着火的建筑里，然后我提出一个我们该怎么逃出去的想法，你最好忽略我。

现在盒子发出的光线足以亮瞎你的双眼，而且由于其释放出来的巨大热量，你只能待在数百米之外。盒子周围是越变越大的岩浆池，任何距离 50~100 米之间的物体都燃起了熊熊大火。热量和烟尘直冲云霄，盒子底部的气体不断爆炸让盒子飞上了天。它在哪里掉下来，哪里就开始着火，并形成新的岩浆池。

我们继续转动旋钮。

疯狂电吹风功率已经达到 18.7 吉瓦（18.7×10^9 瓦）！盒子周围的环境已经接近航天飞机发射时发射架底板附近的环境了。盒子开始在它自己形成的强烈上升气流中上下翻腾。

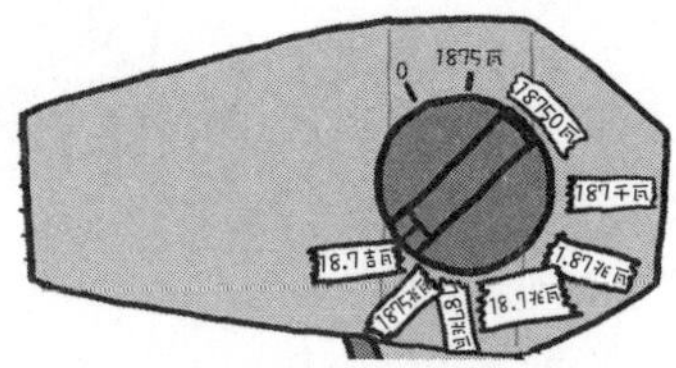

1914 年，H.G. 威尔斯在他的著作《获得自由的世界》中假想了像现在这个样子的一个装置。他描述说那是一种炸弹，它不是只爆炸一次，而是不停地爆炸，就像在城市中心地带引起无法扑灭的大火缓缓燃烧的炼狱一样。这个故事预见了 30 年后原子弹的诞生。

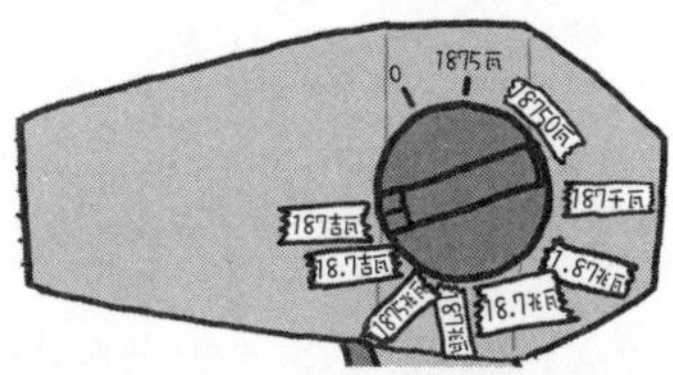

盒子现在在空中飞来飞去。一旦它接近地面，受到炙烤的地面产生的气流又会将它送回空中。

1.875 太瓦（1.875×10^{12} 瓦）的功率是什么概念？想象一下每秒有一幢房子那么大的 TNT 炸药在你身边爆炸的样子。

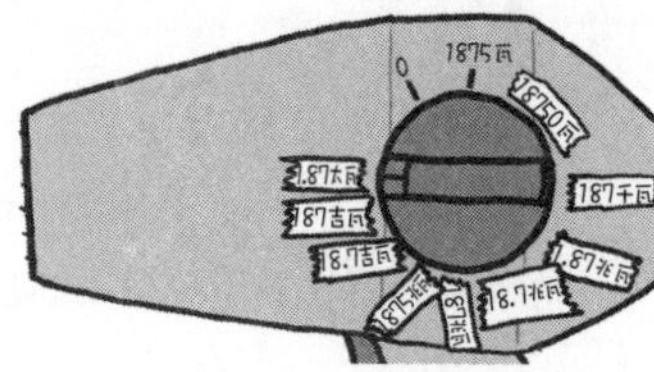

一连串的火焰风暴——大量的火焰产生的风力系统能够维持其自身继续燃烧下去——在地球表面肆虐。

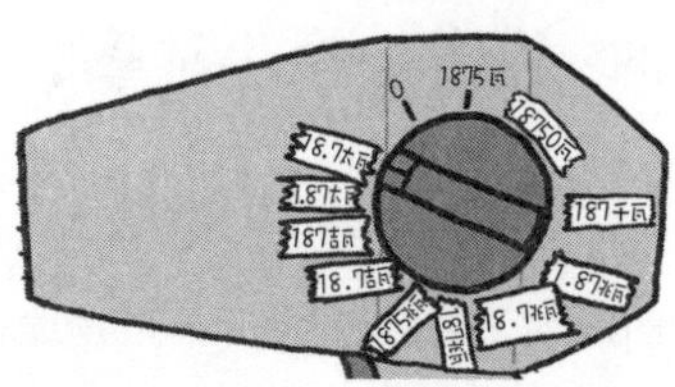

新的里程碑：现在电吹风消耗的能量已经不可思议地超过了地球上所有其他电器消耗的能量总和。

现在在高空中乱飞的盒子每秒放出的能量相当于每秒引爆 3 次“三位一体” 核试。

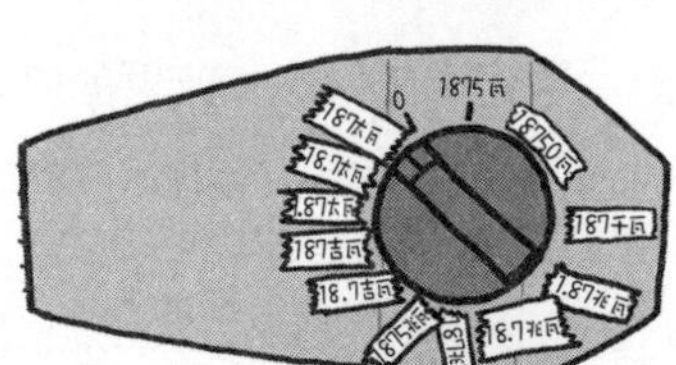

接下去会发生什么已经显而易见了。这玩意儿会在大气层里乱飞，直到最终毁掉地球。

让我们想想别的。

当盒子经过加拿大北部时，我们将旋钮调到零。随着急速冷却，盒子开始坠落，伴随一股水汽落在大熊湖里。

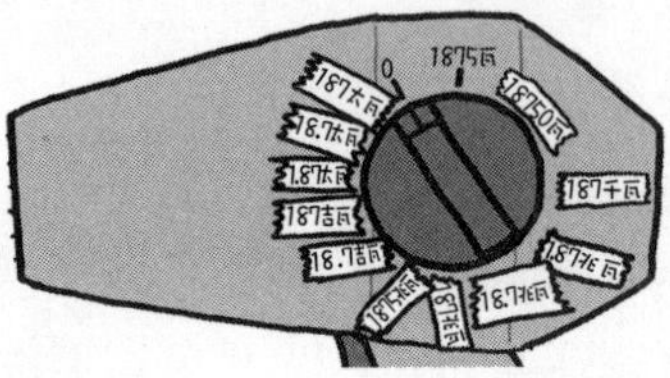

然后……

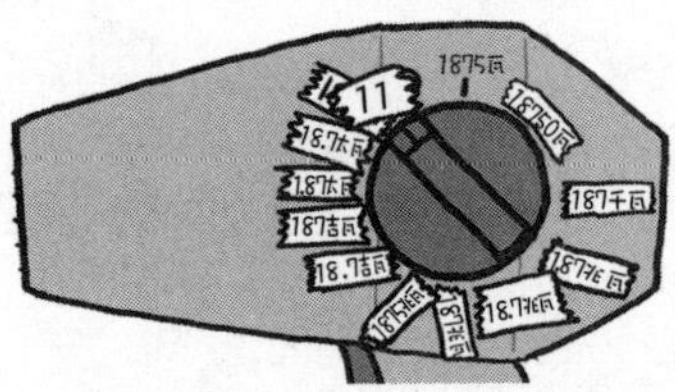

功率调节旋钮转到了 11 拍瓦（11×10^{15} 瓦）。

>> 先讲一个小故事：

人造物体最快速度的官方纪录是由太阳神 2 号探测器创造的，它在围绕太阳飞行时达到了每秒约 70 千米的速度。但是这一纪录的真实持有者，可能是一个 2 吨重的金属井盖。

这个井盖放在一口竖井的顶部，底下是洛斯阿拉莫斯国家实验室的一个地下核爆测试地，而这次试验是普拉姆勃勃行动（Operation Plumbbob）的一部分。当 1 千吨当量的核弹在底下爆炸后，这玩意儿事实上就变成了核能土豆加农炮，井盖瞬间拥有了巨大的能量。装在盖子上的高速摄像机只来得及拍摄到一帧井盖向上运动的图像，然后它就消失了——这说明井盖的移动速度最少是每秒 66 千米。人们再也没能找到这个井盖。

每秒 66 千米差不多是逃逸速度的 6 倍，但与人们普遍猜测的结果不同，井盖不太可能进入太空。根据牛顿的近似冲击深度算法，井盖要么由于与空气撞击而被彻底破坏，要么就会因空气阻力速度慢下来而掉回地球。

当我们重新打开电吹风时，原本在湖水里漂动的盒子也经历了相似的过程，盒子底部炽热的水蒸气向外膨胀。随着盒子飞到空中，整个湖泊的表层水都会汽化，而水蒸气在巨量辐射的作用下转变为等离子体，从而使盒子进一步加速。

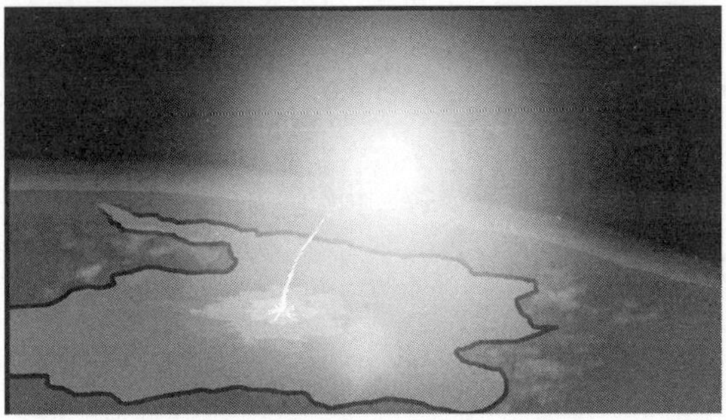

（感谢哈德菲尔德指挥官提供图片）

与之前和大气层猛烈碰撞的井盖不同，巨量的辐射会加热井盖周围的空气，形成一个不断膨胀的等离子体气泡，在这个气泡中飞行阻力极小。盒子很轻松地就飞出了大气层，继续一路向外飞，看起来会逐渐从“第二个太阳”变成一颗“矮星”，并消失在我们的视野之外。加拿大西北地区大部分地方都会燃起熊熊大火，但地球不至于毁灭。

不过，大概会有几个人希望我们还不如毁灭了好。

那些古怪而又让人忧心的问题合集二

WEIRD (AND WORRYING) QUESTIONS FROM THE WHAT IF? INBOX, #2

Q. 向切尔诺贝利反应堆里倒反物质能够阻止它熔毁吗？

——A. J.

Q. 哭多了会导致身体脱水吗？

——卡尔·维尔德穆特

最后的人类之光

THE LAST HUMAN LIGHT

Q. 如果所有人类都消失了，那么最后一个人造光源会何时熄灭?

—— 阿兰

A. **“最后的人造光源”这一头衔有好多竞争者呢。**

艾伦 · 韦斯曼在 2007 年出了一本很棒的书，名字叫《没有我们的世界》。这本书详尽地探讨了在人类突然消失后地球上的建筑、道路、摩天大楼以及动物们都会经历什么。2008 年推出的一部电视剧《人类消失后的世界》也讨论了相同的情景。不过这两者都没有回答你提的这个问题。

那我们就先从简单的入手：绝大多数灯都撑不了多久，因为主要的电网会很快崩溃。供应世界大部分电力的化石燃料发电厂需要持续的燃料补给才能源源不断地发电，而供应链需要人类来作决策。

没有了人类，电力需求也会下降，但恒温器仍会继续工作。随着火电厂在最初的几个小时内停转，剩下的发电厂开始共同承担电力缺口。这种调控过程即使在有人监管的时候也是十分困难的，因而结果就是剩下的发电厂也接连迅速地陷入停顿，造成主要电网完全停电。

然而，很多地方不需要外部电网供电也能正常工作。让我们选取其中几个例子，看看它们会在什么时候熄灭。

>> 柴油发电机

许多偏远的社区（比如那些在偏僻小岛上的社区）的电力来源于柴油发电机。只要柴油不用完发电机就能一直输出电力，它所能坚持的时间一般在几天到几个月之间。

>> 地热发电厂

无须人类供给燃料的发电站，相对来说处境要好一些。地热发电厂由地球内部的地热驱动，可以在无人监控的情况下运行一段时间。

根据冰岛史瓦森吉岛上地热发电厂的维护日志，操作人员需要每 6 个月就更换一次齿轮箱中的机油，并给所有发电机和链接机构涂上润滑油。没了人类来进行这些维护性操作，这些发电厂可能还会继续运行数年，但最终会因部件生锈损坏而停止工作。

>> 风力发电机

依靠风力发电机的人们处境会比大多数人强。风力发电机设计之初就是按照不需持续维护的标准来设计的，原因很简单：风力发电机数量太多，而且爬到顶上去维护很累人。

一些风车可以在无人干预的情况下运行很长一段时间。丹麦的盖泽尔风力发电机建造于 20 世纪 50 年代末期，在无人维护的条件下连续工作了 11 年。现代的风力发电机的标准是不需维护正常工作 3 万小时（3 年），其中肯定会有一些发电机能够连续运转几十年。而在这些发电机中，肯定在某个地方至少有一个显示状态的 LED 灯。

但到头来，大多数风力发电机还是会慢慢停止工作。原因和地热发电厂类似：发电机的齿轮箱坏了。

>> 水力发电站

通过将水的势能转化成电能的水力发电站能够继续运行很长一段时间。历史频道播放的《人类消失后的世界》中节目组询问了胡佛大坝的一位操作员，他表示即使所有人员立即撤离，整个发电站还是能在自动运行模式下继续工作数年。水力发电站最终也会停止工作，原因不外乎进水口堵住了，或是和风力发电机或地热发电厂一样遇到了机械故障。

>> 电池

靠电池发光的灯会在一二十年内全部熄灭。即使没有连接任何用电器，电池自身也会慢慢放电。某些品种的电池电力会比其他电池的电力更加持久一些，但即使号称“电力持久”的电池也会在一二十年的时间内流失完所有电能。

当然也有一些例外。在牛津大学克拉伦登实验室中有一个靠电池驱动的电子钟，自 1840 年来一直在发出声响。不过这个声响太过轻微，每次振动响板只消耗极少电量，因而人耳几乎听不到。没有人确切知道它用的到底是什么电池，因为没人打算把它拆开来一探究竟。

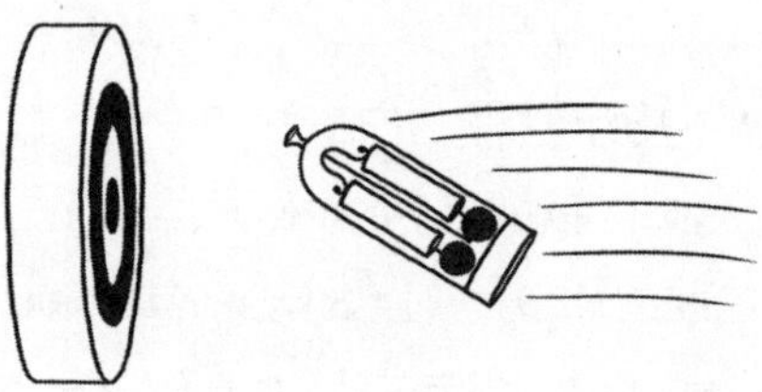

欧洲核子研究组织的物理学家们是这么检测牛津电子钟的。

可惜，这个电子钟上没有灯泡。

>> 核电站

核电站有些难说。如果核电站进入低功率模式，那么它们几乎能够无限期地运行下去，因为核燃料的能量密度实在是太高了，正如某网络漫画所展现的：

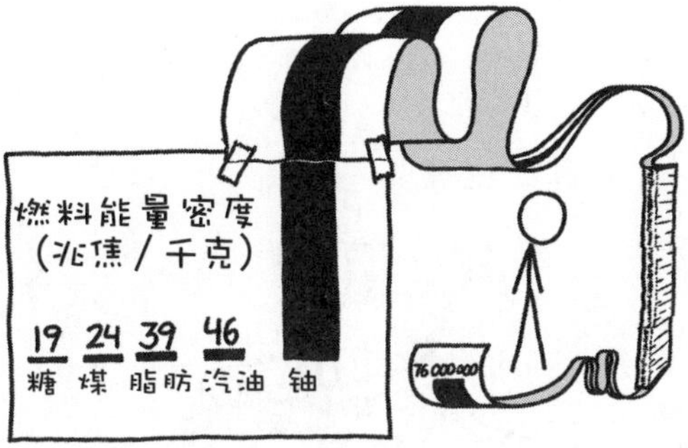

不幸的是，虽然燃料足够，核电站仍然撑不了多长时间。只要有什么零部件损坏，反应核心就会自动关闭。自动停堆会很快发生，因为很多事件都能触发这一行为，不过最有可能的诱因是外部供电中断。

你可能觉得发电厂要外部供电才能运转这一点很不可思议，但核电站的控制系统的设计宗旨即为任何一处系统失灵都会导致这个发电站迅速关闭，这一过程叫作“紧急停堆”（SCRAM）[1]。当外部能源消失时，不管是因为别的电站都关闭了还是自带备用发电机的燃料耗尽，都会导致反应堆停工。

>> 太空探测器

在所有人造物体中，太空飞船应该会是最能抵抗时间侵袭的东西。一些探测器能够在太空中保存几百万年，不过探测器上的电力系统可支撑不了这么长的时间。

几个世纪后，火星探测器就将被火星尘土所掩埋。到那时，大多数卫星都已经随着轨道高度的衰减而落回地球。GPS 卫星在更高的地球轨道上，能够坚持的时间也更长，但随着时间的推移，再稳定的轨道也会受到月球和太阳的干扰。

许多太空飞船的电力都来自太阳能面板，还有一些则靠放射性物质衰变获取电力。

1. 当恩里科・费米参与建造第一座核反应堆时，他把控制棒用绳索悬挂在顶部的横杆上。一旦出现什么闪失，站在横杆旁边的另一位杰出的物理学家就会挥动斧头砍断绳索释放控制棒。因此有了一种（大概是假的）说法，说 SCRAM 的意思是“安全控制棒旁拿斧子的人”（Safety Control Rod Axe Man）。

比如说火星探测器“好奇号”就是靠一根小棒末端连着的容器中的一块钚衰变释放的热量驱动的。

“好奇号”上配备的放射性同位素热电式发电机（RTG）可以持续供电一个世纪以上，最终它输出的电压将低到不足以维持探测器继续运行，但在此之前，其他部件可能早就已经损坏了。

看上去“好奇号”很有潜力，但有一个问题：没有灯光。

“好奇号”确实有光源，用来照亮样本或进行光谱分析。但这些灯只会在进行测量工作时打开，没了人类控制中心的指令，这些灯不会自己亮起来。

除非有人在飞船中，否则一般太空飞船不需要很多的灯。20 世纪 90 年代探索木星的“伽利略号”探测器在它的飞行数据记录仪中安装了一些 LED 灯，但这些 LED 灯发出的是红外线而不是可见光，因而把它们叫作“灯”有些不太合适。而且不管怎么说，2003 年人们操纵“伽利略号”探测器故意让其坠毁于木星表面。[2]

其他一些卫星也装有 LED 灯。比如一些 GPS 卫星会用紫外 LED 灯来控制设备的电荷聚积，这些灯的电力来自太阳能电池板。理论上来讲，只要太阳一天不熄灭，这些灯就能一直亮下去。不幸的是，大多数的灯可以坚持的时间甚至还不如“好奇号”，最终它们都会被太空垃圾撞毁。

但别忘了太阳能电池板不只是用在太空中。

2. 这次故意坠毁的目的是安全地焚毁这颗探测器，这样它就不会在无意之中让地球细菌污染附近的几颗卫星（比如满是水的欧罗巴）了。

>> 太阳能

在偏远地区的路边，经常可以看到的紧急通话盒通常都是由太阳能驱动的。盒子上面一般都装有灯具，用于在晚上产生照明。

和风力发电机一样，这些电话盒维护起来很困难，因而在最初就被设计成能使用很长时间。只要不受灰尘和碎屑的干扰，只要连接其中的电子元件不损坏，太阳能电池板就一直能够发电下去。

太阳能电池板的导线和电路最终都会因腐蚀而损坏。但在一些干燥的地方，只要电器元件质量过硬，并且能依靠偶尔的微风和雨水清除积灰，这些太阳能电池板就能够毫无压力地持续供电长达一个世纪。

如果我们严格定义“人造光源”，那么毫无疑问，偏远地区靠太阳能驱动的灯会是坚持时间最久的人造光源。[3]

但别忘了还有另一个不太常见的竞争者。

>> 切伦科夫辐射

一般而言，辐射是不可见的。

一些手表的表盘上镀有化学元素镭，它能发出淡淡的亮光。然而这种亮光并不来源于放射性本身，而是来自镭上的一层磷光涂料，当这种涂料受到放射性物质的照射时就会发出光亮。随着时间的推移，这层涂料会慢慢失效。虽然表盘本身还是在不停地释放射线，但它再也不会发光了。

然而表盘并不是唯一的辐射发光源。

当放射性颗粒穿过水、玻璃等材料时，

3. 苏联建造了一些靠放射性衰变驱动的灯塔，但目前它们都已经不运作了。

它们会发光，原理类似于超音速产生的音爆——只不过声波换成了电磁波。这种光芒被称为“切伦科夫辐射”，在核电站堆芯你可以看到它那标志性的蓝色辉光。

一些放射性废料，比如铯-137，会被融化然后混入玻璃中，冷却后形成的固体块会被包裹在更多层的保护层中，这样这些放射性废料就能被安全妥善地运输和储存。

在黑暗中，这些玻璃块会发出蓝色的微光。

铯-137的半衰期为30年，因而两个世纪后它仍然在发出蓝光，但放射性水平将只有起初的1%。由于光的颜色取决于衰变的能量，而与辐射量无关，因此它的亮度会随着时间的推移而慢慢黯淡下来，但仍然会保持蓝色。

因此，我们终于知道了答案：几百年后，在那些混凝土保管库的深处，那些最具毒性的放射性废料仍然会发出幽幽的蓝光。

机枪飞行背包

MACHINE-GUN JETPACK

Q. 用一挺向下射击的机枪能做出一个飞行背包吗?

—— 罗布 · B

A. **我很惊讶地发现,答案是肯定的!** 不过要真的想把它做出来,你还得去向俄国人讨教一下。

这东西的原理相当简单:如果你朝前方开枪,枪的后坐力会把你往后推。因而如果你向下开枪,那么后坐力就会把你往天上推。

那么我们要弄清楚的第一个问题是:枪产生的后坐力能够抵消自己的重量吗?如果一把机枪重 5 千克,但只能产生折合 4 千克的后坐力,那么它就没办法把自己推离地面,更不用说再算上开枪的人了。

在工程领域里,一个飞船的推力和自身重力的比值被称为**推重比**。如果这个比值小于 1,那么飞船就飞不起来。“土星五号”在起飞时的推重比约为 1.5。

虽然我在南方长大,但对于枪支却不怎么了解,因而为了回答这个问题,我找了一个在得克萨斯的熟人帮忙。[1]

1. 从他堆在家里用来给我测试的弹药数量来看,得克萨斯很明显已经变成某种程度上的“疯狂的麦克斯”式的后末日战争区了。

警告：请你千万不要在家里尝试这么做！

通过测试我发现AK-47步枪的推重比在2左右，换言之，如果你把枪口立在地上，然后拿胶带把扳机缠住，那么整支枪就能飞起来。

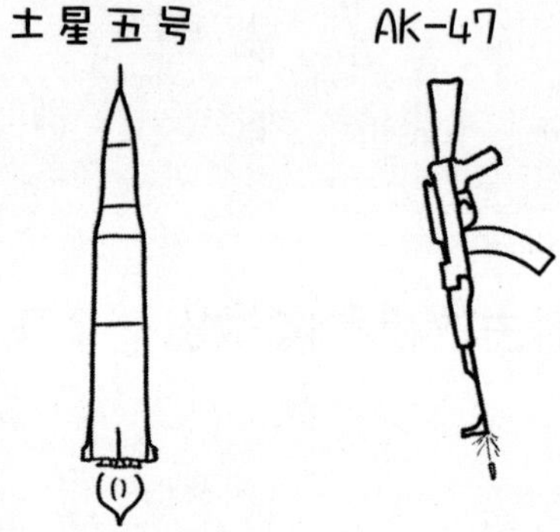

但并不是所有机枪都有大于1的推重比，比如M60机枪的后坐力大概就不足以把它自己推离地面。

火箭（或射击中的机枪）所能产生的推力取决于：（1）它能向后抛射出多少质量；（2）抛射出东西的速度有多快。推力等于这两个量的乘积。

推力 = 抛射质量的效率 × 抛射物的速度

如果AK-47能在一秒内以715米/秒的速度射出10发8克的子弹，那么产生的推力为：

10子弹/秒 ×8克/子弹 × 715米/秒 =57.2牛 ≈ 6千克重力

而一把AK-47装满子弹的重量也不到5千克，因而它能够飞起来并向上加速。

在实际情况中，产生的推力还会比计算值大30%左右。原因在于枪口发射出来的不只是子弹，还有炽热的气体和炸药碎片。这些额外推力的大小取决于枪支和弹药的种类。

整体的推进效率还取决于弹壳是不是也随着子弹发射一起抛出去了。我问我那位得克萨斯的哥们儿能不能帮我称一下弹壳的重量，当我发现他家里似乎没有秤之后，我善意地提醒他，以他家里的军火库规模，去找一个家里有秤的人就好了。[2]

那么对我们的飞行背包来说这意味着什么呢？

意味着 AK-47 能够腾空而起，但它的运载力不足，最多能再带一只松鼠。

我们可以试试把许多把枪拼在一起。如果我们拿两把枪朝地面开枪，那么就会有 2 倍的推力。如果每把枪除了自身重力之外还能额外运载 2 千克的东西，那么 2 把枪就能带动一个 4 千克的东西。

都说到这份儿上了，你也肯定已经知道接下来我们要干什么了：

你今天去不了太空

如果我们能把足够多的步枪绑在一起，那么搭载的那个人的重量就无关紧要了，因为他的体重已经分散到大量的枪身上去了。随着步枪数量的增加，由于这个装置本质上还是许多独立的步枪的并联，因而整体的推重比会渐渐趋近于一把不搭载负载的枪的推重比。

---

2. 最好是家里没这么多军火的。

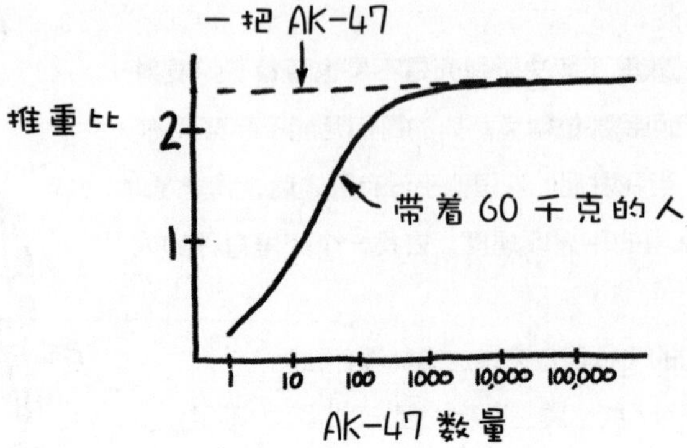

但还有一个问题：弹药数量。

一把 AK-47 步枪只能装弹 30 发，以每秒 10 发的速度来算，这把枪只能提供 3 秒的加速度。

我们可以通过携带更多的弹药来克服这一缺点，但是这个方法有一个上限。你会发现当你携带超过 250 发子弹后，再继续增加子弹数将不会再给你带来任何好处，原因在于火箭科学中一个基础却重要的问题：燃料会增加你的重量。

每枚弹丸质量 8 克，整颗子弹（弹丸、弹壳、火药、底火……加起来）质量超过 16 克。如果你携带超过 250 发的弹药，那么你的 AK-47 就会因过重而无法飞起来。

这意味着最佳配置是一大把（至少 25 把，最好超过 300 把）各携带 250 枚弹药的 AK-47 步枪，这个配置能让你的飞船加速至接近每秒 100 米的速度，你能飞上 500 多米的高空。

所以至此，罗布的问题已经有了答案。只要你有足够多的机枪，你是能够飞起来的。

但我们的 AK-47 步枪显然不是制作飞行背包的理想武器，能不能再给力一点儿？

我的朋友推荐了其他一些机枪，我也一一进行了计算。有些表现很好，比如重机枪 MG-42，它的推重比要比 AK-47 更高一些。

接下来就轮到大家伙了。

GAU-8 复仇者多管机炮能在 1 秒内射出 60 枚 0.5 千克的炮弹，它产生的后坐力将近 5 吨。这个后坐力是相当恐怖的，因为搭载它的 A-10 雷电攻击机的 2 个引擎每台只能产生 4 吨的推力。如果你在 A-10 上装上 2 台机炮，油门全开并同时向前开火，那么机炮会赢过引擎，飞机将会向后加速。

换个角度，如果我把 GAU-8 装在我的车上，车子挂空挡停着，然后开始向后开火，那么我会在 3 秒之内超过美国州际公路的速度限制（约 110 千米 / 小时）。

“其实我更想知道你要怎么把我拦下来。”

虽然这炮拿来做阵列火箭引擎会很不错，但俄罗斯人还有更好的东西。格里亚泽夫 - 希普诺夫 GSh-6-30 加特林机炮的重量只有 GAU-8 的一半，但射速更高，它的推重比接近 40。这意味着如果你朝地面开火的话，除了会有一股急速膨胀的致命金属碎片云，你还会以将近 40 倍重力加速度腾空而起。

GSh-6-30 的后坐力过于恐怖，即使是牢固地安装在飞机上，后坐力产生的加速度仍然是个很大的问题。

> 后坐力……仍然容易对飞机造成损伤，即使把射速降低到每分钟 4000 发也没有多大改观。在开火之后着陆灯几乎每次都被毁了……连续发射超过 30 发就会因过热而发生故障……
>
> ——格雷格 · 戈贝尔 , airvectors.net

但是如果你设法把人类乘客安置好，建造出一个强度足够承受这么大加速度的飞船，把 GSh-6-30 包裹在气动外壳里，然后确保它能妥善地冷却……

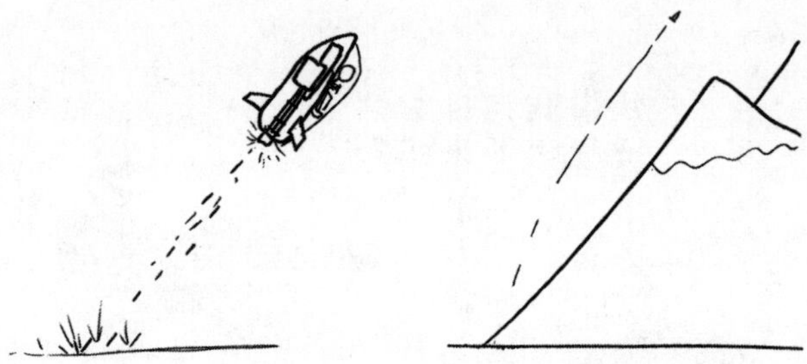

……那么你就能飞越重山啦。

匀 速 上 升

RISING STEADILY

Q. 如果你突然开始以每秒 1 英尺（约 30 厘米）的速度上升，你会怎么死？你会先被冻死还是因窒息而死？还是有其他死法？

—— 丽贝卡 · B

A. **你带大衣了吗？**

每秒 1 英尺这个速度并不快——一部普通电梯的速度都比它快。你要花上 5~7 秒才能让别人伸手够不着，这取决于你的朋友们有多高。

30 秒后，你的高度是 30 英尺（9 米）。如果你把书翻到第 172 页，你会发现这也是你的朋友能扔给你三明治或水瓶或其他什么东西的最后机会了。[1]

一两分钟后，你已经高于树梢了。你感觉和地上差不多，都很舒服。如果当天有风，那么树梢上方更稳定的风很可能会让你感觉有些冷。[2]

10 分钟后，你会超过大多数摩天大楼的高度。25 分钟后，你已经比帝国大厦的尖塔还高了。

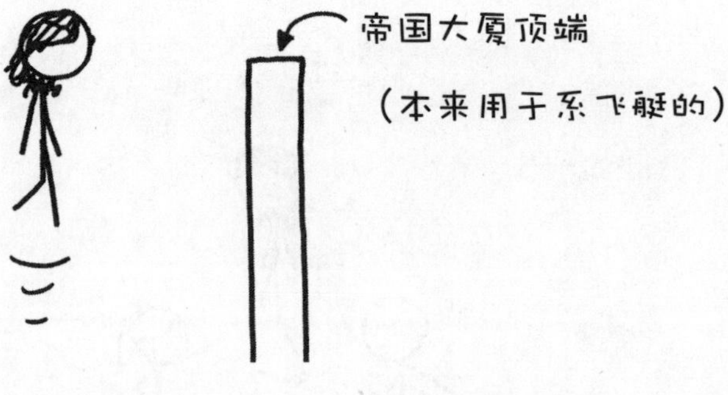

1. 虽然这些东西还是没法让你活下来，不过……
2. 这篇文章中假设的是“典型”的大气层温度分布，当然，具体情况差异会很大。

这里的空气要比在地面的稀薄 3% 左右。幸运的是，你的身体整天都在应付这样的气压变化。你的耳朵可能会有点痛，但除此之外你不太会意识到其他东西。

气压会随着高度而大幅变化。不管你信不信，当你站在地面上时，1 米之内的气压都能差出到可测量的程度。如果你的手机内置气压计——许多智能手机应该都内置了——你可以下载一个应用来测一下你脚附近的气压比头附近高多少。

每秒 1 英尺差不多就是每小时 1 千米，所以 1 个小时后，你差不多就是离地 1 千米了。此时此刻，你开始感觉有些冷了。如果你穿着一件外衣那还好，但你会感觉到风在变大。

2 个小时后，你已经达到了约 2 千米的高度，温度也降到了冰点以下。风速很有可能在继续增加，如果你有一部分皮肤暴露在外，那么你就要开始担心冻疮了。

从此时起，气压将会降到比客机机舱还低的程度[3]，这时很多低压后果会变得严重起来。但如果你没有一件保暖的衣服，低温才是最大的问题。

在接下来的 2 个小时内，空气温度也跌到 0℃以下[4,5]。现在即使你没有窒息而死，那么用不了多久你就会被冻死。不过要等到什么时候呢?

在冻死这个话题上最有发言权的应该要数——毫不意外——加拿大人了。论及人类在寒冷空气中的存活情况，最广泛使用的模型正是由加拿大国防与民用环境医学研究所的彼得 · 蒂克西斯和约翰 · 弗里姆提出的。

根据他们的模型，你的死因很大程度上取决于你穿的衣服。如果你赤身裸体，你会在第 5 个小时前后因低温症而殒命，而此时你身体里的氧气还没用尽呢。[6] 如果你被温暖的衣服裹得严严实实，你会有一些冻疮，但应该还活得下去……

……直到你来到死亡区。

在 8000 米以上——地球上只有少数几座山有这么高——空气中的氧气含量不足以支持人类生存。在这个区域附近你会感受到许多不同的症状，其中可能包括迷糊、眩晕、迟钝、视力障碍和恶心。

3. 根据我手机中气压计的数据，客机机舱一般加压到 70%~80% 的大气压。

4. 摄氏度和华氏度都行。

5. 当然不能用开尔文。

6. 我想知道这个结果是怎么通过实验做出来的……

当你向死亡区继续靠近时，你血液中的氧气含量开始大幅跳水。血管本应将低氧气含量的血样带回肺中，然后补充新鲜氧气。但在死亡区，空气中的氧含量太少，以至于你血管中仅有的氧气会往外跑而不是吸收氧气。

后果就是你会迅速丧失意识，然后死亡就会到来。这大概发生在第 7 个小时前后，你很难撑到第 8 个小时。

他生前和死后没什么区别，都在以每秒 1 英尺的速度上升。

200 万年后，你那冰冻的尸体还在以每秒 1 英尺的速度运动，它将会穿过日球层顶（heliopause）进入星际空间。

发现冥王星的天文学家克莱德 · 汤博于 1997 年去世。他的一部分骨灰由“新地平线”号宇宙飞船搭载，飞船在飞越冥王星后将继续向太阳系外进发。

的确，你那每秒 1 英尺的旅程又冷，又不舒服，死得也很快。但当太阳在 40 亿年后变成红巨星并将地球吞噬时，你和克莱德将会成为唯一逃出去的人类。

所以，你死而无憾了。

那些古怪而又让人忧心的问题合集三

WEIRD (AND WORRYING) QUESTIONS
FROM THE WHAT IF? INBOX, #3

Q. 以人类现有的知识和能力，有没有可能造出一颗恒星来?

—— 杰夫 · 戈登

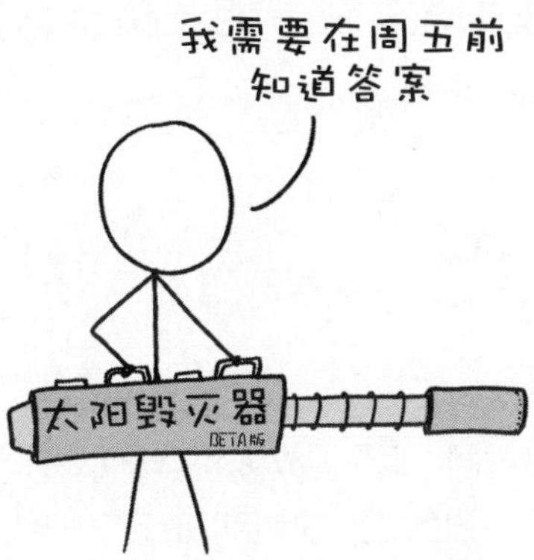

Q. 如果试图招募一支黑猩猩军队，你会遇上什么后勤难题?

—— 凯文

Q. 如果人类长出了轮子并且能在空中飞翔，那么要怎么把他们和飞机区分开来?

—— 匿名提问者

太空潜水艇

ORBITAL SUBMARINE

Q. 核潜艇在近地轨道太空中能坚持多久？

——贾森·拉思伯里

A. **潜艇本身不会有什么问题，但里面的艇员可就有麻烦了。**

潜艇不会在太空中爆炸。潜艇的外壳强度足以承受 50~80 倍大气压的外部水压，所以承受内部的一个大气压对它来说根本不是问题。

潜艇的整个艇体应该是气密的。虽然水密并不意味着它能防止气体泄漏，但潜艇能在 50 个大气压下保证不漏水这一事实，应该能够说明至少空气不会泄漏得太快。潜艇上或许会有一些专门设计用来释放空气的单向阀门，但总体来说潜艇应该算是密封的。

艇员面对的问题显而易见：空气。

核潜艇使用电力从海水中提取氧气。但在太空中没有水，因而也没法用来产生更多的空气。潜艇上备有一些应急的氧气储备，可以供艇员用上几天，但最终他们还是会面临氧气用尽的困境。

他们可以使用反应堆来保持温暖，不过他们需要小心掌握好尺度，因为海洋比太空更“冷”一些。

严格来说，这句话是不对的，所有人都知道太空非常寒冷。太空飞船在太空中过热的原因在于太空的热传导性能不如海水，所以热量在太空飞船中聚积的速度比在海里的更快。

但如果你在咬文嚼字上更进一步，这句话也是正确的。海洋确实要比太空更冷。

星际空间非常寒冷，但在太阳（或地球）附近其实是非常热的！之所以太空看起来没有那么热，是因为“温度”的定义在太空中有点不那么适用。太空很冷，是因为它太空了。

温度描述的是一堆粒子的平均动能的大小。在太空中，一个个分子都有着很高的分子平均动能，只是它们数量太少影响不到你。

在我还小的时候，我家地下室里有一个机械小作坊。我记得我曾经看着我爸使用一台金属研磨机，每当金属接触砂轮时都会有四散飞溅的火花，许多火花飞到了他的手上或衣服上。我当时不能理解为什么我爸不会受伤，因为那毕竟都是几千摄氏度的火花。

后来我才知道火花不会伤人的原因是它太小了，它所携带的那一丁点儿的热量会被人体吸收，只影响到极小一部分皮肤。

太空中那些“热”分子就像我爸作坊里的火花，它们可能很热也可能很冷，但它们的体形过于微小，就算碰到了也不会对你产生多大影响。[1] 相反，潜艇里是变热还是变冷则取决于产生多少热量，以及你能多快地把这些热量排出去。

现在你的周围没有一个温暖的环境能把热量辐射回来，因此你通过辐射流失的热量会比在正常情况下快许多。不过没有了周围的空气从你体表带走热量，你因对流而流失的热量也同时减少了。[2] 对于大多数载人飞船来说，后者更值得关注。他们要面临的最大问题不是保持温暖，而是保持凉爽。

在水温为 4℃的海洋中，核潜艇显然有能力在舱内维持一个可供生存的温度。不过要想在太空中维持这个温度，处于地球的阴影中时，潜艇流失热量的功率约为 6 兆瓦，而艇员们散发热量的功率只有 20 千瓦，就算加上太阳直射时的几百千瓦日暖[3] 也不够，所以他们必须打开反应堆来供暖。[4]

为了脱离地球轨道，潜艇需要把速度降到足够低的程度，这样才能重返大气层。但没有火箭，它无法完成。

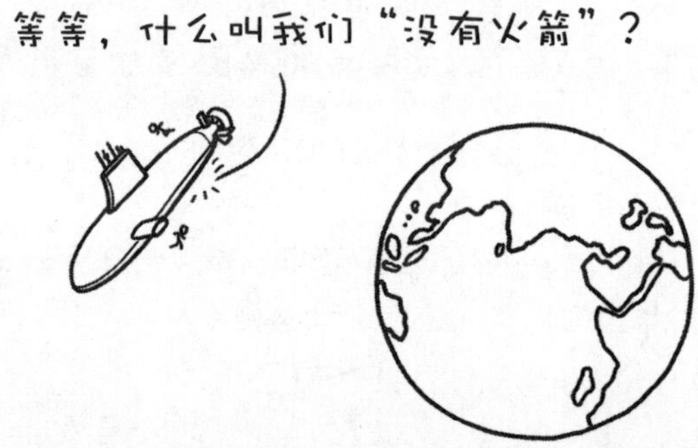

1. 这也是为什么即使火柴和火炬的火焰温度差不多，在电影中你只会看到那些大块头们用手一捏就能灭了火柴，但绝不会看到他们对火炬做同样的事情。
2. 通过热传导流失的热量也变少了。
3. apricity，这是我最喜欢的一个英文单词，它的意思是冬日里的阳光。
4. 当他们朝太阳方向运行时，潜艇的表面会升温，但整体热量流失的速度仍然大于热量获取的速度。

好吧，严格地来说，潜艇上是有火箭的。

不幸的是，潜艇上的“火箭”的朝向不对，没法把潜艇推离轨道。火箭靠自身携带的燃料推进，意味着发射火箭的后坐力极小。当枪射出子弹时，枪其实在把子弹向前推。但如果是火箭的话，你只是启动了火箭，然后它就自己飞走了。发射艇载导弹并不能向前推动潜艇。

但如果你不发射的话却可以。

如果把现代核潜艇中搭载的弹道导弹从发射管中取出来，调个头再塞回发射管中并点火，那么每枚导弹都能使潜艇的速度提升改变约每秒 4 米。

典型的脱离轨道机动需要使速度降至大约每秒 100 米，这意味着“俄亥俄级”核潜艇上搭载的 24 枚“三叉戟”导弹就足够使自己脱离地球轨道了。

脱离轨道后，由于潜艇并不配备散热用的隔热瓦，在超音速下也不具有空气动力稳定性，因而它将不可避免地开始翻转并在空中解体。

如果你能挤进一个正确的缝隙中，并且把自己绑在加速度座椅上，那么你有很小很小很小的几率能够撑过剧烈的减速阶段。之后你需要在潜艇撞击到地面之前带上一个降落伞跳出残骸。

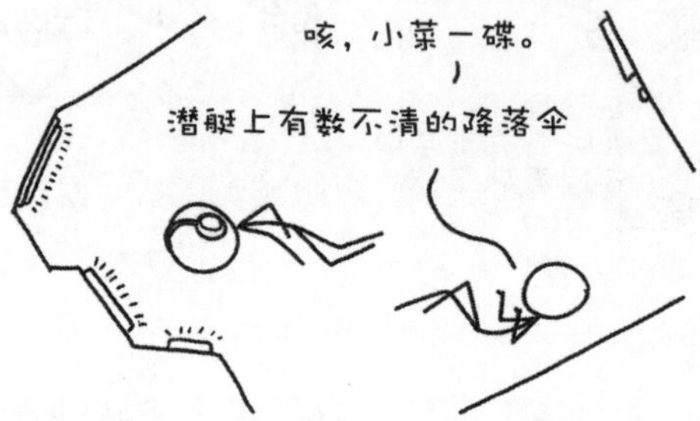

如果你真的打算这么做（我并不推荐），有一个绝对重要的事情你需要牢记在心：

记得解除导弹上的引爆装置。

短回答环节

SHORT-ANSWER SECTION

Q. 如果我的打印机能够打印出纸币，这会对世界有多大影响？

——德雷克 · 奥布里安

A. **在一张 8.5 英寸 ×11 英寸[1] 的信纸上能够放下 4 张纸币。**

如果你的打印机 1 分钟能够打印出 1 张纸大小正反面高质量全彩色图像，那么一年下来就能印出 2 亿美元。

这些钱足够让你过上富裕的生活，但对于全球经济来说简直是九牛一毛。全世界在流通的 100 美元纸币有 78 亿张，一张 100 美元纸币的使用时间大约为 90 个月，所以每年要印刷约 10 亿张百元大钞，而你自己印出来的额外的 200 万张基本没人会注意到。

1. 译者注：美国信纸大小，比 A4 纸略小。
2. 译者注：来自《吉屋出租》（*Rent*），剧中一首歌问："一年要如何衡量？"回答之一是："525600 分钟。"

Q. 如果你在台风眼里引爆一颗核弹会发生什么？风暴中心会被立刻气化吗？

——鲁珀特·班布里奇（以及其他许多人）

A. 许多人都提过这个问题。

令人意外的是，美国国家海洋和大气管理局——同时也是管理国家飓风中心的组织——也多次被问到这个问题。后来他们也受不了了，于是发表了一个回复。

我建议你把那份回复完整地看一遍，[3] 但我相信回复中第一段的最后一句话已经很好地给出答案了：

“不用说，这不是一个好主意。”

美国政府的一个部门居然对“向飓风发射核弹”这一问题发表了官方看法，这很是让我开心。

Q. 如果每个人都在自家和商店的落水管底部装上小型涡轮发电机，这样能够产生多少电力？产生的电力能够赚回安装发电机的钱吗？

——达米安

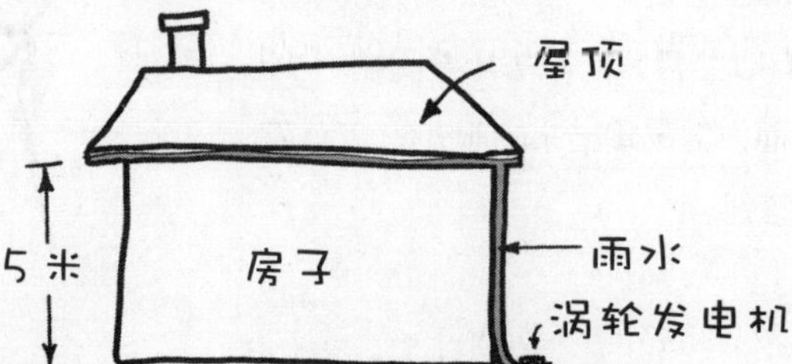

3. 去网上搜索克里斯·兰德斯的《为什么我们不用核武器摧毁热带风暴》。

A. 在像阿拉斯加东南部那样多雨的地方，年平均降水量接近 4 米。水力发电机效率很高，如果占地 140 平方米的房子在离地 5 米的地方开槽收集雨水，那么平均下来发出的电力还不到 1 瓦，由此节省下来的钱最多只有：

$$140\text{ 平方米}\times 4\text{ 米/年}\times 10^3\text{ 千克/米}^3\times 9.81\text{ 米/秒}^2\times 5\text{ 米}\times 15\text{ 美分/千瓦时}=1.14\text{ 美元/年}$$

截至 2014 年，有记录的最大降雨量发生在 1947 年，美国密苏里州的霍尔特在 42 分钟内降雨量高达 30 厘米。在这 42 分钟里，我们假想屋子里的发电机理论上能够发出 800 瓦的电力，也许能够驱动屋子里的所有东西。那其他时候呢？差远了。

如果一个发电机价值 100 美金，那么住在美国最多雨的地方（阿拉斯加凯奇坎）的人们或许能在一个世纪内赚回这些钱。

Q. 如果只用可以读得出来的字母组合，给宇宙中每颗星星都用一个单词起一个独一无二的名字，那么这名字会有多长？

—— 谢默斯 · 约翰逊

A. **宇宙里大约有 300 000 000 000 000 000 000 000 颗行星。**如果你通过交替使用元音和辅音的方法（当然有更好的制造可读单词的办法，但是这样就够了）拼出一个可读的单词，那么每增加一对元音辅音字母就能使你能命名的名字数量扩大 105 倍（21 辅音 ×5 元音）。而由于数字的信息密度与之相近（每一对数字就有 100 种可能），这意味着名字的长度会和星星数量不相上下：

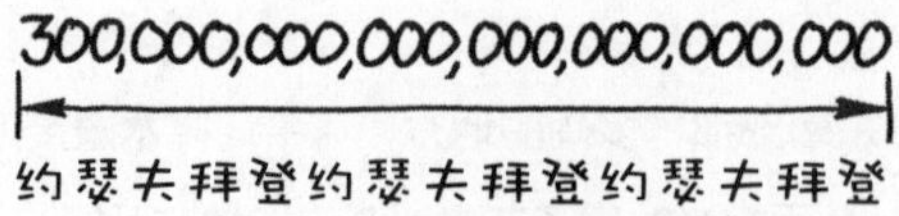

我们用约瑟夫拜登给星星命名[4]

我做数学时喜欢那些需要数打印在纸上的数字有多长的题目（本质就是估算以10为底的对数的大小），这个方法确实可行，但总觉得怪怪的。

Q. 我有时骑自行车去上课，但在冬天骑车实在是太冷了。如果我想让皮肤像太空飞船重返大气层时那样暖和起来，那么我需要骑多快？

——大卫·纳伊

A. 重返大气层的太空飞船表面温度上升，是因为它压缩了前方的空气，而不是像大多数人认为的那样是由于空气“摩擦”。

要想把你面前那层空气的温度提高20℃（足够从冰点上升到室温），你需要骑到每秒200米。

目前最快的人力车是包裹在流线型空气动力学外壳里的躺式自行车，这种自行车的速度最快能达到将近每秒40米，再快人力就已经不足以抗衡空气阻力了。

由于空气阻力正比于速度的平方，因而要想再提高速度将会变得极为困难。以每秒200米的速度骑行所需要的动力是以每秒40米速度骑行时所需动力的25倍。

在这样的速度下，空气产生的加热效应已经不是你需要担心的东西了——简单计算一下就可以发现如果你的身体要产出这么多的能量，那么你的核心温度将在几秒钟内上升到致命的程度。

4. 译者注：本书作者是民主党的支持者，而现任副总统拜登则属民主党籍。

Q. 整个互联网占据多少物理体积？

——马克思·L

A. 有很多种方法可以估算互联网上所有存储的信息的多少，我们可以通过全世界存储空间的购买量来确定互联网信息总量的上限。

硬盘行业每年能够生产约 6.5 亿块硬盘，如果它们之中绝大部分是 3.5 英寸硬盘的话，那么每秒生产出来的硬盘的体积为 8 立方分米。

这意味着最近几年硬盘的产量刚好只够塞满一艘油轮。得益于硬盘容量的不断增加，最近几年新增的存储空间占据了全球绝大多数的存储空间。这样看来，整个互联网还没有一艘油轮大。

Q. 如果我把 C4 炸药绑到回旋镖上会怎么样？它能摇身一变成为强力武器吗？还是会像它看起来的那样蠢？

——查德·马琴斯基

A. 撇开空气动力性能不说，我只是好奇，没击中目标就会自己飞回来的高爆炸药，你指望从中获得怎样的战术优势呢？

闪电

LIGHTNING

在开始之前，我想强调一下：**我不是闪电安全方面的专家。**

我只是网络上一个画漫画的漫画家，我喜欢看到东西着火或者爆炸，所以这意味着我并没有把你的利益放在心上。在闪电安全方面的权威是在美国国家气象局工作的人们。[1]

好了，牢记这一点后，我们回到正题上来。

要回答下面的问题，我们首先需要弄清楚闪电的传播路径。这里我教大家一个估测的小窍门：假想一个半径 60 米的大球[2]在地表滚动，途中球碰到的地方就是闪电可能击中的地方。在这篇文章中，我将回答许多个关于闪电的不同问题。

人们总说闪电会击中附近最高的东西。这种极其含糊的说法简直就是个招人质疑的活靶子，“附近”是多远？我说，好像不是所有的闪电都会击中珠穆朗玛峰吧。但闪电会击中人群中长得最高的人吗？我所知道的最高的人应该是瑞恩·诺斯[3]了。那出于安全考虑，我是不是只要站在他旁边就不会被闪电击中了呢？如果是其他原因呢？也许我应该回答问题，而不是提出问题。

那么闪电是如何选择目标的呢？

闪电最先会形成一个叉状电荷，又被称为先导。先导会从云端伸出向下延伸，以每秒几十到几百千米的速度向地面传播，在几十毫秒的时间内穿过几千米长的空气到达地面。

1. http://www.lightningsafety.noaa.gov/

2. 或者滚一个真的球……

3. 古生物学家估计他直立时肩膀处有将近 5 米高。

先导中的电流相对较小，大约在 200 安培这个数量级，这点电流也足够电死你了，但与之后发生的相比就有点相形见绌了。一旦先导接触到地面，云层和地面之间就会发生剧烈的电荷中和过程，放电电流将会超过 2 万安培。在这个过程中你就会看到一道亮眼的闪光，接着先导会以光速的几分之一速度原路返回，在不到 1 毫秒的时间内就能回到云端。[4]

我们看到的闪电“击中”地面的地方，就是之前先导最先接触到地面的地方。先导在空气中呈跳跃状向下传播，它最终会向着（通常是）地面上的正电荷前进。不过，它在决定下一步跳向哪里时只能“感知”尖端附近几十米范围之内的电荷。如果在这个范围内地面上连着什么东西，那么闪电就会跳到这个东西上，否则就会半随机地挑选一个方向，然后重复这一过程。

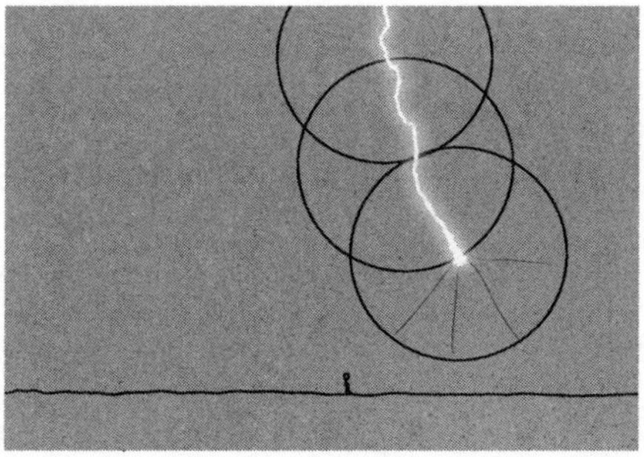

为了找出闪电会击中哪里，你在地面上滚动着这个假想的半径 60 米的球。[5] 这个大球会爬到树上或建筑上面而不会穿过它们（也不会把它们卷进去）。与大球表面接触的地方——树顶、栅栏以及正在打高尔夫的人——都是潜在的被雷击的目标。

这样你就可以计算一个在平面上高度为 h 的物体的闪电“阴影”。

$$\text{阴影半径} = \sqrt{-h(h-2r)}$$

在这个阴影里，先导更倾向于击中这个高高的物体，而不是它周围的地面。

4. 虽然这个过程又被称为回击，但电荷是向下流动的，然而放电看上去是向上传播的。这有点像当交通信号灯从红灯变为绿灯时，前面的汽车开始移动，然后才是后面的汽车，看上去汽车运动是向后传播的。

5. 出于安全原因，不要用真的球。

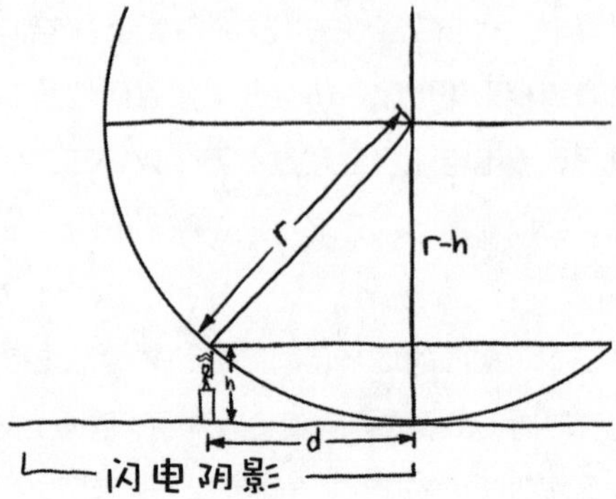

然而位于这个阴影中并不意味着你就安全了——事实常常相反。当电流流到那个高高的物体上之后，它会接着四散流到地面上。如果你碰到了附近的地面，电流就有可能从你的身体中流过。2012 年在美国因雷击致死的 28 人中，有 13 个人是站在树下面或附近。

有了这些基本知识，在接下来的几个问题中，我们来看看在给定情况下闪电的可能路径。

Q. 在电闪雷鸣的时候待在泳池里到底有多危险?

A. **相当危险。水是可以导电的。**但最大的问题不在于此——最大的问题在于如果你正在游泳，那么你的头会露在一大块平整表面的外面。即使闪电击中的是你周围的水，那也是非常危险的。2 万安培的电流会向四周扩散——绝大部分沿着水面——但你在不同距离下各会受到多大程度的电击是很难计算的。

我估计至少在几十米的范围内你会处于极度危险之中，在淡水中这个距离会更大，因为电流更喜欢从你电阻小的身体中流过。

如果你在洗澡或站在瀑布底下的时候被闪电击中呢?

水雾并不会威胁到你，它们只不过是空气中一堆分离的水滴。真正对你产生威胁的是你脚底下的浴缸，以及和水管接触的那摊水。

Q. 如果我在船上或飞机上被雷击了会怎么样？在潜艇上呢？

A. **没有船舱的船安全性和平坦的高尔夫球场差不多**。配备封闭船舱和闪电保护系统的船只和汽车差不多安全，潜艇的安全性和水下的保险箱差不多。（不要把水下的保险箱和潜艇里的保险箱搞混了：潜艇里的保险箱可比水下的保险箱保险多了。）[6]

---

6. 译者注：submarine 既有潜艇之意又有水下之意，safe 既有安全之意又有保险箱之意。

Q. 如果你在广播信号塔上更换灯泡时被雷击了会怎么样？如果你在做后空翻的时候被击中了呢？或者站在一片石墨地上呢？又或者抬头盯着闪电看呢？

A.

Q. 闪电击中飞行途中的子弹会发生什么？

A. **子弹不会影响闪电经过的路径。**你必须精确地把握好时机，这样才能让子弹在闪电回击的那一刻恰好位于闪电路径之中。

闪电路径的核心部分直径大约为几厘米，而 AK-47 步枪使用的子弹长度约为 26 毫米，每毫秒能够前进约 700 毫米。

子弹的铅质核心外面包了一层铜质外壳。铜是电的优良导体，2 万安培电流中的大部分都将轻易地流过子弹走捷径。

令人惊讶的是，闪电并不会对子弹造成什么伤害。如果子弹静止不动，那么通过的电流将会很快加热并熔化子弹上的金属材料。但由于子弹的飞行速度太快，它在离开闪电通道的时候自身仅被加热了几摄氏度，子弹会几乎不受任何影响地继续飞向目标。闪电周围的磁场和流过子弹的电流会产生一些有意思的电磁力，但所有我检验过的电磁力中没有一个会显著影响最后的结果。

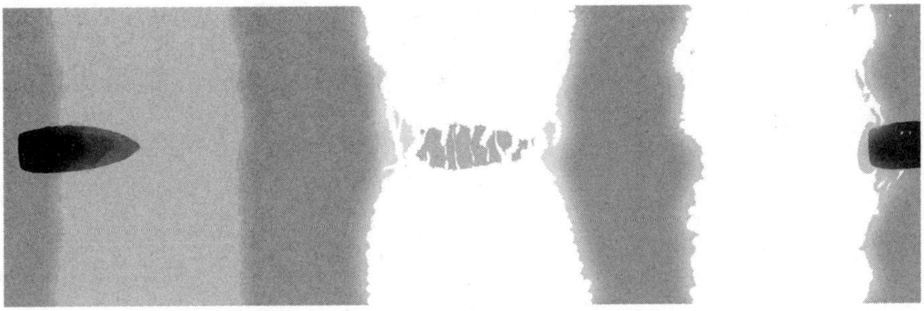

Q. 如果你在雷暴天刷 BIOS 的时候被雷击了会怎么样?

A.

那些古怪而又让人忧心的问题合集四

WEIRD (AND WORRYING) QUESTIONS FROM THE WHAT IF? INBOX, #4

Q. 在火山地面以下的地方安置温压弹或者核弹，能够阻止火山爆发吗？

—— 托马斯 · 格鲁什卡

Q. 我的一个朋友坚信太空中有声音，事实上是没有的，对吧？

—— 阿龙 · 史密斯

人力计算机

HUMAN COMPUTER

Q. **如果全世界所有人都停下手头的工作开始做计算，那么一共能有多少计算能力？这些计算能力和现代的计算机或智能手机相比谁更厉害呢？**

—— 马特乌什 · 诺尔普

A. 一方面来说，人类和计算机的思考方式完全不同，所以拿它们作比较就类似于比较苹果和橘子。

另一方面，苹果要更好一些。[1] 我们不妨比较人类和计算机做相同任务时究竟谁更快。

1. 除了蛇果，这玩意儿的名字真是坑人。

要设计出一个任务，使得一个人能比全世界所有计算机都做得快是很容易的，但每过一天难度就会更大一些。比如，人类在看一幅照片场景并猜测之前发生的事情时，目前仍远胜于计算机。

为了测试这个理论，我把这幅图片发给我妈妈，问她认为发生了什么。[2] 她立刻回复说："小孩儿把花瓶打碎了，那只猫正在查看这只花瓶。"

我的母亲很聪明地否定了其他一些可能，包括：

· 猫撞倒了花瓶。

· 猫从花瓶里跳出来扑向孩子。

· 猫追着孩子到处跑，孩子拿着一根绳子试图爬到梳妆台上逃跑。

· 房间里有一只野猫，有个人朝它扔了一个花瓶。

· 猫被制成木乃伊放进了花瓶里，当孩子用具有魔力的绳子碰了一下后猫复活了。

· 固定花瓶的绳子断了，而这只猫正试图把它放回去。

· 花瓶爆炸了，把孩子和猫都吸引了过来。小孩儿戴上了帽子，防止后续爆炸伤到他。

· 孩子和猫跑来跑去想要抓住一条蛇，小孩儿最终抓住了蛇并把它打了个结。

全世界所有的计算机都不能比任何一个家长更快地找出正确的答案，这是因为我们给计算机编程时并没有告诉计算机要怎么解决这种问题，[3] 而我们的大脑则已经接受了上百万年进化的训练，对于猜出周围的人在干什么以及为什么要这么做很是在行。

2. 我小时候家里有许多花瓶。

3. 到目前为止。

我们可以选择一个人类具有优势的任务，但这又有什么意义呢？计算机受制于我们的编程能力，因而我们人类有天生的优势。

所以我们还是看看在计算机的地盘上比赛如何吧。

>> 微芯片的复杂度

我们不用弄出一个新任务，只需让人类进行计算机上常用的基准测试就行。这种测试一般包括像浮点数计算、存储和回忆数字、调整字符串以及一些基本的逻辑运算这样的内容。

根据计算机科学家汉斯·莫拉维克的说法，一个人如果用纸笔进行计算机上的芯片基准测试，那么他的速度为每 1.5 分钟执行一条完整指令。[4]

这样算来，一部中端手机的处理器的计算能力将是全球人口加起来的运算能力的 70 倍左右，而一台高性能台式机的芯片则能将这个比值提高到 1500。

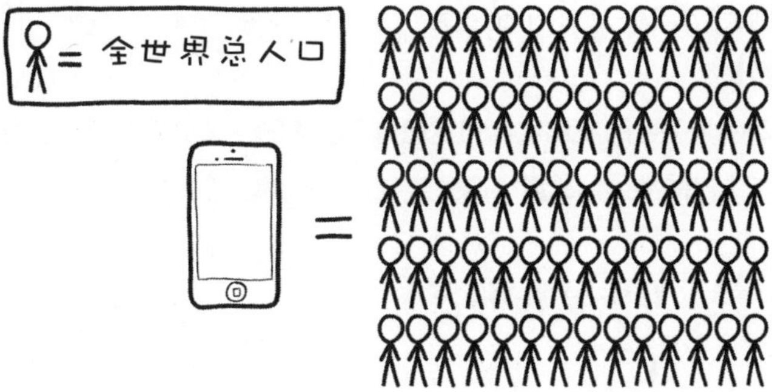

那么是从什么时候开始，一台普通的台式机的计算能力超过了所有人类的计算能力总和呢？

1994 年。

1992 年全世界总人口为 55 亿人，这意味着根据基准测试，人类的总计算能力约为 65 MIPS[5]。

同年英特尔发布了风靡一时的 486DX 芯片，在默认配置下这块芯片每秒能够处

4. 这个数字来自汉斯·莫拉维克撰写的《机器人：由机器迈向超越人类心智之路》中的一个列表。

5. MIPS 为每秒执行的百万指令数，65MIPS=6500 万条指令 / 秒。

理 55~60MIPS。截至 1994 年，英特尔的新“奔腾”芯片的基准测试成绩达到了每秒 70~80MIPS，已经把人类抛在了后头。

你可能会说这种测试对计算机有一些不公平，毕竟现在是一台计算机和所有人类比，那么如果所有计算机和所有人类比会怎么样呢?

这个计算有些困难。我们可以很容易地给各种各样计算机的性能打分，但你如何衡量——比方说——“菲比精灵”玩具中的芯片每秒能够执行多少个指令呢?

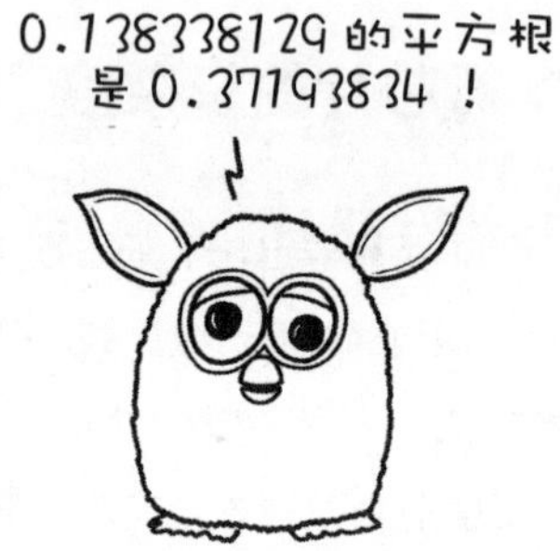

世界上绝大多数晶体管都封装在并非专门用于这种测试的芯片里，如果假设所有的人类都经过训练能够进行基准计算的话，那么需要花多少功夫才能修改每一台计算机的芯片以使它们能够进行基准测试呢?

为了避免这种问题，我们可以通过数晶体管的数目来粗略估计全球所有计算设备的总计算能力。结果我发现 20 世纪 80 年代的处理器和今天的处理器的晶体管数目与 MIPS 的比值大致相同——这个比值大约为每秒每条指令需要 30 个晶体管，数据可能误差一个数量级。

戈登·摩尔（著名的摩尔定律的发现者）发表的一篇论文中给出了自 20 世纪 50 年代以来每年生产的晶体管总量。这些数字画成图表之后长这样:

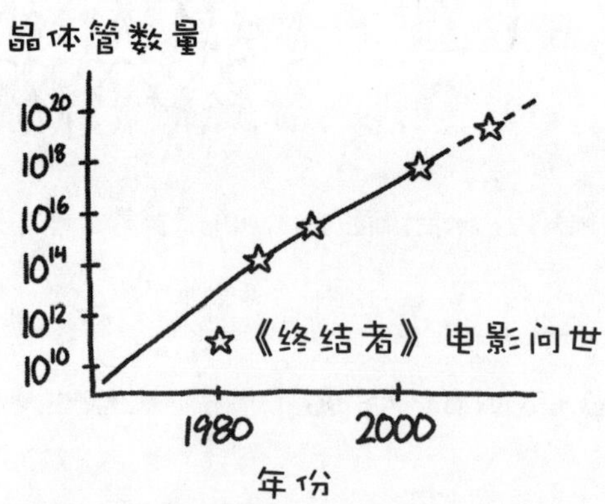

有了这些比值，我们就能把晶体管总数折算成总计算能力。这意味着一台基准测

试结果为几万 MIPS 的现代普通笔记本电脑的计算能力超过 1965 年全球总人口的计算能力。按照这种算法，计算机的总运算能力超越全人类的总计算能力应该发生在 1977 年。

>> 神经的复杂度

我想再次重申一下，让人类拿纸笔做 CPU 基准测试来得出人类的计算能力是一个很愚蠢的方法。从复杂度上来看，我们的大脑比任何一台超级计算机都要复杂，没错吧？

绝大多数时这是没错的。

现在有些项目致力于用超级计算机来完整模拟大脑单独一个突触的功能。[6] 如果我们能看到这些实验动用了多少处理器和时间，我们就能大致猜测出要媲美人类全脑复杂度需要多少个晶体管。

2013 年日本“京”超级计算机经过测试得出的结果是，每个人脑相当于 10^{15} 个晶体管。[7] 这样算来，直到 1988 年全世界所有的逻辑电路加在一起才能抵得上一个人类大脑的复杂度……而与所有人脑加在一起的复杂度比起来，这些电路的总复杂度根本不值一提。如果摩尔定律预测的趋势持续保持下去的话，根据这些模拟结果，计算机要在 2036 年才能超过人类。[8]

>> 为什么这个结论是荒诞的

这两种不同的人脑基准测试得出了两个完全相反的结论。

第一个纸笔基准测试要求人类模拟计算机芯片上执行的单个指令，得出的结果为人脑的得分仅为 0.01 MIPS 左右。

第二个超级计算机神经元模拟项目让计算机模拟人类大脑中单个突触的行为，得

---

6. 即使是这样也没法完全精确地模拟每一个细节，生物学从来都不是这么简单的。

7. 每台“京”超级计算机配备了 82944 个处理器以及 7.5 亿个晶体管，连接数量相当于人类大脑的 1%，它需要花 40 分钟才能模拟出人类大脑仅用时一秒的活动。

8. 如果你读到这篇文章的时候已经过了 2036 年，那我在这里给你打一个来自遥远过去的招呼！我希望未来科技会更加进步。对了，你们快找个方法回来接我们啊！

出的结果为人脑得分高达 500 亿 MIPS。

稍微好一些的做法是把两个结果合并在一起，但还是感觉怪怪的。如果我们认为计算机程序模拟人脑和人脑模拟计算机芯片的行为都一样不利索，那么稍微公平一点，人脑基准结果也许是这两个数字的几何平均值。

这样得到的结果是人脑的执行效率约为 3 万 MIPS，差不多和我现在正在打字用的计算机性能是一个水平。这同时也说明全球计算机的总计算能力在 2004 年就已经超过所有人类的总计算能力了。

>> 蚂蚁

戈登·摩尔在《摩尔定律迈入 40 周年》一文中提出了一个很有意思的发现。他指出，根据生物学家 E.O. 威尔逊的说法，全世界有 10^{15}~10^{16} 只蚂蚁。相比之下，2014 年全世界一共有约 10^{20} 个晶体管，也就是说平摊下来每只蚂蚁能分到几万个晶体管。[9]

蚂蚁的大脑可能有 25 万个神经元，每个神经元上又有几千个突触，这意味着全世界所有蚂蚁大脑的总复杂度已经和所有人类大脑的总复杂度相当。

所以我们没必要太在意什么时候计算机会在复杂度上击败我们。毕竟，我们追上了蚂蚁，但蚂蚁一点也没着急嘛。当然了，虽然我们看上去现在主宰了地球，但如果一定要我从灵长类动物、计算机和蚂蚁之中选出一个能在几百万年后依然存在的东西的话，我当然知道该选哪个。

9. TPA：每只蚂蚁能分到的晶体管数目。

小 世 界

LITTLE PLANET

Q. 如果有一颗小行星非常小，但质量却非常大，那么有没有可能像小王子那样住在上面？

——萨曼莎·哈珀

“你把我的玫瑰吃了吗？”“大概吧。”

A. **《小王子》一书由安东尼·德·圣－埃克苏佩里写成，**讲述了一个来自遥远的小行星的旅行者的故事。整个故事简单而又伤感，意味深长且让人念念不忘。[1]这本书表面上是写给小孩儿看的，但你却很难说这本书到底是写给谁看的。但不管怎样，这本书肯定找对了读者，它是史上销量最多的书之一。

1. 但并不是每个人都这么想。马洛里·奥特伯格曾在 the-toast.net 上撰文称《小王子》讲的是一个富有的小孩儿强制要求一位坠机幸存者给他画画，还批评他的画风。

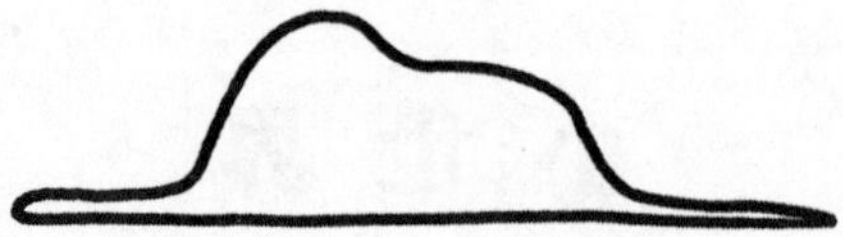

《小王子》一书写于 1942 年。在这个时间段写关于小行星的故事挺不错的，因为在 1942 年人们甚至都不知道小行星长什么样子。即使是用那时最先进的望远镜，那些最大的小行星看起来也不过是一团亮光。事实上这就是“小行星”（asteroid）一词的来源——意思是“像星星那样的”。

直到 1971 年，“水手 9 号”探测器造访火星并拍下了火卫一和火卫二的照片后，人们才第一次一睹小行星的真容。这些被火星俘获的小行星也加深了人们心中“小行星就像是坑坑洼洼的土豆”的印象。

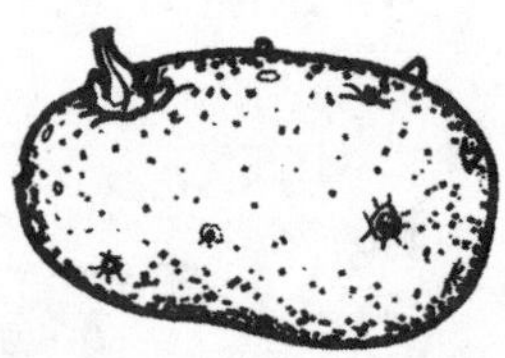

“水手 9 号”拍摄的火卫一照片

在 20 世纪 70 年代之前，科幻小说中的小行星基本都是圆形的，就像行星一样。

而《小王子》一书则更进一步，它设想了一个有重力、空气和一枝玫瑰的小行星。在此不应该批评这本书一点都不科学，一是因为它本来就不是一本讲小行星的书；二是它开篇就是一个寓言，讲述成年人总是从字面意思看待一切是多么地愚蠢。

因此我不打算用科学去削减这个故事，相反我打算看看科学能不能加进去什么神奇的东西。如果确实有一颗超级密实的星球，并且表面重力大到能让人在表面上走动，那么它肯定会有一些十分惊人的性质。

如果小行星半径 1.75 米，那么它得有 5 亿吨重才能拥有像地球那样的表面重力，这差不多相当于地球上所有的人加起来那么重。

如果你站在星球表面，那么你就会感受到潮汐力。你的脚会感觉比头更“重”一些，你的感觉就像是被拉伸了一样：就像你躺在橡胶球的弯曲表面上，或者你躺在旋转木马的地上，并且头靠近中心。

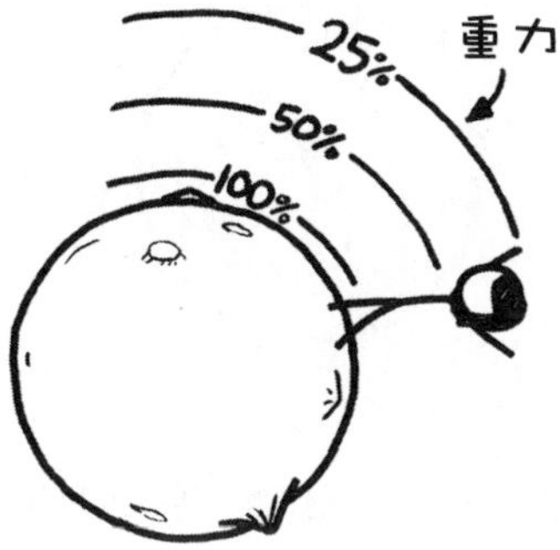

星球表面的逃逸速度约为每秒5米。这个速度比百米冲刺要慢，但其实还是挺快的。作为经验估算，如果你没法扣篮，那么你就不能通过竖直起跳的方式逃离这颗星球。

但逃逸速度诡异的地方在于，无论你朝哪个方向前进[2]，只要你跑得比逃逸速度快，并且你不是正冲着地面而去，那么你就能逃出这颗星球。这意味着你可以通过水平跑动，并在坡道的尽头起跳的方式离开这颗星球。

2. ……这也是为什么它实际应该被称为“逃逸速率”——这里速率的无方向性（速度有方向性）莫名其妙地变得重要起来。

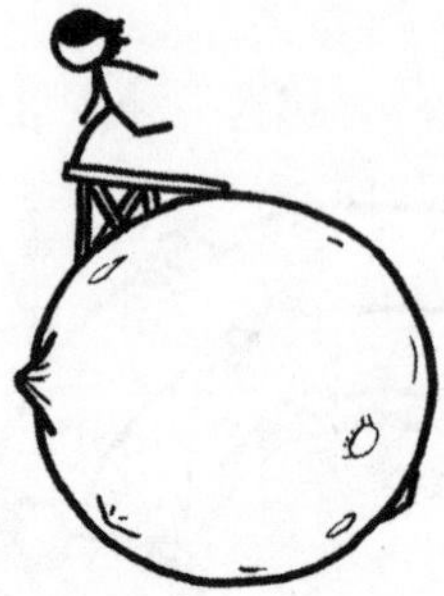

如果你的速度没有高于逃逸速度，那么你就会进入环绕它的轨道中去。你的轨道速度大约在每秒 3 米左右，也就是平常慢跑的速度。

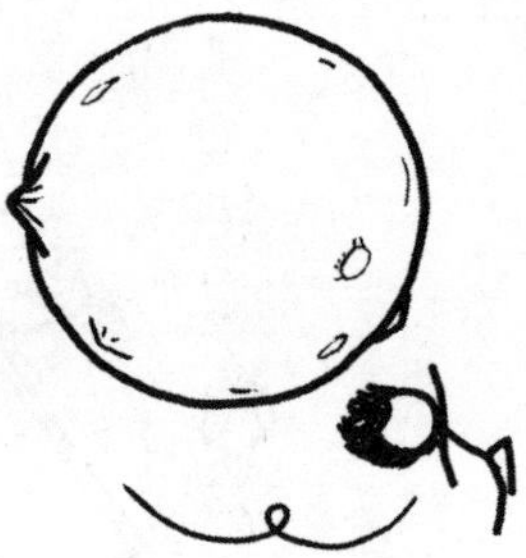

只是这个轨道显得有些奇怪……

潮汐力会以不同的方式作用在你身上。如果你的双手下垂，那么手受到的引力就会比身体其他部分受到的引力大很多。如果你一只手往下伸，那么你身体的其他部分就会被向上推，也就是说，你身体的其他部分感受到的引力要更小一些。实际上你身体的不同部分都试图待在不同的轨道上。

如果一个很大的物体——比如说月亮——处于这种潮汐力作用下，那么它一般会裂成碎片并形成一个光环。[3] 但这事不会发生在你身上，只是你的轨道会变得很随机，并且很不稳定。

3. 这大概是刺猬索尼克的遭遇。

拉杜· D. 鲁杰斯库和达尼埃尔·莫尔塔里在一篇很有意思的论文里研究了这些轨道。他们的模拟结果显示，大型细长的物体会绕着中心星球以诡异的轨道运动，即使质心并不在传统的椭圆轨道上。在一些情况下，质心甚至会以五角星轨道运动，而另一些则像无头苍蝇一样乱转，最后一头栽倒在星球上。

这种分析并不是无聊为之，它其实可以用于实践。这几十年来一直有人提议使用极长的旋转绳索来将货物搬入或搬出重力阱——就像自由飘浮的太空电梯一样。这种绳索能够将货物运到月球表面或从那里运回，也可以在地球大气层边缘搭载航天飞机。只是这种绳索轨道内在的不稳定性给这些设想带来了巨大的挑战。

但对于在这颗超级密实的星球上居住的人来说，他们可要小心一些：如果他们跑得太快，就很有可能飞进轨道，翻转成一团，并把午餐吐出来。

不过你要是竖着跳就没什么问题。

听说小王子和迈阿密热队签约了，
克利夫兰的《小王子》迷们很不高兴。

牛排坠落

STEAK DROP

Q. 从多高处掉下来的牛排才能在掉到地上时正好烤熟？

—— 亚历克斯 · 莱希

A. 但愿你喜欢匹兹堡生牛排，捡起来之后别忘了解冻哦。

从太空中掉回来的物体会变得非常烫手。当它们进入大气层时，位于前方的空气来不及跑开，因而会在物体前方被不断压缩，同时温度也会逐渐升高。一个简单的经验法则是，当速度高于 2 马赫时，压缩生热的效应会逐渐开始明显起来。（这也是为什么协和式飞机在机翼前端有防热材料）

当跳伞运动员菲利克斯 · 鲍姆加特纳从 39 千米的高空跳下后，他在离地 30 千米的地方突破了音速。这个速度足以使空气温度升高几摄氏度，但考虑到那个位置的空气实在是太过寒冷，因而这几摄氏度的差异可以忽略不计。（在他刚跳下的那段时间里，空气的温度为零下 40 度。这个温度很神奇，因为零下 40℃和零下 40 ℉都是同一温度。）

据我所知，这个牛排问题最初起源于 4chan[1] 上的一个长帖，但这个帖子的内容

1. 译注：全球性综合类网络论坛，用户可以匿名发布评论和照片。

很快就演变成了长篇大论的蹩脚物理以及攻击同性恋的混杂体，最终也没有得出一个明确的结论。

为了得到更准确的答案，我决定进行一系列数值计算，模拟牛排从不同高度掉下来的结果。

一块8盎司（约250g）的牛排大小形状和一个冰球差不多，所以我用《冰球物理学》（这本书的作者阿兰·阿什用一些实验室设备亲自测量了各种数据）第74页上的阻力系数来近似牛排的阻力系数。虽然牛排和冰球还是有区别的，但更加精确的阻力系数对最终结果没有太大的影响。

由于回答这些问题经常需要牵涉到分析极端物理条件下的非常规物体，因而相关的资料只能在美国军方在冷战期间的研究中找到。（很明显，美国政府会往任何与武器哪怕只有一点儿联系的东西里投入大把的金钱。）为了了解空气会如何加热牛排，我阅读了研究弹道导弹再入大气层时鼻锥被加热的论文，其中最有用的两篇文章是《战术导弹整流罩气动加热的预测》和《再入大气层载具历史温度的计算》。

最后我还需要找出热量在牛排中的传导速度。我一开始查阅的是在工业食物生产中模拟不同种类肉的热传递的论文。后来我才意识到，要知道不同温度和时间搭配下，牛排会被加热到哪种程度的最简单的方法是：去找一本烹饪书来看。

在《极客厨房》这本很棒的书中，作者杰夫·波特很好地介绍了肉类烹制的科学道理，并解释了不同温度范围下热量对牛排的影响及其原因。库克的《做好菜的科学》一书也很有帮助。

把上面所有信息综合到一起，我发现牛排会迅速加速坠落直到到达30~50千米的高度，在这个高度，空气足够稠密到能让牛排开始减速下坠。

随着空气密度越来越大，牛排下落的速度也会逐渐下降。不管牛排在下落到大气层下部时速度有多快，它最终都将减速到终端速度。无论一开始起落点多高，牛排从25千米的高度坠落至地面总是需要6~7分钟时间。

在这段距离中，空气温度大部分时间都低于冰点，这意味着牛排会在温度低于0℃、风力媲美飓风的狂风中待上6~7分钟。就算在下落过程中牛排已经熟了，掉到地面后你还是需要解冻才能食用。

当牛排最终掉落到地面时，它的速度将会是约每秒30米的终端速度。如果想要对此有一个直观的认识，想象一下一块牛排被棒球大联盟的投手砸在地上的样子。就算牛排只有一部分被冻住了，这样也很容易被摔碎。不过如果牛排最后掉到了水里、泥里或者树叶堆里，那应该没事儿。[2]

从 39 千米高度掉下来的牛排应该不会像菲利克斯那样突破音障，它甚至不会被显著加热。这也说得通，毕竟在落地时菲利克斯的保护服也没被烤焦嘛。

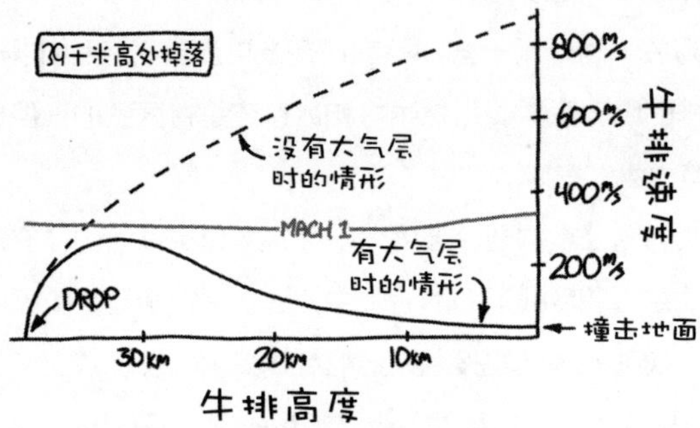

即使突破音障，牛排应该也不会支离破碎。因为除了菲利克斯，许多曾在超音速状态下弹射的飞行员都活了下来，并讲述了他们自己的故事。

要想突破音障，你需要让牛排从 50 千米的高度落下来，但这仍然不足以把它烤熟。

我们需要到更高的高度。

如果从 70 千米高度落下，牛排的速度会快到把空气加热到 177℃左右。不过这股纤弱稀薄的高温空气只会持续不到 1 分钟，任何具有基本厨房经验的人都会告诉你把牛排放到 350° F 的烤箱里烤 60 秒并不能把它烤熟。

从 100 千米——太空边缘的正式定义——高度落下来并不会有太大区别。牛排超过 2 马赫速度的时间会有 1 分半钟，牛排的外表面很有可能会烧焦，但热量很快就会被冰冷的平流层狂风消散掉，因而内部并不会被烤熟。

在超音速和高超音速条件下，牛排周围会形成激波，而激波会把牛排和越来越快的狂风隔离开来。激波前沿的准确性质，以及由此产生的对牛排的机械应力，取决于这块 8 盎司的生牛排如何在高超音速狂风中翻滚。我尝试着去找这方面的文献，但没有找到任何与此有关的研究。

在我进行模拟的过程中，我假设在低速下某些类型的涡流脱落会使牛排翻来覆去，

2. 我是说，看着没事儿，吃了不一定没事儿。

而在高超音速下，牛排则会被挤压成半稳定态的椭球状。但这也只是我的大胆猜想，如果有人真的在高超音速风洞中放入了一块牛排以取得更准确的数据，请一定把视频发给我。

如果你从 250 千米的高度释放牛排，牛排能达到的温度就更高了。250 千米的高度已经在低地球轨道的范围里了，不过由于牛排是从静止开始下落，因而速度比不上那些脱离轨道再进入大气层的物体。

在这种情况下，牛排的最高速度能够达到 6 马赫，这时牛排的外表面可能焦得恰到好处。但很不幸，内部仍然是生的，除非牛排在高超音速下猛地颠簸了一下炸成了碎片。

如果从更高的地方落下，热量就会变得相当可观。牛排前方的激波将会达到数千度（反正不管用摄氏度还是华氏度都有几千度），这时牛排的表层会被彻底烤成焦炭。

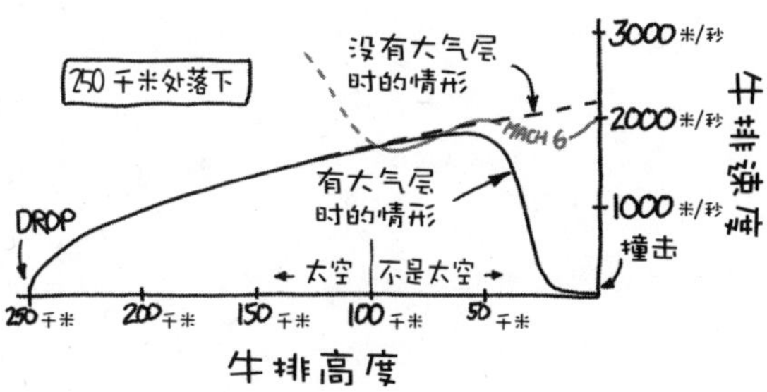

把肉扔到火里的一个正常后果就是变成焦炭。但高超音速的焦肉面临一个问题：被烧成焦炭的肉并没有多少结构强度，因而会被狂风吹走，使得更深一层的肉被烧焦。（如果热量足够高，牛排的表面会在被剥离的瞬间被烤熟，这个速度区域在弹道导弹论文中被称为“剥蚀区”。）

即使在这么高的高度下，牛排所受的高温时间仍然不足以把整块肉从里到外都烤熟。[3] 我们可以尝试更高的高度和更快的速度，我们甚至可以通过从轨道以一定角度扔下去以增加暴露在高温下的时间。

---

3. 我知道你们一些人在想什么，答案是不行——它在范艾伦辐射带里待的时间不够长，不足以通过辐射来消毒。

但当温度高到一定程度，或者烧蚀的时间长到一定程度后，整块牛排就会慢慢解体，因为牛排的外层不断地被烧焦并被狂风剥离。如果大部分牛排能够坚持到最后落到地上，内部仍将会是生的。

这也是为什么我们要在匹兹堡上空扔牛排。

有这么一个流传的故事，说的是匹兹堡的钢铁工人喜欢把牛排摔到刚出炉还在炽热发光的金属表面，把牛排的外层烤熟，但内部仍然保持生的状态。这大概就是"匹兹堡生牛排"的来历。

所以从一个亚轨道火箭上把牛排扔下来，并派出一支回收小队把它找回来，擦干净，再加热一下，去掉烧焦的部分，然后就可以开吃啦。

要小心沙门氏菌，以及《天外来菌》[4]哦。

4. 迈克尔·克莱顿的畅销小说，曾多次被改编为电影、电视剧。

冰 球 一 击

HOCKEY PUCK

Q. 如果你想击出一颗冰球并指望它把对面守门员一起撞进球网里，那么你得花多少力气？

—— 汤姆

A. 这不可能发生。

这不仅仅是你能拿出多大的力气去击球的问题，这本书可不关心那种限制。一个地球人用一根棍子没法击出时速远大于每秒 50 米的球，但我们总可以假设冰球是被一个冰球机器人，或者一个电动滑板，再或者是一个超音速轻气炮发射出来的。

这个问题说到底就是冰球运动员太重，而冰球太轻。一个穿戴全副装备的守门员的重量是冰球的 600 倍左右，即便是以最快速度击出的冰球的动量也不超过一个 10 岁小孩儿以每小时 1.6 千米的速度滑冰时的动量。

冰球运动员踩在冰面上也相当稳。一个全速滑行的运动员能在几米距离内停下来，这意味着他与冰面之间的作用力相当可观。（这同时说明如果你慢慢抬起冰球场的一边，那么倾角需要达到 50 度才能让所有运动员滑到另一边去。显然，我们急需一场实验来验证这个说法。）

基于我对冰球视频中碰撞速度的估计，以及我的一位玩冰球的朋友给我的一些帮助，我推算出一个 165 克重的冰球需要以 2~8 马赫之间的速度运动才能使守门员被打进到网里——如果守门员稳稳地站在冰面上，速度要更高些，如果以向上的角度击打冰球的话速度会低一些。

以 8 马赫的速度发射一个物体本质上来说不是很困难，要实现它最好的方法就是前面所说的超音速气炮，其实——就核心原理来说——它跟发射 BB 弹的 BB 枪没有区别。[1]

但一个以 8 马赫速度运动的冰球会碰到很多问题。首先冰球前方的空气会被急速压缩，因而温度会急剧上升。它不会像陨石那样速度快到足以电离空气并在身后留下一条发光的尾迹，但（只要时间足够长）冰球的表面将开始融化或碳化。

而空气阻力将使冰球迅速减速，所以当一个被以 8 马赫的速度发射出来的冰球到达对方球门时，它的速度可能比初始速度慢多了。就算它仍保持 8 马赫的速度，也不太可能击穿对面守门员的身体。相反它会因为剧烈的撞击而四分五裂，威力相当于一个大型爆竹或者一小条炸药。

如果你是像我这样的人，那么在第一眼看到这个问题时你想到的可能是冰球会在守门员躯体上留下一个动画片里那种冰球形状的洞。但这只是因为，我们对于各种材料在极高速下会发生什么的直觉是十分不正确的。

相反，实际的场景更可能是这样的：想象一下你以最大的力气把一个熟透的西红柿往一个蛋糕上砸。

这有助于你想象那个冰球砸中对面守门员后会发生什么……

1. 不过它用的是氢气而不是空气，而且它不仅会让你惊得眼珠子都掉出来，它会真的把你的眼珠子射出来。

普通感冒

COMMON COLD

Q. 如果把地球上所有人都各自隔离开来并维持几个星期，这样能彻底消灭感冒吗？

—— 萨拉·尤尔特

A. 这么做值吗？

感冒可以由多种感冒病毒引起，[1]鼻病毒是最常见的致病元凶。[2]这些病毒会攻击鼻子和喉咙中的细胞，并利用这些细胞生产更多的病原体。几天后你的免疫系统会注意到有不速之客入侵并把它们都清除掉[3]，但根据一般情况，这时你已经感染了另一个人。[4]在你战胜感冒之后，你的身体会在接下来的几年里对这一种具体的鼻病毒菌

1. “virii”偶尔会被用作 virus 的复数，但通常不建议这么使用。至于“viræ”这种用法绝对是错的。
2. 任何上呼吸道感染都可能是“感冒”的起因。
3. 造成感冒症状的是自身免疫系统的免疫应答，而不是病毒本身。
4. 数学上来说一定是这样的，因为如果平均感染数小于 1，那么病毒最终就会灭绝；如果平均感染数大于 1，那么总有一天所有人都会被感染。

株免疫。

如果像萨拉说的那样，每个人都被隔离开来，那么我们携带的感冒病毒将无法感染新的宿主。那么我们的免疫系统有能力清除所有的病毒吗？

在回答这个问题之前，我们不妨先考虑一下这种形式隔离的后果。全世界每年总体经济产出在 80 万亿美元左右，这意味着全世界经济停摆几个星期会造成数万亿美元的损失，由此产生的冲击很容易就让全球经济崩溃。

全世界的粮食储备足够支撑 4~5 个星期的隔离，但前提是在此之前粮食要能平均分配。坦白来说，我甚至都不确定一个人孤零零地站在某个地方守着足够吃 20 天的粮食该干什么。

全球大隔离还会产生另一个问题：人与人之间的距离是多少？世界很大，但人也很多。

如果我们把全世界所有的陆地面积平均分配，那么平均每个人能够分到 2 公顷多一点的土地面积，最近的人在 77 米外。

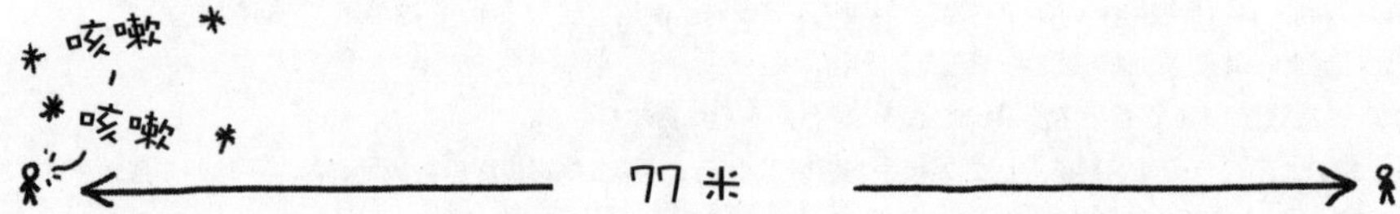

虽然 77 米的间隔距离很有可能足以阻断鼻病毒的传播，但这是有代价的。全球大部分陆地并不适宜人类在那里站上 5 个星期。许多人将会站在撒哈拉沙漠[5]里或者南极洲中部[6]。

另一种更加实际但不一定更便宜的解决方法是给每个人都发一套防化服。这样我们就可以四处溜达并与其他人接触，甚至还可以进行一些正常的经济活动。

我们现在先不管全球性隔离是否可行，而是来看看萨拉提的问题的核心：这样做可行吗？

为了找到答案，我找到了昆士兰大学澳大利亚传染性疾病研究中心病毒学专家伊安 · M. 麦凯博士。[7]

麦凯博士表示，这个想法从生物学角度来看其实是可行的，鼻病毒和其他呼吸道 RNA 病毒将会被免疫系统彻底清除，在被感染后人们也不会跑到其他地方去。另外，看起来我们不会与动物之间相互传播鼻病毒，这意味着感冒将不再有栖息之地。如果鼻病毒不能找到足够多的人进行传播，它最终就会消亡。

实际上，在偏远地区我们观察到了这种病毒消亡过程。在苏格兰遥远的西北角有一个叫作圣基尔达的小岛，几百年来人口一直维持在 100 人上下。每年只会有几艘船来到这个小岛，但一种叫作“cnatan-na-gall”（陌生人的咳嗽）的异常症状却一直困扰着这个小岛。几个世纪以来，每艘船的到来都肯定会造成一次席卷全岛的咳嗽大流行。

5. 4.5 亿人。

6. 6.5 亿人。

7. 我起先找的是 Boing Boing 博客的科里 · 多克托罗（Cory Doctorow），但他很耐心地向我解释说他实际上并不是真的“多克托”（doctor）。

疾病爆发的准确原因不得而知，[8] 但鼻病毒很有可能是其中很多起咳嗽爆发的元凶。每一艘造访小岛的船只都会带来新的病毒菌株，这些菌株会蔓延到整个小岛，几乎所有人都会被感染。几周后，所有的居民都发展出了抵御这种菌株的免疫力，之后无处可去的病毒就会消亡。

相同的病毒消亡很有可能会发生在人数较少而又相对隔离的群体中，一个例子便是船舶事故遇难者。

如果所有人都被相互隔离开来，圣基尔达岛上发生的故事将会在这里重演。一两周后，感冒病毒也走上了消亡的道路，健康的免疫系统有充足的时间把它们全部清除掉。

但不幸的是，有一个陷阱足以毁掉这个计划：并不是所有人都拥有健康的免疫系统。

8. 圣基尔达岛上的居民们坚持把外来的船只认定为疾病爆发的诱因。然而那时的医学专家却不赞同这一观点，他们认为岛民在船只到来时在寒风中站在屋外迎接来宾，并在庆典上喝得酩酊大醉才是疾病爆发的原因。

在绝大多数人体内，鼻病毒会在大约 10 天内被清除干净，但对于那些免疫力系统严重受损的人来说可就不是这样了。比如说接受器官移植的患者的免疫系统被人为地抑制，普通的感染——包括鼻病毒——能够持续数周、数月甚至数年。

这些免疫功能不健全的人会成为鼻病毒的安全乐园。想要彻底消除它们几乎是不可能的事情，这些鼻病毒只需再感染几个宿主就能再度爆发，感染全世界。

不但我们的文明极有可能会因此崩塌，萨拉的计划也不一定能够消灭鼻病毒，[9] 而且这可能还是件好事！

虽然得感冒一点都不好玩，但没有感冒的世界会变得更糟。卡尔 · 齐默在他的新书《病毒星球》中声称，和成年人相比，没有接触过鼻病毒的儿童更容易产生免疫紊乱。一种可能的解释是像这样温和的感染事件会起到锻炼并校准免疫系统的作用。

但从另一方面来说，得感冒感觉太糟了。除此之外，一些研究表示由这些病毒引起的感染会削弱我们的免疫系统，为进一步的感染敞开大门。

总的来说，我才不会在沙漠里站 5 个星期只为永远摆脱感冒。但如果有人发明出了鼻病毒疫苗的话，我一定会第一时间去接种的。

9. 除非我们在隔离期间吃光了所有粮食并被饿死。在这种情况下，人类鼻病毒也会消亡。

半空的杯子

GLASS HALF EMPTY

Q. 如果一杯满是水的杯子突然之间变成半空的杯子会怎么样?

——维托里奥 · 亚科韦拉

A. **相比起乐观主义者，悲观主义者大概更接近事实真相吧。**

当人们说到“半空的杯子”时，他们通常指的是水和空气各占一半的体积。

传统说法是，乐观主义者看到的是半满的杯子，而悲观主义者看到的则是半空的杯子。这个故事衍生出了数不清的笑话，比如工程师看到的是所需大小两倍的杯子，而超现实主义者看到的则是一只在吃领带的长颈鹿，等等。

但如果杯子空的那一半真的是空无一物——变成真空——又会怎么样呢？[1]我知道这种真空不会持续很长时间，但之后会发生的事情取决于一个一般人不会在意的关键问题：杯子的哪一半是空的？

在这里我们将讨论 3 种不同的半空杯子的情形，然后在毫秒尺度上观察那一瞬间之后会发生什么。

中间的那个杯子里是正常的一半水加上一半空气，右边那个杯子上面空的那一半变成了真空，而左边那个杯子则是下面一半是真空。

我们假设在 t=0 时瞬间出现了真空。

在起初的几微秒内什么事情都不会发生。在这一时间尺度下，甚至连空气分子都几乎是静止的。

大部分时间，空气分子以每秒几百米的速度动来动去。但在任意给定的时刻，一些空气分子会比其他空气分子运动得更快。运动得最快的少数空气分子的速度可能会

1. 其实就算是真空，你也可以说它不是真的是空无一物，不过这已经牵扯到量子语义学了。

突破每秒 1 千米，这些分子将是最先进入右边杯子真空部分的空气分子。

左边那个杯子里的真空四周都被包围着，因而空气分子没法轻易进入。水是液体，不会像气体那样膨胀开来填满真空。然而，暴露在杯子围成的真空中的水确实会沸腾，慢慢地水蒸气就会进入到真空的那一部分里。

虽然左右两个杯子里的水都会沸腾，但涌入右边杯子的空气会在沸腾愈演愈烈之前就把它遏制住，而左边的杯子则会继续产生稀薄的水蒸气。

几百微秒后，涌入右边杯子的空气彻底填满了原先真空的部分，并撞上水面，产生一道压力波。杯子的侧边轻微突出来了一点，但还是能够经受住压力不至于破碎。反弹回来的冲击波穿过杯子中的水又回到了空气中，和空气中已经存在的波动汇合起来。

真空消失产生的冲击波会在约 1 毫秒的时间内传播到另两个杯子所在的地方，当冲击波穿过杯子和水时，它们都会轻微地发生形变。又过了几毫秒，人耳将听到一声巨响。

在这个时刻前后，肉眼已经可以明显地看出左边的杯子飞了起来。

空气压力试图把杯子和水挤在一起，这就是我们平时所说的“吸力”。右边杯子里的真空持续时间不足以产生能够抬升杯子的吸力，而由于空气无法进入左边杯子里的真空区域，因而杯子和水开始相向滑动。

沸腾的水只向真空区域输入了很少量的水蒸气。随着水与杯子之间的空间减小，积聚起来的水蒸气慢慢开始在水表面产生压强。随着压强的升高，沸腾的速度会减慢下来。

此时水与杯子之间的相对运动速度太高，这点水蒸气产生的压强已经不足以产生什么效果了。在开始不到 10 毫秒的时候，水会与杯子以每秒数米的速度撞到一起，隔在它们之间的没有气垫缓冲，只剩下那少得可怜的一点水蒸气，水就像一把大锤子一样砸在杯子的底部。

水几乎是不可压缩的，因而冲击不会随时间被消散掉，而是像给杯子结结实实来了一锤，瞬时间会对杯子产生巨大的作用力，然后杯子就碎了。

你在聚会上看到的猛击玻璃瓶子顶部会把瓶底打碎的现象就是由这种“水锤”效应产生的。如果你关闭连着老式管道的水龙头，有时也会听到由此产生的沉闷的咚咚声。

当瓶子被猛击时，它会被突然往下推。瓶中的液体没法即时对吸力（气压）产生响应——就像我们这里一样——于是瓶底会短暂地出现一个空隙。当这个 1 厘米厚的真空区域最终闭合后，冲击波就会击碎瓶底。

而在我们假设的情形下，产生的冲击力足以击碎最厚实的杯底。

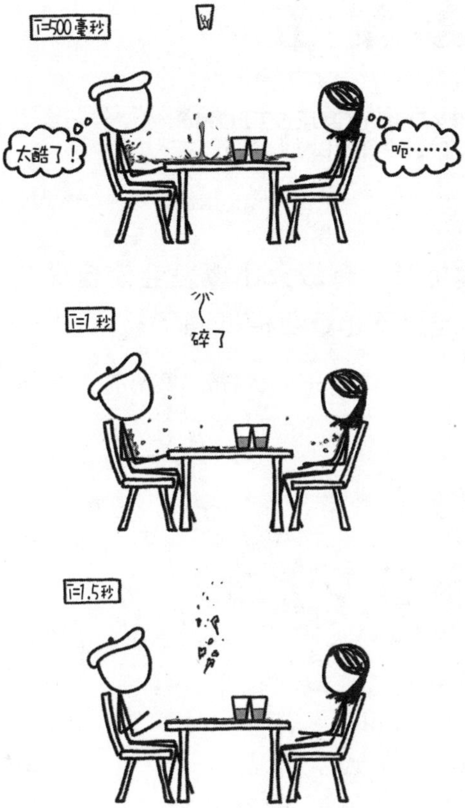

碎掉的瓶底被水流推着砸到桌上，发出梆梆声。杯子里的水也会在周围溅开来，水珠和碎玻璃飞得到处都是。

与此同时，和杯子下半部分分离的上半部分会继续向上飞。

0.5 秒后，两个旁观者在听到一声巨响后吓得往后退了一点。他们的头也不由自主地跟随着飞到天上的杯子向上抬起。

杯子的速度恰好够一头撞到天花板上，然后裂成碎片……

……随着动量的消散，它们最终又回到了桌面上。

这个故事告诉我们：如果乐观主义者说杯子是半满的，而悲观主义者说杯子是半空的，那么物理学家就该跑路了。

那些古怪而又让人忧心的问题合集五

WEIRD (AND WORRYING) QUESTIONS FROM THE WHAT IF? INBOX, #5

Q. 如果说全球变暖会使温度上升，超级火山爆发会使全球气温下降，那么两个灾害结合在一起是不是就互相抵消了？

—— 弗洛里安·赛德尔－舒尔茨

Q. 一个人要跑多快才能被切奶酪用的丝线在肚脐这里拦腰隔断？

—— 乔恩·梅里尔

外星天文学家

ALIEN ASTRONOMERS

Q. 不妨假设在离我们最近的一颗适于居住的地外星球上有生命存在，而且他们拥有和我们人类相近的科技。如果他们现在朝我们这边看过来，会看到什么?

——查克·H

A. 

让我回答得稍微详细一点。首先我们来谈谈……

>> 无线电通信

《超时空接触》让许多人以为外星人在监听着我们的无线电通信。很遗憾，这事儿希望不大。

问题在于：宇宙太大了，相当大。

你当然可以计算星际无线电衰减的物理学[1]，但光考虑这个场景的经济学就足够概括问题所在了——如果你的电视信号传到了另一颗星球上，这必定是赔本买卖。驱动一个发射机要花很多钱，而其他星球上的生物又不会买电视广告里的产品，要知道你是靠这些收入来支付电费的。

整个问题当然更加复杂，但底线是：随着科学技术的进步，越来越少的无线电信号会泄露到外太空中去。我们逐渐弃置了巨型传输天线，转而使用有线电缆、光缆和紧密排列的蜂窝网络。

就算外星人现在还能探测到我们的电视信号——虽然得花不少力气——但很快这个窗口期也要被关上了。就算在 20 世纪晚期，当我们在电视和广播里放声高歌时，这些声音信号在传播了几光年之后就基本探测不到了。我们现在观测的可能的宜居星球离我们有好几十光年，所以他们不太可能听得到我们的老故事。[2]

但电视和广播信号并非地球上最强大的无线电信号，早期预警雷达可以完爆它们。

作为冷战时期的产物之一，早期预警雷达由北极圈周围的一大堆路基和机载雷达站组成。这些功率巨大的雷达站全天候地发射雷达波，很多时候雷达波会被电离层反弹回来，而地面上的监听人员则像着了魔一样捕捉着敌人的任何蛛丝马迹。[3]

一些雷达波会泄露到外太空去，如果雷达波扫过某一片天空时，附近的地外星球上恰好有外星人，那么他们很有可能会收到这些雷达波。但正如之前科技的进步淘汰了广播电视塔那样，早期预警雷达也受到了相似的影响。

如今的雷达系统——还在运作的那些——更加“安静”，最终可能会完全被新技术所取代。

地球上最强大的无线电信号来自阿雷西博天文台。这个位于波多黎各的巨型碟形天线就像雷达的发射机一样，向附近天体（如水星和小行星带）发射信号。它就像一

1. 如果你真的想这么尝试的话。
2. 和某不靠谱网络漫画的声称相反。
3. 我只经历过那段时期中很短的一个阶段，但就我听到的来说，当时的风声有点紧。

个手电筒一样照向我们想更好地观测的其他星球（这听起来很疯狂，事实上也的确如此）。

但它只是不定期地传送一些信号，而且波束非常窄。如果一颗地外星球恰好被照射到，而且恰好他们又把接收天线对准我们这边，那么他们能收到的也只是一个短暂的无线电脉冲而已，之后便是一片寂静。[4]

所以外星人应该不会通过无线电的方式观测地球。

但我们还有……

>> 可见光

这种方法更有前途。太阳其实非常明亮，它照耀着地球。其中的一部分光被以“地球反照”的形式反射回太空，另一些则会贴近地球，穿过大气层后继续向其他星球传播。这两种效应都很有可能被地外星球上的外星人探测到。

这些信号并不能直接透露出关于人类的任何信息，但如果你花足够长的时间观测地球，你就可以通过反射率来了解地球的大气层，你可以推断出我们的水循环是什么样的，而我们富含氧气的大气层也会让你想到地球上一定正在发生什么不寻常的事情。[5]

---

4. 我们在 1977 年就收到过这样一个信号，它被人们称为“哇”（Wow）信号，但信号源头一直不得而知。
5. 译者注：指地球上存在光合作用。

所以到头来，来自地球的最为明显的信号恐怕并不是由我们发出的，它可能来自数十亿年以来使我们的星球地球化的藻类，而且它们还在影响着我们发向太空的信号。

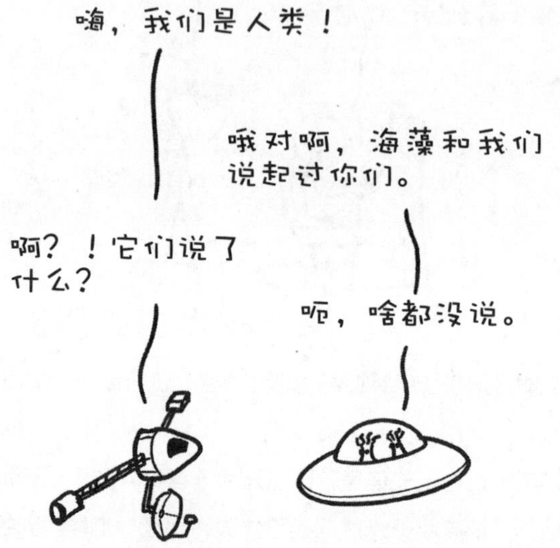

嘿，不早了，我们得走了。

当然了，如果我们想发送一个更加明显的信号，我们是可以做到的，但不是靠无线电通信，因为当无线电信号到外星人那儿的时候，需要外星人去接收。

相反，我们可以让外星人注意到我们。在离子驱动、核脉冲推进或仅是巧妙利用引力弹弓效应的帮助下，我们也许可以发射一颗速度足够快的探测器，能够在几万年的时间里飞出太阳系并到达邻近的星球。如果我们能够研发出一套能够全程使用的导航系统（这可不容易），那么我们就可以把探测器送到任何一颗宜居星球上。

如果想要安全着陆的话，我们得减速，但减速需要消耗更多的燃料。喂，我们这么做的目的只是为了让外星人注意到我们对吧？

所以当某一天外星人仰望太阳系的时候，他们也许会看到这个……

消 失 的 D N A

NO MORE DNA

Q. 虽然听上去有点吓人，但……如果一个人体内的 DNA 突然消失了，那么他还能活多久?

——尼娜 · 查尔斯特

A. **如果你失去了身体内的所有 DNA，你的体重会在一瞬间减少 150 克。**

>> 减肥 150 克

我不建议通过这种方式减肥。要想减掉 150 克体重有更简单的方法，包括:

· 脱掉 T 恤。

· 撒尿。

· 理发（如果头发很长的话）。

· 献血，记得在抽满 150 毫升血液后在抽血管上打个结，告诉医生就只献这么多血。

· 拿着一个直径 76 厘米、装满氦气的气球。

· 砍掉手指。

如果你从极地跑到热带地区去，你的体重也会减轻 150 克。原因有两个：其一，地球的形状是这个样子的：

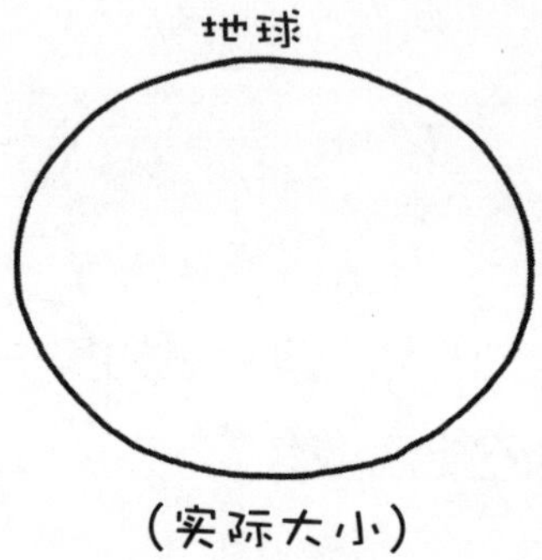

你站在北极时离地心的距离比你站在赤道时离地心的距离近 20 千米，因此在北极时你受到的地心引力更大一些。

此外，站在赤道上时，你还会被离心力往外甩。[1]

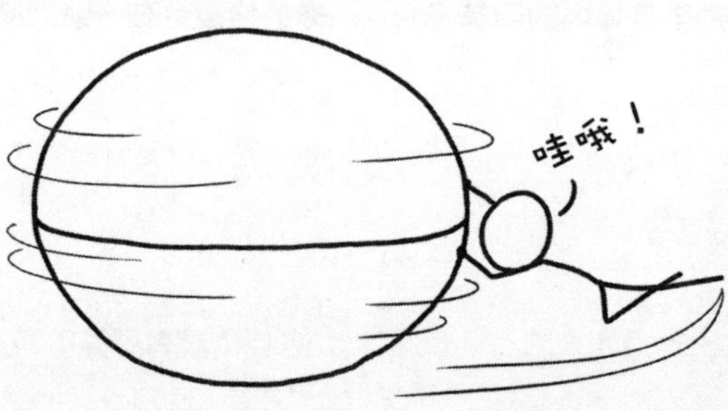

这两个因素合在一起的结果就是，如果你在极地和赤道地区来回跑，那么你的体重就会增加或减少 0.5%。

这里我关注体重的原因在于，当你身体内的 DNA 消失时，物质的损失并不是你第一个注意到的东西。有可能你会感觉到什么，由于每个细胞轻微收缩而产生的一股

1. 是的，是“离心”，我要和你斗争到底。

小而均匀的冲击波，但也有可能你什么感觉都没有。

如果失去 DNA 时你处于站立状态，你可能会轻微抽搐一下。因为当你保持站立姿势时，身上的肌肉在不停微调以保持你的直立状态。肌肉纤维产生的力不会因为 DNA 的消失而发生变化，但这股力作用于的物体（你的肢体）的质量会发生变化。由于力等于质量乘以加速度，因而许多身体部位都会产生很小的加速度。

之后，你可能会感觉一切如常。

一小段时间。

>> 毁灭天使

从来没有人失去过体内所有的 DNA，[2] 所以我们在这里并不能准确地知道之后会发生什么。但我们可以通过蘑菇中毒来对失去 DNA 的后果有一些大致的认识。

白毒伞是一种发现于北美洲东部的蘑菇，它和在美国与欧洲发现的相似品种的蘑菇并称为人们常说的**“毁灭天使”**。

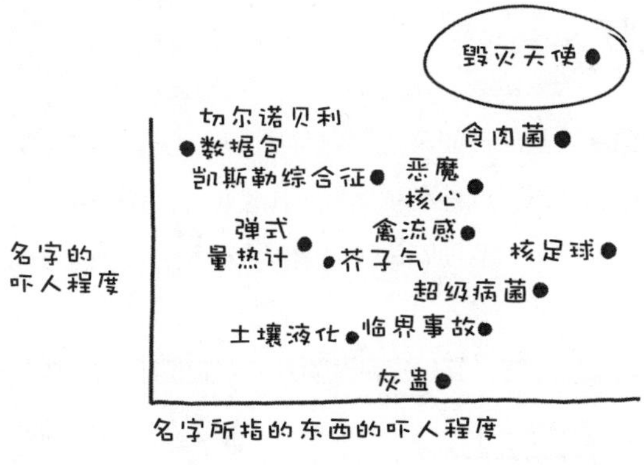

毁灭天使是一种白色的小型蘑菇，外表看起来人畜无害。如果你像我一样被告知不要吃野外找到的蘑菇，白毒伞的存在就是原因之一。[3]

2. 对此我没有引用信息，但我觉得如果真有人失去了全部 DNA，我们肯定都听说了。
3. 鹅膏属里有好几种蘑菇都叫“毁灭天使”，还有一些叫“白毒伞”，全世界绝大多数致命蘑菇中毒事件都由这种蘑菇引起。

如果你吃了一个毁灭天使蘑菇，当天你可能毫无感觉。然而到了深夜或者第二天早上，你会出现一些类似霍乱的症状——呕吐、腹痛以及严重的腹泻。之后你会感觉症状有所缓解。

当你感觉症状缓解的时候，造成的损害很可能已经不可逆转了。白毒伞蘑菇含有毒伞肽，会侵入用来从 DNA 读取信息的酶，扰乱酶的正常活动，使得细胞无法按照 DNA 信息进行活动。

毒伞肽会对任何吸收它的细胞造成不可逆的伤害。我们身体绝大部分都是由细胞构成的，[4] 所以这可不是一个好消息。这种毒素的致死原因一般是肝衰竭或肾衰竭，因为这些敏感的器官是毒素最先聚集的地方。有时候，对病人进行重症监护并进行肝脏移植可以拯救病人的性命，但相当一部分吃了白毒伞的人最后都被毒死了。

白毒伞中毒最吓人的是病程进入“行尸走肉”阶段，在这个阶段你似乎感觉不错（甚至感觉病情有所好转），但此时你身体中的细胞正在累积不可逆的致命损害。

这是典型的 DNA 损伤症状，从中我们可以一窥丢失所有 DNA 的人的悲惨后果。

如果再看看化疗和放疗这两种 DNA 损害的例子，你就会有更真实的认识。

>> 放疗和化疗

化疗药物非常粗暴。虽然一些药物的靶向性比其他一些药物要好，但许多药物就是粗暴地干扰一切细胞分裂。这种药物能够选择性地杀死癌细胞，而不是给病人和癌细胞以相同伤害的原因在于，癌细胞每时每刻都在分裂，而绝大多数正常的细胞都只是间歇性地分裂。

一些人体细胞确实会时常分裂。分裂最频繁的细胞位于骨髓这个人体造血工厂内。

4. 引用：我让你的一个朋友趁你睡觉的时候溜进你的屋子，拿着显微镜检查了一下。

骨髓对于人类免疫系统也是至关重要。没有了骨髓，我们就失去了制造白细胞的能力，我们的免疫系统也会随之崩溃。化疗会对免疫系统造成损害，使得癌症病人无法抵御游离感染。[5]

我们体内还有其他几种频繁分裂的细胞。我们头发的发囊和胃黏膜都在持续分裂，这也是为什么化疗会造成脱发和恶心。

阿霉素是最常用也是最强力的化疗药物之一，它可以随机把 DNA 不同片段连接到一起，缠住它们，这就像你往一个毛线球上滴超级胶水一样，它能把 DNA 粘成无用的一团。[6] 阿霉素在使用几天后就会表现出早期副作用，包括恶心、呕吐以及腹泻，这也不难理解，因为这种药物杀死了消化道中的细胞。

全身 DNA 丢失也会类似地造成细胞死亡，症状也很有可能和上面说的相似。

>> 辐射

大剂量的伽马辐射也会对你的 DNA 造成损害。辐射中毒可能是最接近尼娜设想的情形的现实损害了。和化疗一样，对辐射最为敏感的细胞是你的骨髓，紧随其后的是你消化道中的细胞。[7]

辐射中毒和“毁灭天使”中毒一样有一段行尸走肉般的潜伏期，在这段时间里你的身体仍然在运作，但无法生产新的蛋白质，免疫系统也在崩塌。

在严重的辐射中毒病例中，免疫系统崩溃是首要致死原因。失去了白细胞供应，身体无力抵御感染，即使是最普通的细菌也能进入体内胡作非为。

>> 最终结果

丢失体内全部 DNA 最有可能造成腹痛、恶心、眩晕、免疫系统迅速崩溃，几天

5. 免疫增强剂培非格司亭（药名 Neulasta）可以使频繁的化疗更加安全。这种药物通过诱骗身体相信有大量大肠杆菌感染需要对抗，从而刺激身体生产大量白细胞。

6. 其实还是有些区别的，如果你在棉线团上滴超级胶水，棉线团会着火。

7. 极大剂量的辐射确实能使人快速死亡，但死因不是 DNA 损伤，而是由于血脑屏障被大量辐射物理解体，最终死于大脑出血。

甚至几个小时之内就会因为急性全身感染或全身器官衰竭而死亡。

不过，至少我们还有一线希望。如果我们未来会遭遇反乌托邦的奥威尔式政府，要通过收集人类基因信息来跟踪并控制所有人时：

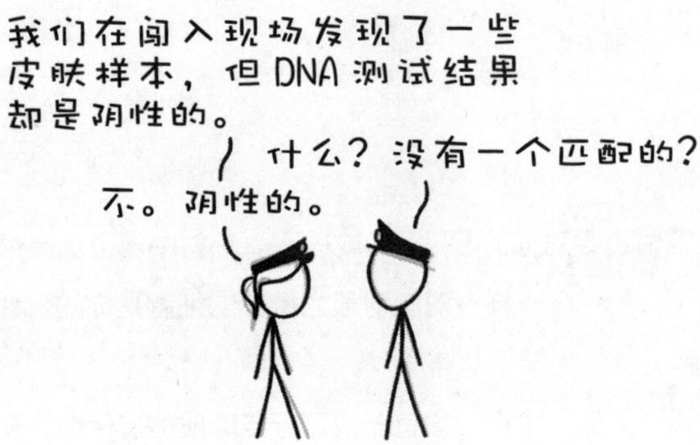

……你对于他们而言就是隐形的。

星级塞斯纳[1]

INTERPLANETARY CESSNA

Q. 如果你试图在太阳系其他天体上驾驶普通的地球飞机会怎样?

—— 格伦 · 基亚基耶里

A. **下面先请出我们的飞机：**[2]

这里我们要用电动引擎，因为燃油引擎只能在有绿色植物的星球上使用。在没有植物的星球上，氧气并不会留在大气层中，它会和其他元素结合成二氧化碳和锈迹等东西。植物的存在会把这些氧给拽出来，并重新送回到空气中。引擎需要氧气才能正常工作。[3]

然后是我们的飞行员：

1. 译注：美国飞行器公司。
2. 塞斯纳 172 天鹰估计是全世界最常见的飞机了。
3. 而且我们使用的汽油也来自远古生物。

下面这张图则会告诉你当飞机在太阳系最大的 32 颗星球表面上空释放时会发生什么。

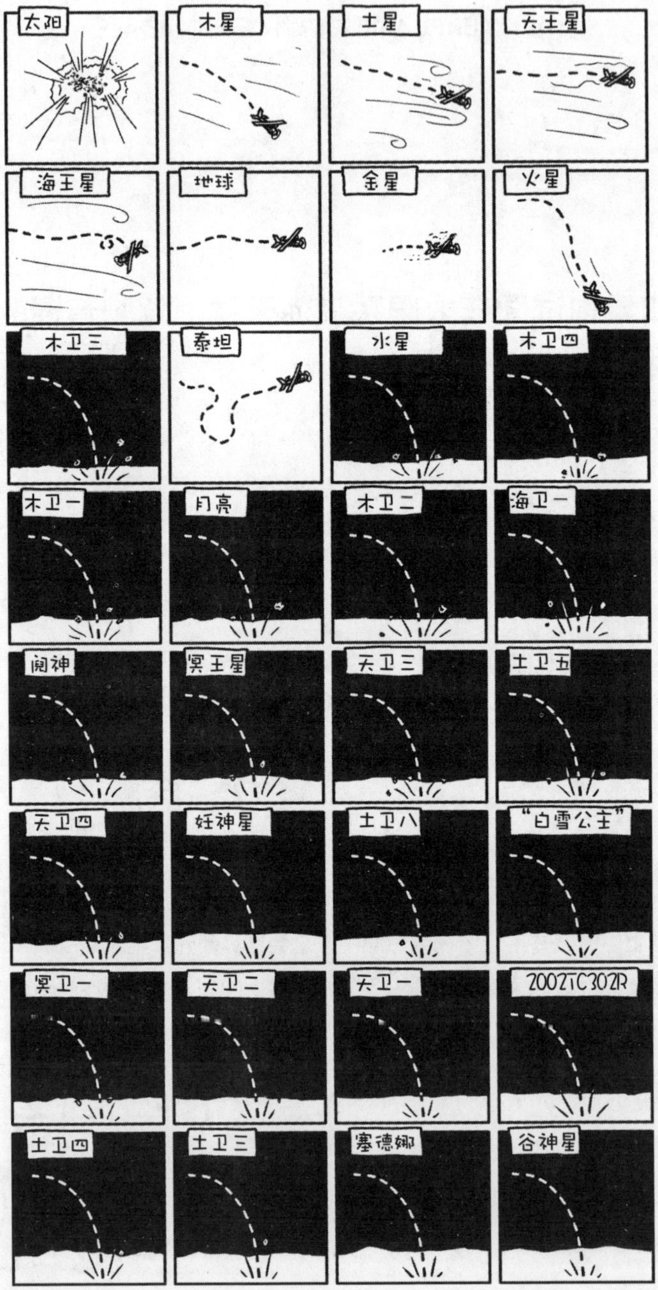

大多数星球上是没有大气的，所以飞机是直挺挺地摔向地面。如果坠落高度是 1 千米或更低的话，在一些星球上坠落的速度很慢，飞行员可能会活下来——但机载的生命维持系统大概撑不住。

太阳系有 9 颗星球有足够浓密的大气：地球——显而易见——还有火星、金星、四大气态巨行星、土星的卫星泰坦，还有太阳。现在让我们仔细分析下在这些星球上分别会发生什么。

太阳：嗯，跟你想象的差不多。如果飞机释放的距离近到能够感受到太阳大气的话，它会在 1 秒之内灰飞烟灭。

火星：要想知道在火星上驾驶飞机是什么感觉，那么就试试 X-Plane 火星模拟飞行吧。

X-Plane 是世界上最先进的飞行模拟器之一。这款软件由一群热心的航空专业人士和社区志愿者们历时 20 年编写出来，[4] 能够模拟飞机飞行时流过每一寸机身的气流。这使得它成为一个极为有用的研究工具，因为它能准确模拟出全新设计的飞机以及环境。

如果你对 X-Plane 的配置文件进行修改，把引力调小一些，把大气调稀薄一些，把星球半径也缩小一些，那么你就可以模拟出在火星上的飞行状态。

X-Plane 告诉我们在火星上驾驶飞机可不容易，但也不是不可能。NASA 知道这一点，所以他们考虑用飞机来巡视火星。但问题在于，在如此稀薄的大气环境下要想获得足够的升力，就需要很高的速度。你需要达到近 1 马赫的速度才能起飞，而一旦你动了起来，巨大的惯性使你难以转弯——如果你尝试转弯，那么飞机会翻滚，同时继续保持原有航向。所以 X-Plane 的作者把驾驶火星飞机比作驾驶超音速游轮。

我们的塞斯纳 172 可完不成这种任务。如果它从 1 千米的高度释放，它将无法积累足够的速度以摆脱俯冲状态，并将以每秒 60 米（每小时 216 千米）的速度坠毁在火星表面。不过如果从 4~5 千米的高度释放，飞机能够达到足够的速度以脱离俯冲而进入滑翔状态——此时空速超过音速的一半。在这种情况下想要活着降落是不可能的。

金星：不幸的是，X-Plane 无法模拟金星近表面那地狱式的环境。但是简单的物理计算能告诉我们一些东西。结局是这样的：你的飞机能飞得很顺畅，只不过它一直处于着火状态，然后它就飞不动了，再然后它就不是飞机了。

4. 那些人一谈到飞机就喜欢用大写字母。

金星上的大气密度是地球上的 60 多倍，在这种条件下一架塞斯纳足以以人类跑步速度起飞。不幸的是，空气温度足够把铅熔化，飞机上的油漆在几秒内就会熔化，飞机的部件也会迅速失效，再之后在热应力的作用下飞机会解体，然后在空中慢慢飘落。

一个更好的选择是在云层上方飞行。虽然金星的表面糟透了，但是它的上层大气层与地球惊人地相似。在距离地面 55 千米的地方，一个人戴着氧气面罩，身着密闭防护服就能活下来，气温跟室温差不多，气压也跟地球上的山脉上相近。你需要穿着防护服是因为大气里有硫酸。[5]

沾上硫酸可一点儿都不好玩，但事实上云层上方的区域对于飞机来说是一个绝佳的环境，只是表面不能有暴露的金属，否则就会被硫酸腐蚀掉。哦对了，我之前忘了说了，你的飞机还必须能够在持续不断的 5 级飓风中飞行。

金星不是个好地方。

木星：我们的塞斯纳没法在木星上飞行，因为那里的重力太强了，维持飞行所需的动力是在地球上的 4 倍。如果从还说得过去的海平面气压开始，我们将在颠簸的大风中开始绝望地向深处滑翔，速度可达每秒 275 米（每小时 990 千米），我们将穿过一层又一层的氨冰和水冰，最后的结局仍将是坠毁。不过木星上没有坠毁表面，因为随着你越飞越深，木星将从气体平滑地变成液体。

土星：这里的场景比木星要好一点儿。这里重力弱一些——事实上和地球上差不多——大气层也更浓密一些（但仍然很稀薄），我们可以苟延残喘更长的时间，不过最终还是会要么被严寒干掉，要么被大风干掉，在不断下坠的过程中落得和在木星上一样的下场。

天王星：天王星是一个诡异的匀质蓝色星球。这里风速很快，而且冷得刺骨，但在几大气体巨行星中，这里的环境可以说是最好的了，你估计可以飞上那么一会儿。但这里真的是什么都没有，你来这里干嘛?

海王星：如果你准备去冰巨行星逛一圈，我建议去海王星[6] 要比去天王星要好。虽然你最后不是被冻死就是在湍流里身体散架，但好歹死前这里还有几片云可以瞻仰一下。

---

5. 我推销得不太好，是吧?

6. 座右铭：“稍微蓝一点儿的那个。”

泰坦：最好的总要留到最后。就飞行而言，在泰坦上飞行可能要比在地球上还好。这里的大气浓密，重力又小，表面气压只比地球多 50%，空气密度是地球的 4 倍。这里的重力比月球还弱，这意味着在这里很容易飞起来，你甚至可以通过踩脚踏板的方式让塞斯纳飞起来。

说实话，人在泰坦上可以仅靠肌肉的力量就飞起来。一个人穿上滑翔翼就可以舒舒服服地起飞，然后靠超大的游泳用的鳍状靴子到处飞行——你甚至扑腾几下人工翅膀也能飞起来。动力要求也是极低，走路的能量就够。

但弊端（总有一个弊端的啦）在于寒冷的温度。泰坦上的温度只有 -201℃，和液氮的温度差不多。从轻型飞机上加热装置的一些参数来看，我估计在泰坦上塞斯纳的驾驶舱温度会以每分钟 2℃的速率下降。

飞机上的电池能够用来维持片刻的温暖，但最终飞机还是会因为消耗完热源而坠毁。还记得“惠更斯号”探测器吗？它在下降的过程中电池已经用得差不多了（在下落的过程中拍了许多漂亮的照片），在降落到泰坦表面仅仅 26 秒之后就屈服于低温的侵袭。不过在降落之后的那么几十秒里它还是成功发回了照片——只来得及发回一张——这是我们所拥有的唯一一张比火星更远的天体表面的照片。

如果我们穿上人工翅膀在空中飞行，那我们将是泰坦版本的伊卡洛斯[7]——我们的翅膀将会结冰、散架，然后带着我们去见上帝。

但我从未把伊卡洛斯的故事视为人类局限性的教训——我把它看作是蜡作为黏合剂的局限性的教训。泰坦上的低温只是个工程问题而已，只要经过正确改装，配上正确的热源，一架塞斯纳 172 就可以在泰坦上飞行——当然我们也行。

7. 译注：希腊神话中的人物，因飞得太高，双翼上的蜡被日光融化后跌落水中丧生。

那些古怪而又让人忧心的问题合集六

WEIRD (AND WORRYING) QUESTIONS FROM THE WHAT IF? INBOX, #6

Q. 一个人身体的总营养价值（算上卡路里、脂肪、维生素、矿物质）一共是多少?

——贾斯廷·里斯纳

Q. 链锯（或者其他切割设备）的温度需要达到多高，才能立刻把它切割出来的伤口高温消毒?

——西尔维娅·加拉格尔

尤达大师

YODA

Q. 尤达大师的原力的输出功率有多大?

—— 瑞安 · 芬尼

A. **星战前传不在本文的讨论范围之内，你们懂的。**

在《星球大战》原三部曲中，最能够展现尤达大师原力风采的当数他把卢克的 X 翼战机从沼泽里提出来了。就物理移动物体这一点而言，尤达此举无疑是整个三部曲中消耗能量最多的一次。

提升一个物体至一定高度所需的能量等于物体的质量乘以重力加速度乘以提升的

高度。从尤达提起 X 翼战机一事中，我们可以猜出尤达最大输出能力的下限。

首先我们要知道一架战机有多重。X 翼战机的重量从来没有官方的说法，但我们知道它的长度为 12.5 米。一架 F-22 战机长度为 19 米，质量 19700 千克，所以按比例算下来 X 翼战机的重量大约为 5600 千克。

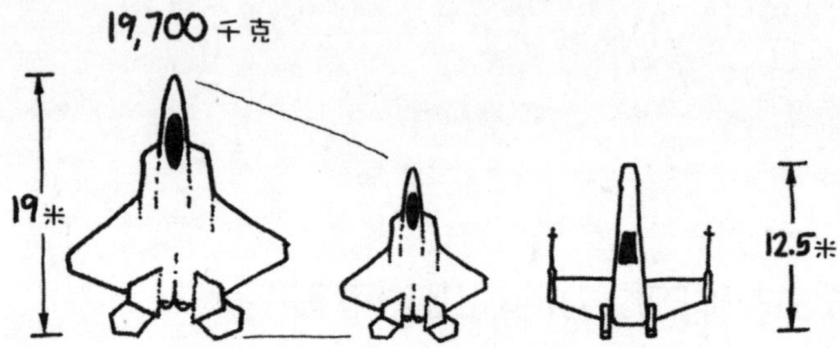

$$m_x = m_{F-22} \times \frac{12.5^3}{19^3} \approx 5600 \text{ 千克}$$

接下来我们要知道提升的速度有多快。我又去看了一遍电影中这个场景，给 X 翼战机提出水面的场景记了个时。

战机的前起落架用了约 3.5 秒才从水中出来，我估算了一下起落架的长度大约为 1.4 米（基于《星球大战 4：新希望》中一名机组成员从起落架前挤过的场景计算），因而 X 翼战机的提升速度为每秒 0.39 米。

最后我们要知道达戈巴星球上的重力加速度。我目测自己要卡在这个问题上了，因为就算科幻迷们再狂热，也不太会有《星球大战》中去过的每颗星球的地质特性的目录表，对吧?

不，我低估了影迷们的能力。乌奇百科上就有这么个目录表，从上面我们可以得知达戈巴的表面重力加速度为 0.9 倍地球重力加速度。算上之前得到的 X 翼战机的质量和提升的速度，我们可以计算出峰值输出：

$$\frac{5600\text{ 千克} \times 0.9\text{ 克} \times 1.4\text{ 米}}{3.6\text{ 秒}} = 19.2\text{ 千瓦}$$

这足够供应一整个街区的家庭用电了。19.2 千瓦大致相当于 25 马力，差不多是 Smart 电动车的引擎功率。

按照目前的电价，尤达每小时发出的能量价值约为 2 美元。

但远距施力只是原力的其中一种形式。西斯大帝用来震击卢克的闪电又如何呢? 这道闪电的物理本质始终没讲明白，但能够产生相似场景的特斯拉线圈的功率在 10 千瓦左右，表明大帝的输出功率和尤达相当。（这些特斯拉线圈一般用的是许多持续时间很短的脉冲，如果西斯大帝能够像电焊机那样一直维持电弧的话，输出功率将轻松突破百万兆瓦。）

那么卢克呢? 我检验了一下他用原力把光剑从雪里拔出来的场景。具体的数字很难估算出来，但我进行了逐帧分析之后，得出的估计值是 400 瓦的峰值输出。这和尤达 19 千瓦的输出相比实在不足一提，而且持续时间也只有几分之一秒。

所以用尤达作为能量源看起来是最好的选择。不过随着全世界用电量迫近 2 太瓦，我们需要 1 亿个尤达才能满足供电需求。总之把所有的因素考虑在内，换用尤达发电很可能是得不偿失——但这绝对是一种绿色能源。

飞越州

FLYOVER STATES

Q. 美国哪一个州被飞机飞越的次数最多?

——耶瑟·鲁德尔曼

A. **当人们提到“飞越州”时，**他们一般指的是在纽约、洛杉矶和芝加哥之间来回飞行时经过但又不降落的那几个西部大州。

那么哪个州被最多的飞机飞越呢？有许多航班会沿着东海岸向北或者向南飞，因此很容易就能得出飞越纽约的频率比飞越怀俄明的频率更高的结论。

为了找出最为繁忙的飞越州，我查询了 1 万多条飞行路线，并记录下每条航线经过哪几个州。

出人意料的是，被飞越次数最多的州——有起飞和降落就不算——居然是……

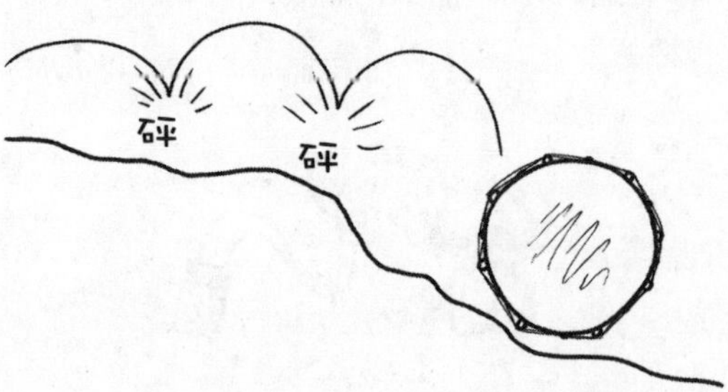

……弗吉尼亚。

这个结果大大出乎我的意料。我在弗吉尼亚长大，从来没有想到过它是个“飞越州”。

惊讶之处在于弗吉尼亚有好几个大型机场：服务华盛顿特区的两个机场（罗纳德·里根国家机场和杜勒斯国际机场）都位于弗吉尼亚州，这意味着大多数飞往华盛顿特区的航班都不会被计入飞越弗吉尼亚的航班里去，因为它们降落在弗吉尼亚。

我把美国所有州按被飞越的次数上了个色，结果如下：

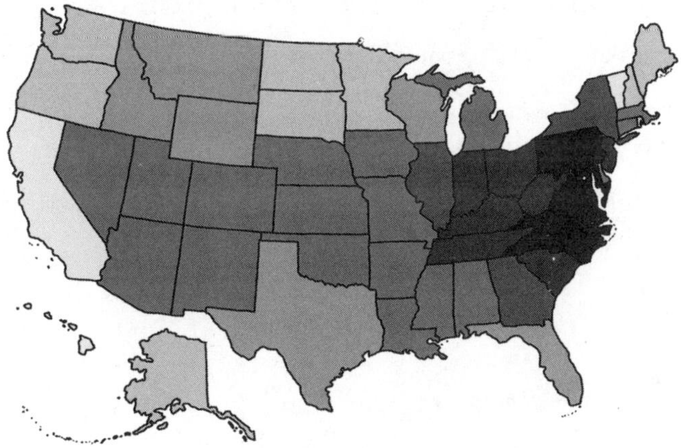

被飞越次数仅次于弗吉尼亚的分别是马里兰、北卡罗来纳和宾夕法尼亚。这几个州每天被飞越的次数远远超过剩下的其他州。

为什么是弗吉尼亚位居榜首呢?

原因有很多，但其中最重要的原因之一在于哈兹菲尔德 – 杰克逊亚特兰大国际机场。

这个机场是全世界最为繁忙的机场，乘客和航班吞吐量都超过东京、伦敦、北京、芝加哥以及洛杉矶。这个机场同时还是达美航空的主要枢纽，而达美航空在不久前还是全世界最大的航空公司，这意味着乘坐达美航空的旅客们经常会到亚特兰大转机。

得益于从亚特兰大出发前往美国东北部的大量航班，其中有 20% 的航班经过弗吉尼亚上空，有 25% 经过北卡罗来纳上空，这些航班贡献了这两个州大部分的被飞越次数。

然而对弗吉尼亚被飞越次数贡献最大的并非亚特兰大，贡献最大的这个机场让我出乎意料。

多伦多皮尔逊国际机场乍看起来一点也不像弗吉尼亚被飞越次数的杰出贡献者，但其实这个加拿大最大的机场飞往弗吉尼亚的航班比纽约的约翰 · 肯尼迪国际机场和拉瓜迪亚机场的航班加在一起还要多。

造成这一现象的部分原因在于，多伦多机场有许多到加勒比和南美洲的直达航班，这些航班在半路上会经过美国空域。[1] 除了弗吉尼亚，多伦多机场同时还是所有飞越西弗吉尼亚、宾夕法尼亚和纽约的航班中的主要贡献者。

下面这张地图中显示了对每个州而言，哪个机场贡献了最多的飞越航班：

1. 不像美国，加拿大有大量飞抵古巴的商业航班。

>> 按比率来算的飞越州

“飞越州”另一个可能的定义是，拥有最高飞越航班与飞抵航班之比的州。如果按照这种算法的话，绝大多数飞越州将是那些人口最稀少的州，前十名包括怀俄明、阿拉斯加、蒙大拿、爱达荷以及达科塔。

然而出乎意料的是，具有最高飞越航班与飞抵航班比值的州竟然是：特拉华州。

稍微挖掘一下数据你就能一眼看出原因：特拉华州没有机场。

好吧，这不完全是真的。特拉华州有许多机场，包括多佛空军基地和纽卡斯尔机场。纽卡斯尔机场是特拉华州唯一一个也许够得上商业机场这一名号的机场，但随着天空巴士航空公司于 2008 年关闭，这个机场再也没有任何航空公司的航班降落。[2]

>> 被飞越最少的州

被飞越次数最少的州是夏威夷。它由世界上最大的海洋中的一些小岛组成，要想飞过它需要花一点力气。

在美国本土的 49 个州中[3]，被飞越次数最少的州是加利福尼亚州。这个结果同样出乎我的意料，因为加利福尼亚又瘦又长，看上去似乎许多跨越太平洋的航班都会从它上方经过。

但由于恐怖分子在“9 · 11”袭击中使用了载有航空燃油的大型客机，因而美国联邦航空局（FAA）已经尝试限制携带不必要重量燃油飞越美国的客机数量，所以大多数本可以飞过加州的外国入境者只能转而在加州转机。

>> 被飞越州

最后我们来看一个略显奇怪的问题：哪个州是飞越飞机次数最多的州？换言之，

2. 事情在 2013 年发生了转机，边疆航空公司在那一年开通了往返纽卡斯尔机场和佛罗里达迈尔斯堡机场的例行航班。不过这条数据并没有出现在我的计算中，而且边疆航空公司也有可能取消这一航线。

3. 我把罗德岛也算了进来，虽然看上去不应该这么做。

哪个州的正“底下”——也就是地球的另一面正对的位置——飞过的飞机次数最多?

答案是夏威夷。

这么小的一个州获胜的原因之一是，地球另一边正对着美国本土的是印度洋，而印度洋上空很少会有商业航班经过。同时中非的博茨瓦纳也差不多在夏威夷的对面，虽然非洲相比于其他大洲来说航班数量也较少，但这已经足够让夏威夷荣获桂冠了。

>> 可怜的弗吉尼亚

一些在弗吉尼亚长大的人可能会和我一样，很难接受弗吉尼亚是被飞越次数最多的州。如果不出意外的话，当我乘飞机回家的时候，我会记得抬头挥个手的。

（如果你正在从南非约翰内斯堡飞往尼日利亚拉各斯的阿瑞克航空 104 航班上——每天早上 9:35 都会有这班飞机——记得朝下看，并说一声“Aloha！”）

氦气球降落伞

FALLING WITH HELIUM

Q．如果我背着几罐氦气和一个巨大的未充气的气球从飞机上跳下来会怎么样？如果我在下坠的过程中给气球充氦气，那么我需要从多高的高度跳下来，才能使气球让我减速到可以安全落地的速度呢？

——科林·罗韦

A．虽然这听上去有点滑稽，不过这种方法还是……可行的。某种意义上。

从极高的高度跳下来是非常危险的。一个气球也许能够保证你摔不死，但派对上常用的那种氦气球显然不管用。

如果你的气球够大，甚至连氦气都不用，气球本身就能充当降落伞，让你减速到非致命的速度。

毫无疑问，避免高速触地是保证存活的关键所在。正如一篇医学论文所说的那样：

> 很显然触地速度，或者说下落的高度本身并不致命……但极大的速度

变化率（比如你从 10 楼摔到底楼的水泥地上带来的变化）可就是另一回事儿了。

……这个表述太啰嗦，还是古语来得简洁："害死你的不是下落过程，而是最后的突然停止。"

为了能产生降落伞那样的效果，充满空气而不是氦气的气球的直径需要有 10~20 米——这么大的体积光靠便携式的储气罐可是充不满的。虽然一个马力强劲的风扇可以用环境空气把气球充满，但这样你还不如直接用个降落伞呢。

>> 氦气

有了氦气，事情就变得容易多了。

用不了几个氦气球就能把人"抬"起来。1982 年，拉里 · 沃尔特斯在庭院椅上绑上了许多气象气球，乘着他的"飞椅"升到了几千米高的空中，并横跨了整个洛杉矶。在飞过洛杉矶国际机场空域后，他用随身携带的气枪打爆了几个气球用以降落。

他刚一降落就被逮捕了，但当局苦于找不到罪名给他定罪。那时，美国联邦航空管理局的安全监察员告诉《纽约时报》的记者："我们知道他肯定违反了《联邦航空法》中的某些条款，等我们弄清楚他到底违反了哪些条款，他自会受到处罚。"

一个相对较小的氦气球（当然比降落伞要小）能够使你的下落速度降到足够低，但它和派对上用的气球相比还是要大很多的。目前最大的可租用的民用氦气箱的容积大约在 7 立方米左右，而你至少需要 10 个这样的储气箱才能填满能够载着你飞起来的气球。

你的动作必须得非常迅速。压缩氦气罐一般来说外表光滑，而且非常沉重，这意味着它的下落终端速度非常高。你只有几分钟的时间来把气球充满。（你可以用完一个扔一个……）

你没法通过增加下落高度来争取更多的时间。因为正如我们在牛排那一篇学到的，上层大气层非常稀薄，任何从平流层以上掉下来的东西都会加速到极高的速度，直到它冲入下层大气层速度才会降下来。小到陨石[1]，大到菲利克斯·鲍姆加特纳都是如此。

但如果你能很快把气球充满（比如把好几个气罐同时连到气球上），那么还是能降低下落速度的。但记得别用太多的氦气，不然你就要像拉里·沃尔特斯那样无助地飘在5000米高空了。

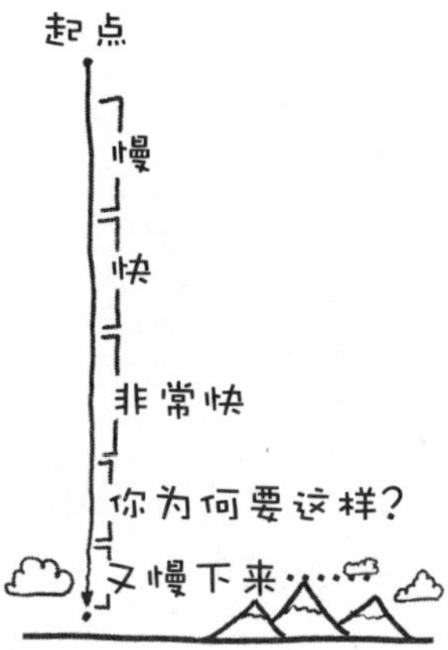

在查资料写这篇文章的时候，我的Mathematica[2]被那些和气球有关的微分方程锁住了好几次，接下来我的IP还被Wolfram Alpha[3]给屏蔽了，因为它说我请求次数太多了。解除屏蔽的申请表要求我解释我在捣鼓什么才会产生这么多次请求，而我是这么写的："计算从飞机上跳下来时需要带多少个氦气罐才能充满一个足够大的气球，使它能起到降落伞的作用，降低下落速度。"

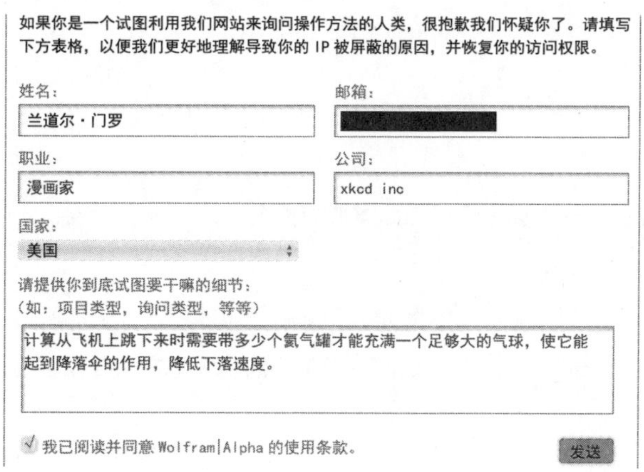

如果你是一个试图利用我们网站来询问操作方法的人类，很抱歉我们怀疑你了。请填写下方表格，以便我们更好地理解导致你的IP被屏蔽的原因，并恢复你的访问权限。

姓名：兰道尔·门罗

邮箱：

职业：漫画家

公司：xkcd inc

国家：美国

请提供你到底试图要干嘛的细节：
（如：项目类型，询问类型，等等）

计算从飞机上跳下来时需要带多少个氦气罐才能充满一个足够大的气球，使它能起到降落伞的作用，降低下落速度。

√ 我已阅读并同意Wolfram|Alpha的使用条款。

发送

对不住啦，Wolfram。

1. 当我在研究撞击速度的时候，我在Straight Dope的信息板上看到一个关于可生还的最大下落高度的讨论，一个发帖的人把从高空坠落比作被车撞，而一位法医认为这个比较并不恰当，他是这么回复的："绝大多数被车撞的人都没有被车从身上碾过，而是被撞到空中。被撞的人的小腿下段断了，整个身体飞到了空中，通常会撞在引擎盖上，后脑勺正敲中挡风玻璃，留下星状裂痕，还可能在挡风玻璃上留下一些头发。然后那人飞过车顶。但此时他还是活着的，虽然腿断了，头因为撞到挡风玻璃而感到有些痛，但这并不致命。但当他们落到地上的时候他们就死了，死于头部创伤。"
结论：不要和法医有过节，他们真的是相当恐怖。

2. 译注：数学软件。

3. 译注：搜索引擎。

人类大迁徙

EVERYBODY OUT

Q. 我们有足够的能量把现在地球上的全部人口都搬到太空中吗？

——亚当

A. **许多科幻电影中都出现了与此类似的情景：**人类出于污染、人口过多或者核战争等原因放弃了地球。

把人弄到太空中并不容易。不考虑人口暴减的可能性，那么把所有人口发射到太空中去在物理上可行吗？甚至假设我们不用关心到了太空之后要去哪儿，我们就是想要离开地球。

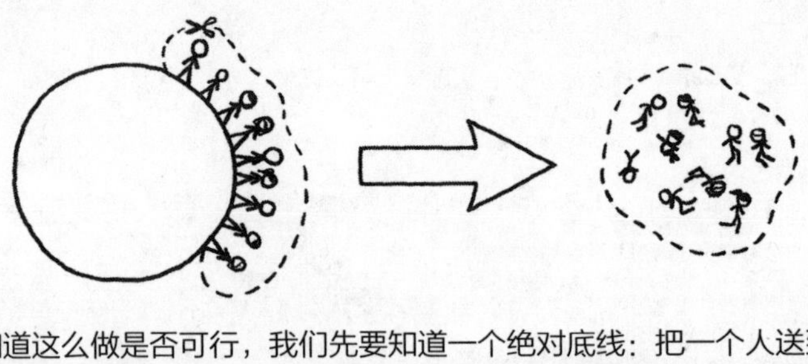

要想知道这么做是否可行，我们先要知道一个绝对底线：把一个人送到太空所需要的最低能量是 40 亿焦耳。不管你是用火箭或者大炮，还是用太空电梯或者梯子，

把一个 65 千克重的人搬运出地球的引力范围至少需要这么多能量。

40 亿焦耳是多少？这差不多是 1 兆瓦时（一个普通美国家庭 1~2 个月的用电量），或者 90 千克汽油所蕴含的能量，或者一个载满 AA 电池的货车所携带的电能。

40 亿焦耳乘以 70 亿人口就是 2.8×10^{18} 焦耳，也就是 8 拍瓦时。这相当于全球年耗能的约 5%，总量确实很多，但也不是不可能凑齐这些能量。

然而这 40 亿焦耳只是一个下限，在实际操作中还要看我们选用怎样的运输方式。如果我们打算用火箭，需要消耗的能量就远大于此。这是源于火箭科学中一个最为基本的问题：消耗的燃料也需要我们自己携带。

我们先回到之前提到的 90 千克汽油的类比上来，因为这样能更好地解释这个宇宙飞行中的关键问题。

如果你想要发射一个 65 千克的飞船，那么我们需要约 90 千克的燃料。我们把这 90 千克燃料搬上飞船，现在飞船的质量变成了 155 千克。155 千克的飞船需要 215 千克的燃料，因而我们需要再加 125 千克的燃料……

幸好我们有方法摆脱每增加 1 千克的质量就需额外加 1.3 千克的燃料的死循环，应该注意到我们并不需要把所有的燃料都带到目的地，而是边飞边消耗燃料，这样飞船的质量就会越来越轻，加速所需的燃料也就越来越少。但我们还是需要带够一定量的燃料，计算为达到给定速度需要多少推进剂的公式就是大名鼎鼎的齐奥尔科夫斯基火箭方程：

$$\text{速度变化量} = \text{排气速度} \times \ln \frac{\text{初始质量}}{\text{末质量}}$$

初始质量和末质量分别是燃烧前后飞船加上燃料的总质量，而排气速度则是燃料燃烧后产生的气体喷出喷口时的速度，对火箭燃料来说这个速度在每秒 2.5~4.5 千米之间。

这个公式中最重要的是速度变化量（也就是我们想要达到的速度）和排气速度（推进剂离开火箭时的速度）之间的比值。如果想要离开地球，那么速度变化量在垂直方向上至少需要每秒 13 千米，但排气速度最大也就约每秒 4.5 千米，因而所需燃料重量和飞船总重量之间的比值至少为 $e^{(13.5/4.5)} \approx 20$。也就是说如果速度变化量和排气速度的比值为 x，那么飞船的质量每增加 1 千克，我们就需要携带 e^x 千克燃料。

随着 x 的增长，这个数字会变得非常庞大。

总之，要想用传统的火箭燃料摆脱地球的引力束缚，1 吨重的飞船就需要 20~50 吨燃料。把所有人类（总重量大约 4 亿吨）都发射到太空去则需要上百万亿吨燃料。这可是很大一个数字。如果我们用的是以烃类化合物为基础的燃料，那么将消耗全球剩余原油储量的一大部分。而且现在我们还没考虑飞船本身的重量，还有水、食物和我们的宠物的重量呢。[1] 我们还需要许多燃料来建造这些飞船，把所有人类都运送到发射场地等。虽然并不是完全不可能，但很明显这非常不现实。

但我们可用的并不只有火箭，还有听上去更加疯狂的方法，比如沿着绳子爬到太空去，或者用核武器把我们炸飞到太空去。这两个想法其实真的是严肃的——即使有点太野心勃勃——发射计划，而且自从太空时代开启以来，人们就一直在琢磨怎么付诸实践。

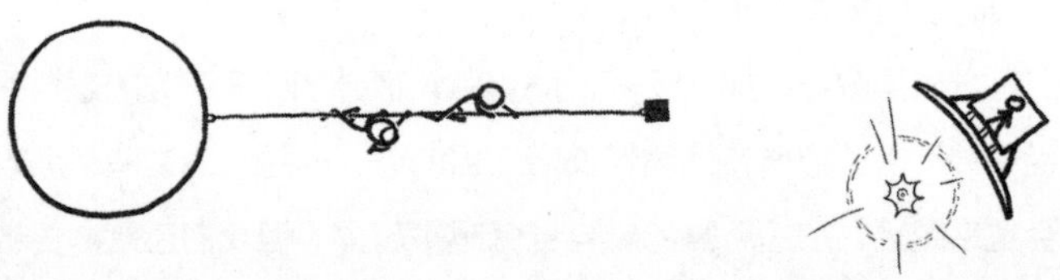

第一个方法就是“太空电梯”设想，它是科幻作家的最爱。这个方法其实就是绑一条绳索在围绕地球飞行的卫星上，这颗卫星的距离远到离心力能够把这根绳索拉紧。然后我们就可以用平常的太阳能或核电站，或随便什么好用的方法驱动电机，来把我们沿着绳索送上太空了。这个方案最大的工程难题在于，这根绳索所需要的强度是我们能够建造出来的最坚韧的材料的强度的好几倍。有人希望碳纳米管能够满足所需要

1. 单美国宠物狗的重量就有大约 1 亿吨。

的强度，于是“祭出‘纳米’这个前缀就可以轻松解决的工程难题”的长长名单上，又多了一个名字。

第二种方法就是核脉冲推进，这种方法能将极大质量的物体加速到很高的速度。它的基本原理就是你不停地往外扔核弹，然后借助核爆的冲击波前进。你可能觉得核爆会摧毁飞船，但事实是如果你能装备一个精心设计的护盾，在护盾解体前冲击波早就消散掉了。如果这套系统足够可靠，那么理论上它能把一整个街区送上太空，这样离实现我们那个伟大目标也就不远了。

这个方案背后的工程原理在 20 世纪 60 年代就已经被认定是非常健全的了，在弗里曼 · 戴森的指导下，美国政府曾一度想要造出这样的飞船。这个项目被称为“猎户座计划”，弗里曼的儿子乔治写的一本很棒的同名书里详细地介绍了这个项目。后来这个项目连一个原型机都没造出来就被取消了，核脉冲推进的支持者们至今仍然对此耿耿于怀。但其他人则认为当想象一下他们要做的事情——在一个盒子里装上大量核武器，把它抛到空中，然后不停地引爆核弹——这个项目居然还有目前的进展就已经让人匪夷所思了。

所以答案是只把一个人送上太空是非常容易的事情，但要把所有人类都送入太空则会将我们的各种资源都推向极限，甚至还有可能毁掉整个地球。这时就真的是“一个人的一小步，全人类的一大步”了。

那些古怪而又让人忧心的问题合集七

WEIRD (AND WORRYING) QUESTIONS FROM THE WHAT IF? INBOX, #7

Q. 在电影《雷神》中，男主人公曾把他手中的锤子转得飞快，以至于产生了强大的龙卷风。这在现实中是可能的吗？

—— 达沃尔

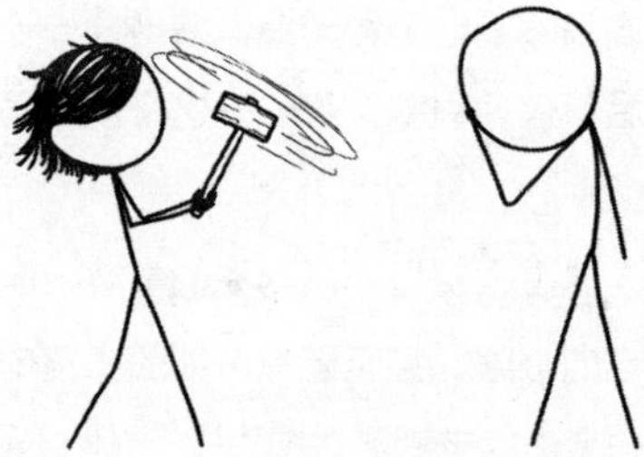

不可能。

Q. 如果你把一辈子亲吻的力气都省下来，并且都用到一次亲吻上，那么你能产生多大的吸力？

—— 乔纳森 · 林德斯特伦

Q. 需要多少射向美国的核导弹才能把美国彻底夷为平地？

——匿名提问者

自 体 繁 殖

SELF-FERTILIZATION

Q. 我看到一些研究说，他们正在尝试用人体骨髓干细胞来生产精子。如果一个女性用她自己的骨髓干细胞造出了一个精细胞，并使自己受孕，那么她和她的女儿会是什么关系？

——R. 斯科特 · 拉莫尔特

A. **要想造出一个人类，你需要把两套 DNA 拼到一起。**

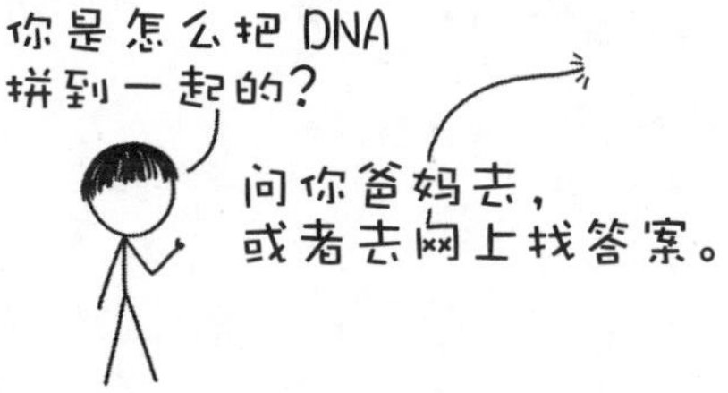

对于人类，这两套 DNA 分别位于精细胞和卵细胞中，其中每一套都是从父母那里随机取出来的一部分 DNA。（很快我们会具体讲到这个随机过程。）对于人类，精细胞和卵细胞分别来自两个不同的人，但如果你有能够分化成任何细胞的干细胞的话，事情就不是这样了，理论上来说，干细胞也可以被用来生产精细胞或者卵细胞。

到目前为止，还没有人能够利用干细胞制造出完整的精细胞。2007 年一组研究人员成功地将骨髓干细胞转化成了精原细胞，这些细胞是精子的前体。研究人员无法将这些细胞完全转化成精细胞，但这至少是一个进步。2009 年，这些研究人员发表了一篇论文，看上去宣称他们已经实现了最后一步，制造出了完整的具有功能的精细胞。

但是这里有两个问题。

首先，他们并没有说他们制造出了精细胞，而是说制造出了类精子细胞，但媒体在报道时通常都打马虎眼没提。其次，发表论文的期刊撤下了这篇论文，因为其中的两个段落抄袭自其他论文。

虽然有这样那样的问题，但这个设想本身并非是天方夜谭，斯科特的问题的答案甚至让人有些小激动。

要想追踪一长串基因信息的走向是非常困难的，我们这里将会使用一个高度简化的模型，角色扮演游戏的玩家可能对此会比较熟悉。

>> 《龙与地下城》式的染色体

人类的 DNA 由 23 对染色体组成，每个人的每一种染色体都有两个版本——一条来自父亲，另一条来自母亲。

在简化的 DNA 模型中，我们将染色体的数量从 23 对减少到 7 对。人类的每一个染色体中都蕴含了庞大的基因代码，但在简化模型中我们限制每一个染色体只负责控制一个功能。

我们这里将会借用《龙与地下城》d20 系统中的角色数据，即每一套 DNA 都将含有 7 条的染色体：

1. STR　力量
2. CON　体质
3. DEX　敏捷
4. CHR　魅力
5. WIS　智力

6. INT　感知

7. SEX　性别

前 6 种是角色扮演游戏中常见的角色属性：力量、体质、敏捷、魅力、知觉和智力。最后一个则是性别决定染色体。

我们现在来看一段示例 DNA“序列”：

1. STR	15
2. CON	2
3. DEX	1X
4. CHR	12
5. WIS	0.5X
6. INT	14
7. SEX	X

在我们的模型中，每一个染色体都含有一个信息，这个信息要么是一个数字（通常在 1~18 之间），要么是一个倍率。最后一个决定性别的染色体对应的是真实人类的 X 和 Y 染色体。

就像在真实生活中一样，每个人都有两套染色体，一套来自于妈妈，另一套来自于爸爸。假设你的基因看上去是这样的：

	妈妈的 DNA	爸爸的 DNA
1. STR	15	5
2. CON	2X	12
3. DEX	1X	14
4. CHR	12	1.5X
5. WIS	0.5X	16
6. INT	14	15
7. SEX	X	X

这两套数据结合在一起决定了一个人的性格，结合的简单规则如下：

如果两个染色体显示的都是数字，那么保留较大的那个数字。如果一个显示的是数字，另一个显示的是倍率，那么留下的是数字乘以那个倍率。如果两个染色体显示的都是倍率，那么得到的属性是 1。[1]

1. 因为 1 是乘法恒等元。

于是我们的虚拟角色的属性会是这样子的：

	妈妈的 DNA	爸爸的 DNA	最终属性
1. STR	15	5	15
2. CON	2X	12	24
3. DEX	13	14	14
4. CHR	12	1.5X	18
5. WIS	0.5X	14	7
6. INT	14	15	15
7. SEX	X	X	FEMALE

如果父母中由一方提供倍率，另一方提供数字，最终得到的属性就会非常好！这个角色的体质已经达到了超人般的 24，事实上除了知觉有点略低以外，其他的属性都是很棒的。

现在假设这个角色（不妨称作爱丽丝）遇到了另一个人（鲍勃）：

鲍勃也有十分不错的属性值：

鲍勃	妈妈的 DNA	爸爸的 DNA	最终属性
1. STR	13	7	13
2. CON	5	18	18
3. DEX	15	11	15
4. CHR	10	2X	20
5. WIS	16	14	16
6. INT	2X	8	16
7. SEX	X	Y	MALE

如果爱丽丝和鲍勃生了一个小孩，那么他们俩各会贡献一部分 DNA，但他们贡献出来的 DNA 是从自身来自父母的两部分 DNA 序列中随机选取的。每一个精细胞以及卵细胞都会含有各自父母 DNA 序列的随机组合。假设爱丽丝和鲍勃产生的卵子和精子如下：

爱丽丝	妈妈的 DNA	爸爸的 DNA	鲍勃	妈妈的 DNA	爸爸的 DNA
1. STR	(15)	5	STR	13	(7)
2. CON	(2X)	12	CON	(5)	18
3. DEX	13	(14)	DEX	15	(11)

4. CHR	12	(1.5X)	CHR	(10)	2X
5. WIS	0.5X	(14)	WIS	(16)	14
6. INT	(14)	15	INT	(2X)	8
7. SEX	(X)	X	SEX	(X)	Y

卵子（来自爱丽丝）		精子（来自鲍勃）	
1. STR	15	STR	7
2. CON	2X	CON	5
3. DEX	14	DEX	11
4. CHR	1.5X	CHR	10
5. WIS	14	WIS	16
6. INT	14	INT	2X
7. SEX	X	SEX	X

如果他们的精子和卵子结合，他们孩子的数据会是这样：

	卵子	精子	孩子属性
1. STR	15	7	15
2. CON	2X	5	10
3. DEX	14	11	14
4. CHR	1.5X	10	15
5. WIS	14	16	16
6. INT	14	2X	28
7. SEX	X	X	FEMALE

爱丽丝一世继承了她母亲的力量和父亲的知觉，她的智力也异乎常人地高，这得益于爱丽丝贡献的 14 和鲍勃贡献的倍率。不过她的体质比她父母都要差，来自她母亲的 2 倍倍率和来自她父亲的 5 点体质决定了她的体质注定不会好到哪里去。

爱丽丝和鲍勃的魅力染色体中都各自有一条来自于双方父母的倍率染色体。由于两个倍率染色体结合到一起会变成 1 点能力值，因而如果爱丽丝和鲍勃贡献的都是倍率的话，他们的孩子的魅力值就会低到极致。幸好发生这种事情的几率只有四分之一。

如果孩子的某个配对的染色体上显示的都是倍率，那么他的这一方面的能力值就会降为 1。幸好由于倍率染色体本来就比较稀少，随机组合的过程中两个倍率染色体配对结合到一起的几率就更低了。

现在我们来看看，如果爱丽丝仅用自己的身体生下一个小孩会是什么样子的。

首先她会产生一对性细胞，DNA 序列随机选取过程将会重复两遍：

爱丽丝的卵子	妈妈的 DNA	爸爸的 DNA	爱丽丝的精子	妈妈的 DNA	爸爸的 DNA
1. STR	(15)	5	STR	15	(5)
2. CON	(2X)	12	CON	(2X)	12
3. DEX	13	(14)	DEX	13	(14)
4. CHR	12	(1.5X)	CHR	(12)	1.5X
5. WIS	0.5X	(14)	WIS	(0.5X)	14
6. INT	(14)	15	INT	(14)	15
7. SEX	(X)	X	SEX	X	(X)

被选中的 DNA 序列会形成孩子的遗传信息：

爱丽丝二世	精子	卵子	孩子属性
1. STR	15	5	15
2. CON	2X	2X	1
3. DEX	14	14	14
4. CHR	1.5X	12	16
5. WIS	0.5X	14	7
6. INT	14	14	15
7. SEX	X	X	X

孩子的性别一定是女性，因为没有人来贡献 Y 染色体。

她的孩子面临着一个问题：7 个属性中的 3 个属性——智力、敏捷和体质——继承自两个相同的 DNA 序列。对于敏捷和体质来说这不是问题，因为爱丽丝在这两个方面的能力值都很高。不过孩子的体质从爱丽丝那里继承了两个倍率染色体，结合之后变成了 1。

如果有人打算自体繁殖，这会极大增加孩子的配对染色体都继承自同一条遗传序列几率。在现在这种情况下，爱丽丝的孩子继承两个倍率染色体的几率为 58%，而如果她和鲍勃育有一个孩子的话，这个几率只有 25%。

总的来说，如果你用自身的细胞受精产下一个孩子，那么有一半的几率两个配对的染色体是相同的。如果这个相同的染色体的值是 1 或者是一个倍率染色体，那么你的孩子就会有大麻烦了——即使你从未遇上过。这种两个遗传序列上的基因代码都是一致的情况被称为纯质性。

>> 人类

在人类中，由近亲繁殖带来的最普遍的遗传缺陷可能是脊髓性肌肉萎缩症。这种疾病会导致脊髓中的细胞死亡，最后可能会致命或造成严重残疾。

脊髓性肌肉萎缩症是由 5 号染色体上的一个基因异常造成的。平均每 50 人中就会有一个人的这个基因出现异常，这意味着每 100 个人就会有一个人把它遗传给他们的孩子……因而每 1 万人（100×100）中，就会有一个人从父母那里都继承到这种有缺陷的基因。[2]

如果一个人打算自体繁殖，那么得病的几率为四百分之一——他自己有这种缺陷基因的几率是百分之一，而又有四分之一的几率他的孩子只会继承到这个基因。

四百分之一的几率听起来还不算太糟糕，但这仅仅是个开始。

>> 复杂的 DNA

DNA 是宇宙中已知的最复杂机械的源代码。每一条染色体上都包含巨量的信息。而 DNA 和周围细胞工厂的相互作用又极其复杂，包含了无数的移动部件和捕鼠器式的反馈循环。甚至把 DNA 称作源代码都太小看它了。与 DNA 相比，我们最复杂的编程项目看起来就像便携式计算器那样简单。

在人体中，每条染色体通过一系列的突变和变异影响着许多其他的东西。其中一些突变，就像造成脊髓性肌肉萎缩症的那个突变，产生的结果完全是负面的，这种基因突变是没有益处的。在《龙与地下城》系统中，它就像力量值为 1 的染色体，如果你的其他染色体都是正常的，那么你的整体属性值也将会是正常的，但你是一个隐形的“携带者”。

---

2. 一些种类的脊髓性肌肉萎缩症是由两个基因导致的缺陷造成的，所以实际上患上这种疾病的几率有些不太好计算。

其他的突变，比如 11 号染色体上镰状红细胞基因，既会带来好处也会带来坏处。如果一个人的两条遗传序列上都有镰状红细胞基因，那么他们就会得镰状红细胞贫血症;如果他们只有一条遗传序列上有这种基因，就会产生一个意料之外的好处：对疟疾的额外免疫性。

在《龙与地下城》系统中，这就像一个 2 倍倍率。具有一个这样的基因能让你变得更强壮，但两个配对染色体都是倍率染色体的话就会造成严重的缺陷。

这两种疾病能让我们了解到基因多样性有多重要。基因突变到处都在发生，但我们的冗余染色体能够帮助缓解突变带来的影响。通过禁止近亲繁殖，我们可以降低罕见却有害的突变在配对染色体两边同时发生的几率。

>> 近交系数

生物学家用一个叫作“近交系数”的数字来衡量一个人的配对染色体完全相同的可能性。一对没有亲缘关系的父母产下的孩子的近交系数为 0，而如果配对染色体完全相同，则近交系数为 1。

现在我们可以回答最初的那个问题了。一个自体繁殖的家长产下的孩子就像是家长的克隆体，但是带有严重的基因缺陷。家长会具有孩子所拥有的所有基因，但孩子反过来不会拥有家长所有的基因。孩子体内有一半本应由另一位家长提供的染色体，会被这些染色体自己的副本所替代。

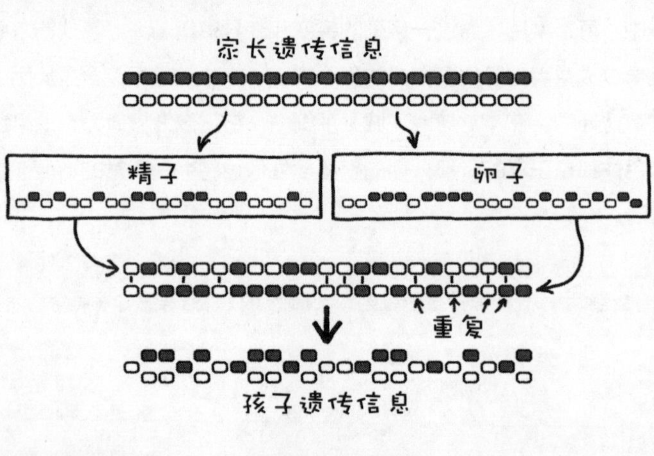

这意味着孩子的近交系数为 0.5。这个数字非常高，连续三代近亲结婚产下的孩子才会有这么高的近交系数。根据道格拉斯·斯科特·福尔科纳的《数量遗传学导论》，0.5 的近交系数会导致孩子在 10 岁时的智商平均下降 22 点，身高会减少 10 厘米。有很大几率这个孩子都不能活到出世。

这种近亲结婚在努力保持血统“纯正”的皇室家庭中最为常见。公元第二个千年中期统治欧洲的哈布斯堡皇室就是近亲结婚的典范，最后出了个西班牙国王卡洛斯二世。

卡洛斯的近交系数为 0.254，仅仅比兄妹结婚的近交系数（0.250）高一些。他有重度身体和情绪残疾，是一个极其古怪（也极其无能）的国王。根据史料记载，有一次他要求把他的亲属的尸体都挖出来，这样他就能一直看着他们。由于他没有生育能力，因而皇族血统到他这一任也就终结了。

所以说自体繁殖是个很危险的策略，这也是为什么在稍大、稍复杂的种群中，性是如此普遍的原因。[3] 虽然有时一些高等生物也会无性繁殖，[4] 但这种行为是相对罕见的。这种情况通常发生在异性繁殖非常困难的环境中，困难的原因包括资源稀缺、种群分散……

生命会找到出路

……或者某个过于自信的主题公园管理员。

3. 好吧，原因之一。

4. “特伦布利蝾螈”是一种混种蝾螈，繁殖完全靠自体繁殖完成。进行繁殖的都是雌性蝾螈，让人惊讶的是它们有三组而不是两组基因组。在繁殖期间，雌性蝾螈和雄性蝾螈会进行求爱仪式，然后产下自体受精的卵。雄性蝾螈在这一过程中什么都不会得到，它们的作用只是用来促进产卵。

高掷比赛

HIGH THROW

Q. 人类可以把一个物体扔多高？

—— 英属马恩岛上的艾里什·戴夫

A. **人类很擅长扔东西。**实际上，我们是超级擅长，没有其他动物能够像我们这样扔东西。

诚然，大猩猩会扔大便（偶尔会扔扔石头），但它们扔得既没有我们准，也没有我们稳。蚁狮会扔沙子，但它们是随便乱扔的，没有确定的目标。喷水鱼通过射出水珠来捕捉小昆虫，但它们用的是特殊的嘴巴而非胳膊。沙漠角蜥能从眼睛那儿射出血液束，射程可达 1.5 米。我不太清楚它们为什么要这么做，因为每当我在文章里读到“从眼睛那儿射出血液束”这样的语句时，就会一动不动地注视着直到我累趴下为止。

所以尽管还有其他动物也会使用投掷物，但人类估计是唯一能够随手抓起一个东西并相对准确地朝着一个目标扔过去的动物了。实际上一些研究人员认为，人类善于扔东西的习性在现代人类大脑进化的过程中起了重要作用。

投掷不是一个简单活儿。[1] 为了让棒球能够到达击球手那儿，投手必须准确地在投掷过程中松手放开棒球，早了或者晚了 0.5 毫秒都足以使棒球偏出击球区。

相比之下，最快的神经脉冲通过手臂长度的距离要花 5 毫秒。这意味着当手臂朝着正确的位置挥去时，松手的信号已经传递到手腕处了。从计时角度来说，这就相当于一个鼓手从 10 层楼扔下一根鼓槌，而鼓槌在正确的节拍落到了地上的鼓上。

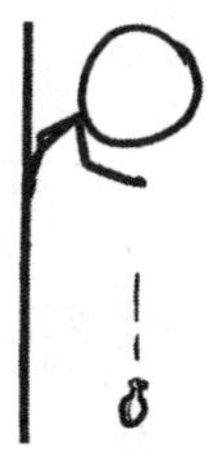

我们看起来更善于往前扔东西，而不是往上扔东西。[2] 既然我们讨论的是最高能扔多高，我们可以考虑使用那些丢出去会自己向上飞的东西。我小时候经常把回旋镖玩具扔到最高的树顶上下不来。[3] 但我们还可以通过使用像这样的一个装置来回避这一问题：

这个装置能让你在扔出棒球 4 秒后被这个棒球砸中脑袋。

它可以是一个跳板、一个润滑过的滑槽，甚至是一个悬空的吊索——任何能够偏转物体而又不增加或减少它的速度的东西都行。当然了，我们还可以试试这个：

1. 来源：我的少年棒球联盟生涯。
2. 反例：我的少年棒球联盟生涯。
3. 然后就一直留在那儿了。

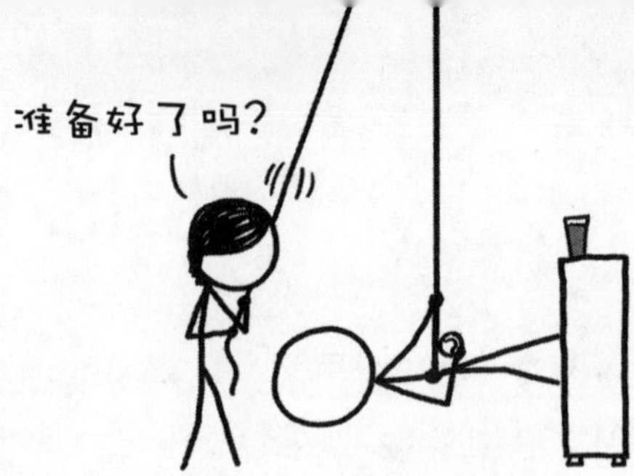

我进行了一些基础的空气动力学计算，得出了以不同初速度扔棒球能达到的高度。我将以长颈鹿的高度作为比较对象：

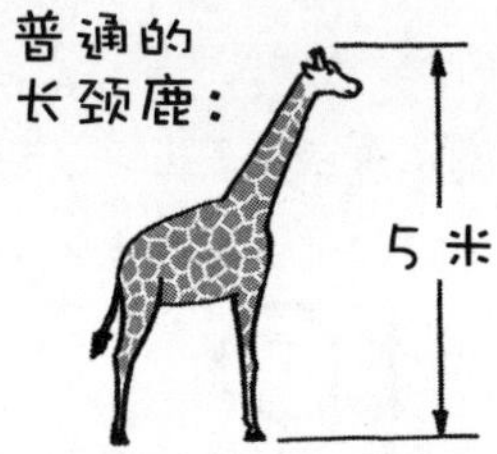

平常人大概至少能把棒球扔到 3 只长颈鹿这么高：

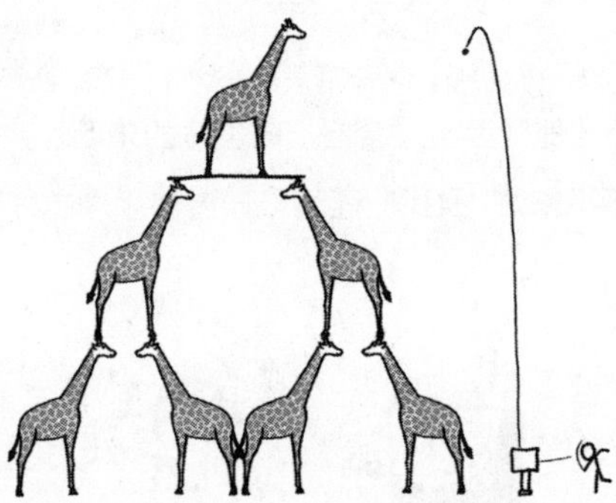

一些臂力不错的人大概可以扔到 5 只长颈鹿这么高：

投手扔出的时速 130 千米的快球能飞到 10 只长颈鹿这么高：

阿罗鲁迪斯 · 查普曼保持着世界最快投球的纪录（时速 170 千米），理论上他的球能飞到 14 只长颈鹿这么高：

但如果投掷物不是棒球呢？很明显，在弹弓、十字弩或是回力球运动中那些弧形掷球器等工具的帮助下，我们能以更快的速度把东西扔出去。但在这个问题中，我们还是要求要徒手扔。

棒球可能不是理想的投掷物，但问题是很难找到其他投掷物的速度记录。幸运的是，一个叫作罗阿尔德 · 布拉兹托克的英国标枪运动员曾举办过一个随机物品投掷大赛。在比赛中他扔过从死鱼到厨房水槽在内的一大堆东西。布拉兹托克的经历给了我们许多有用的数据[4]。在这些数据中，一个很有潜力的理想投掷物是——高尔夫球。

专业运动员扔高尔夫球的记录少之又少。但十分幸运的是，布拉兹托克曾经这么干过，他声称扔过 155 米（从投掷点到第一次触地点）的距离。他扔之前是有助跑的，但尽管如此仍然有理由相信扔高尔夫球是比扔棒球更好的选择。这也说得通：在投掷棒球的过程中制约因素是手肘上的力矩，而投掷更轻的高尔夫球能让手臂运动得稍快一些。

扔高尔夫球而非棒球带来的速度提升可能不是很大，但我们有理由相信，一个经过一段时间训练的专业投手能更快地扔出高尔夫球。

如果是这样的话，基于空气动力学计算，查普曼扔出的高尔夫球差不多能达到 16 只长颈鹿这么高：

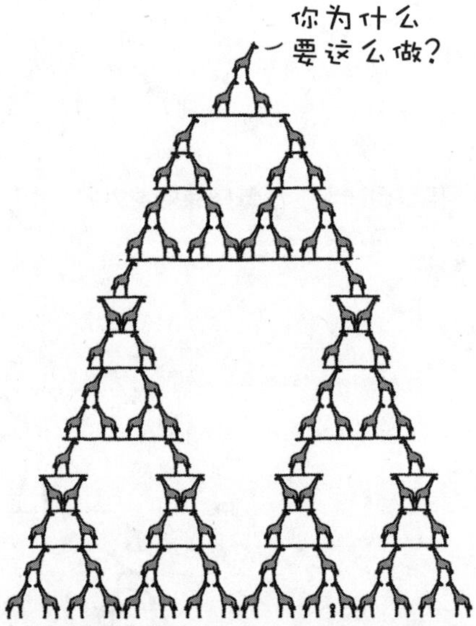

这大概是一个投掷物所能达到的最高的高度了……

……除非你用一点小技巧，否则任何一个 5 岁的小孩都能轻松打破这些纪录：

4. 还有许多无关的数据。

致命中微子

LETHAL NEUTRINOS

Q. 一个人要离超新星多近才能受到致命剂量的中微子辐射？

——唐纳德·斯佩克特博士

A. **“致命剂量的中微子辐射”这一说法很奇怪，我脑子转了好几圈才反应过来。**

如果你不是物理专业人士，你可能不觉得有什么奇怪，所以我要给你科普一下为什么这个说法让人很摸不着头脑：

中微子就像幽灵一般，它几乎不与任何物质发生反应。看看你的手——每秒钟有约 1 万亿个来自太阳的中微子穿过你的手掌。

好了，别一直看着你的手了。

那么你为什么没有感受到汹涌的中微子洪流呢？这是因为，这些中微子几乎不与常见物质发生作用。平均来说，在这股中微子洪流中，每几年才会有 1 个中微子直直“撞上”你身体中的某个原子。[1]

实际上，在中微子面前地球也几乎是透明的，来自太阳的几乎所有中微子都能丝毫不受影响地穿过地球。为了探测到中微子，科学家们建造了装有数百吨物质的大箱子，希望能记录到哪怕是一个来自太阳的中微子与这些物质发生碰撞的记录。

所以说，如果一个粒子加速器（会产生中微子）想给世界其他地方的探测器发送中微子的话，它只需要直直地瞄准探测器就行了，即使探测器在地球的另一端也无所谓！

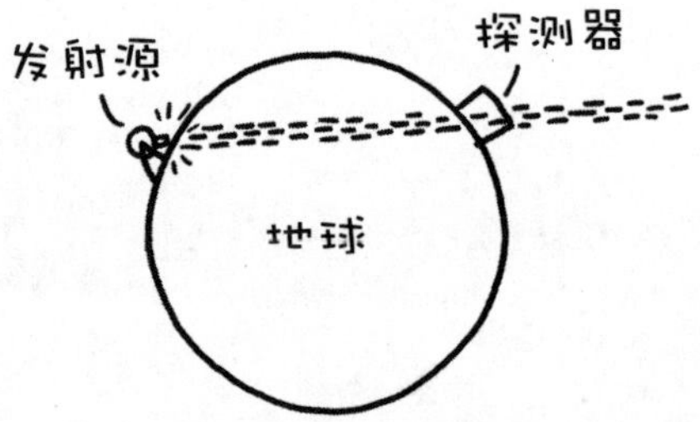

这就是为什么“致命剂量的中微子辐射”听起来很怪异——它把风马牛不相及的数量级混在了一起。这就像说“用羽毛把你打倒在地”或者“装满了蚂蚁的体育馆”一样，[2] 如果你有数学背景，这有点类似于看到 $\ln(x)^e$ 这样的表达式——我不是说它字面上没有意义，只是你很难想象哪里会真的出现这种情况。[3]

同样，你甚至都难以制造出足够多的中微子让它们中哪怕只有一个和物质发生反应，要想象在什么样的场景下会有足以对你造成伤害的中微子就更难了。

但超新星能够提供这样的场景。[4] 问我这个问题的霍巴特和威廉姆史密斯学院的物理学家斯佩克特博士告诉我，他推测和超新星相关的数字时的经验法则是：不管你认

1. 如果你是个孩子的话频率可能更低一些，因为你身体里的原子也少嘛。从统计学角度来看，中微子第一次撞击到我身体里的某个原子应该是在我 10 岁左右的时候。

2. 只占全世界蚂蚁的 1% 还不到。

3. 如果你想为难刚学微积分的学生的话，问他们 $\ln(x)^e$ 的导数是什么。看上去应该是 1 或者其他什么简单的表达式，但其实不是。

4. 拼成 supernovas 还说得过去，拼成 supernovii 就算了吧。

为超新星有多大，它们其实比你以为的更大。

让我给大家直观地比较一下。按照你的视网膜所接收到的能量来算，以下两者哪个更亮：

在一个日地距离以外观看一颗超新星，还是在你眼珠前爆炸的氢弹？

求你快点引爆这个炸弹吧，它太重了。

运用那位物理学家的经验法则可知，超新星更亮一些。其实它们差了……整整 9 个数量级。

这也正是这个问题的优雅之处所在：超新星巨大到难以想象，而中微子又飘渺到难以想象。在哪个距离上这两个难以想象的事情会相互抵消，并对人体产生影响？

辐射专家安德鲁 · 卡拉姆的一篇论文给出了答案。这篇论文指出，在某些超新星核心坍缩成中子星的过程中会放出多达 10^{57} 个中微子。（每个发生坍缩的质子都会放出一个中微子。）

卡拉姆计算出在 1 秒差距 [5] 距离上的中微子辐射剂量约为 0.5 纳西弗，也就是吃一根香蕉所受辐射的 1/500。[6]

致命剂量的辐射量约为 4 西弗。利用平方反比律，我们可以计算出辐射剂量：

$$0.5\text{ 纳西弗} \times \left(\frac{1\text{ 秒差距}}{x}\right)^2 = 4\text{ 西弗}$$

$$x = 0.00001118\text{ 秒差} = 2.3\text{ 天文单位}$$

2.3 个天文单位比太阳和火星之间的距离要远那么一点。

5. 约 3.262 光年，或者说比地球到半人马座 α 的距离略短一些。

6. 辐射计量表：http://xkcd.com/radiation

发生核心坍缩的超新星此前都是巨大的恒星，因此如果你在那个距离观看超新星，那么你将位于恒星的外层内部。

GRB 0103898 是观测到的最为剧烈的超新星——尤其是对就飘在它旁边的人来说

中微子辐射伤害的计算进一步加深了你对超新星究竟有多大的理解。如果你在一个天文单位外观察超新星——并且通过某种手段你没有烧起来，也没有气化，或是变成某种奇异等离子体——那么单单是汹涌而来的幽灵般的中微子就足够置你于死地。

如果速度够快的话，一根羽毛也绝对能把你撞倒。

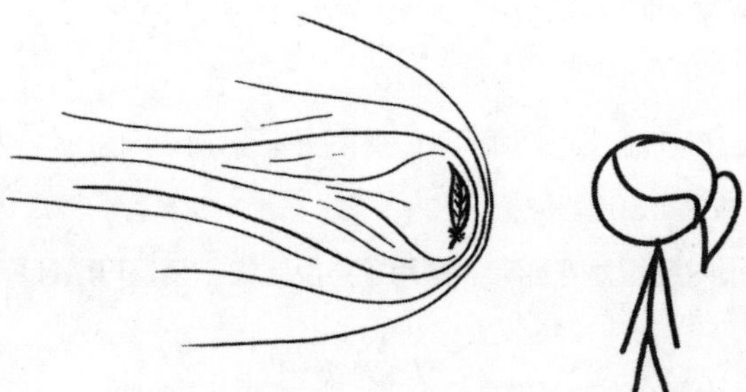

那些古怪而又让人忧心的问题合集八

WEIRD (AND WORRYING) QUESTIONS FROM THE WHAT IF? INBOX, #8

Q. 如果有一种毒药能够阻断肾小管的再吸收功能，但不影响过滤功能，那么服用这种毒药在短期内会产生什么影响？

—— 玛丽

Q. 如果捕蝇草可以吃人，那么一个人大约需要多久才会被捕蝇草完全液化并吸收呢？

—— 乔纳森 · 王

1. 均为《星球大战》中人物。

飞越减速带

SPEED BUMP

Q. 最快能以多快的速度驾车冲过减速带并幸存下来?

——麦林 · 巴伯

A. **非常非常快。**

首先,先说明下免责条款:在阅读完本文后,请不要驾车以高速通过减速带。

原因如下:

· 你可能会害死别人。

· 轮胎、悬挂甚至整辆车都会受到损害或损毁。

· 你难道没读过这本书中的其他文章吗?

如果这还不够,那我引用几条医学期刊上因为减速带而造成的脊髓损伤的案例:

> 腰胸部 X 光以及计算机断层扫描结果显示四位患者有压缩性骨折……已进行后路椎体融合植入物固定手术……所有患者都恢复良好,除了一位颈椎骨折的患者。
>
> 一号腰椎骨(L1)是最常发生骨折的脊椎骨 (23/52, 44.2%)

具有真实属性的臀部植入物能够将人体第一竖直自然频率从约 12 赫兹降到 5.5 赫兹，与文献相符。

（最后一条其实和减速带损伤并没有直接相关，但我还是想把它包括进来。）

>> 普通的小型减速带不太会使你丧命

设计减速带的目的就是要让驾驶员把车速降下来。以每小时 5 英里（约每小时 8 千米）[1] 的速度通过一个普通的减速带只会造成很轻微的弹跳，而以每小时 20 英里（约 32 千米）的速度通过减速带就会造成相当大的颠簸。也许你会由此认为以每小时 60 英里（100 千米）的速度通过减速带也会按比例造成更大的颠簸，但其实并不是那样。

正如之前引用的那些案例所展示的那样，确实有些倒霉的人类会因为减速带而受伤，但几乎所有这些受伤案例都只限于很特殊的一群人——那些人坐在公交车后排硬硬的椅子上，车子又开在年久失修的路上。

当你在开车时，主要有两样东西保护你不受减速带伤害——轮胎和悬挂。无论你以多快的速度（除非减速带特别巨型，足以碰上车体）通过减速带，轮胎和悬挂这两个系统都能够吸收足够的颠簸，尽可能使你不受伤害。

但对于那两个系统来说，吸收冲击并不一定是好事。就拿轮胎来说吧，它可能以爆胎的形式吸收冲击。[2] 如果减速带大到能碰到轮毂，就有可能对你的车的重要部位造成永久性损害。

一般的减速带高度在 8~10 厘米之间，一个普通的轮胎的胎垫（轮毂与地面之间那部分）也就这么厚。[3] 这意味着如果汽车压过一个小的减速带，轮毂是不会碰到减速带的，只是轮胎会被压缩一下而已。

一般的四门轿车的最高时速在 120 英里左右（约 200 千米），以这样的高速通过减速带几乎必定会造成车辆失控撞毁。[4] 但是由此产生的颠簸（也许应该是冲击）

---

1. 和所有具有物理背景的人一样，我的所有计算都使用 SI 单位制。但是我在美国吃了太多的英制单位罚单，以至于这个答案我只能用英里每小时去写。有点刻进我脑子里了。对不起！
2. 去谷歌上搜索一下“hit the curb at 60”。
3. 车子到处都是，不信拿把尺子去量一下。
4. 在高速情况下车子极易失控，甚至都不用撞上减速带。乔伊·霍尼卡特的大黄蜂在以 220 英里的时速撞毁后被烧得只剩一具空壳。

本身可能并不致命。

如果你撞上了大型减速带——比如驼峰路面或平顶驼峰路面——你的爱车可能就要毁了。

>> 多快才能确保致命?

让我们考虑下如果汽车比它的最快时速还快会发生什么。

现代的车一般最高时速限定在 120 英里左右（约 200 千米），一些跑车可以达到 200 英里（约 320 千米）。

虽然绝大部分轿车的发动机控制器都会有意限制最高速度，但汽车最高时速的终极物理限制在于空气阻力。这种阻力与速度的平方成正比，在某个速度下，再怎么踩油门汽车也不会再加速了。

但如果你真的迫使一辆小轿车——比如通过使用光速棒球中出现的魔力加速器——以高于其最高时速的速度行驶，那么减速带会是你所有问题里最不重要的一个。

因为汽车会产生升力，流经汽车表面的空气会对其施加各种各样的力。

这些箭头是从哪儿来的?

在普通的高速公路时速下，升力相对来说微不足道，但在极高的速度下它们就会产生非常大的影响。

在装有扰流板的 F1 赛车上，这股力将赛车往赛道上压，使赛车保持在赛道上。而在普通的轿车上，这股力会将汽车抬起来。

在全国运动汽车竞赛协会，每小时 200 英里(约 322 千米)被普遍认为是汽车的“起飞速度”——此时车会开始旋转。在其他种类的赛车比赛中，我们看到过壮观的后空翻式车祸，这就是汽车的空气动力学特性并没有像预想的那样发挥作用的后果。

我觉得最低在每小时 150 英里（约 241 千米）到 300 英里（约 483 千米）这个区间内，一辆普通的小轿车就会腾空而起，华丽丽地开始空翻，然后撞毁……在此之前，你甚至连减速带都还没撞上呢。

突发消息：小孩和自行车篮中的未知生物被车撞击致死。

如果你竭力保持车子不飞起来，在这种速度下，风力会掀开引擎盖、车体侧面以及车窗。在更高的速度下，车子本身会解体，或者像重返大气层的太空飞船那样直接烧毁。

>> 终极上限是多少？

在宾夕法尼亚州，如果你超速吃了罚单，时速每超过限速 1 英里就要多交 2 美元罚金。

因此，如果你驾车以 90% 的光速压过费城的减速带，除了会毁了整座城市之外……

……你还会收到一张 11.4 亿美元的罚单。

走失的人

LOST IMMORTALS

Q. 如果把两个长生不老的人放在某个没有人居住的类地行星相对的两头上，他们要花多长时间才能找到彼此？10 万年？100 万年？1000 亿年？

——伊桑·拉克

A. 先来一个简化的物理学家式的[1]答案：3000 年。

如果这两个人每天有 12 小时随机走来走去，并且假设两人相距 1 千米以内就能看到彼此的话，这差不多是他们能够发现对方所需要的时间。

1. 假设一个真空中的球形不朽者……

但我们立刻就能看出这个模型中的一些问题。[2] 最简单的问题是你没法保证在任何时候相距 1 千米以内的两人能够看到对方，这只有在最理想的情况下才有可能实现。沿着山脊走的两个人可能可以看到 1 千米外的另一个人，但如果是在茂密的森林中，天空又下着暴雨，那么就算两人只相隔数米，都有可能擦肩而过。

我们可以计算出在地球上任意地点的平均可视距离，但我们又会遇到另一个问题：为什么两个急于找到对方的人会跑到茂密的丛林里去？他们应该会到平坦开阔的地方，这样他们就能更容易看到彼此。[3]

一旦我们开始考虑两人的心理活动，那么之前的那个真空中的球形人的模型就会遇到问题。[5] 为什么我们要假设那两个人会到处乱跑？最佳策略可跟它完全不同。

那么对于那两个永生者来说，什么策略才最靠谱呢？

如果他们事先有时间做好计划，那么事情就很简单。他们可以约定在北极或者南极见面，如果这两个地方因故去不了的话，还可以把见面地点定在陆地上的最高点，或者最长河流的河口。如果这些规定有点模糊不清的话，他们只需要在几个可能的地点之间随机走动就行，反正他们有的是时间。

但如果事先他们没有机会交流的话，他们就没法知道另一个人会采取什么策略。那么这时你该怎么做呢？

在手机出现之前的时代，有一个古老的谜题：

---

2. 比如，其他的人呢？他们还好吗？

3. 虽然计算平均可视距离听上去很好玩。下个周六的晚上有事干啦！

4. 译注："马可波罗"是西方小孩的一种游戏，一方闭着眼睛呼喊"马可"，其他人则必须以"波罗"回应，闭眼者抓到任何一个小孩之后角色互换。

5. 所以我们一般不会这样想问题。

假设你要在一个美国小镇见一个朋友，但你们俩都从来没有去过那里。你们事先也不能约定见面地点，那么你会去小镇上的哪个地方？

这个谜题的作者建议，一个理性的做法是去小镇上的主要邮局，等在主收信窗口，所有来自于小镇之外的邮件都会先到达这个地方。这种方法的逻辑在于这个地点在每个美国小镇中都只有唯一一个，因而所有人都知道它在哪里。

对我来说这个逻辑有点弱。更重要的是，实际上它也不可行。我问了好几个人这个问题，没有一个人建议去邮局等，看来谜题的原作者只能一个人孤零零地等在邮局里了。

情况对于那两个走失的人来说会更艰难，因为他们对于所处的星球的地理信息一无所知。

沿着海岸线走看上去会是一个合理的方案。绝大多数人口住在水源附近，而且沿着一条线寻找要比在一片区域里寻找更加快速。就算你猜错了，和搜寻内陆所花的时间相比，走一遍海岸线也用不了多少时间。

根据地球上大洲宽度和海岸线长度的比值来推算，沿着海岸线走完一整圈大洲需要约 5 年时间。[6]

不妨假设你和另一个人都在同一个大洲上，如果你们俩都是逆时针搜寻，很有可能你们永远都遇不到对方。真是糟糕。

另一种方法是先逆时针走一圈，然后扔硬币决定下一圈的方向，如果正面朝上，那么继续逆时针走；如果反面朝上，那么就顺时针走。如果你们两个人都遵循这种方法，那么在几圈之内，你们就会有很大几率相遇。

寄希望于你们两个都遵循同样的方法可能有点乐观了，但好在还有一种更好的办法，那就是向蚂蚁学习。

6. 当然了，在某些地方这些时间可能完全不够用。相比起普通的海滩，路易斯安那的河口、加勒比的红树林和挪威的峡湾都会大大拖慢你的脚步。

下面是我会采用的一种方法（如果你和我都困在同一个星球上，千万要记得哦！）

如果你没有任何参考信息，那么随便乱走，在你走过的路线上留下小石头作为标记物，每一个小石头都指向下一个小石头的位置。你每行走一天，就休息三天。定期在石头标记旁记录一下日期。标记方式无所谓，只要前后保持一致就行。你可以在石头上刻上天数，也可以把石头摆成某个数字。

如果你看到某一处的石头标记物记录的时间比你见到过的所有标记物都要新，那么就沿着它的方向走，越快越好。如果你走丢了，找不到对方的路线，那么继续留下你自己的路线。

你不需要直接走到对方的当前位置上，你只需要走到他曾经所在的位置就行了。虽然你们俩还是可能在相互兜圈子，但只要你沿着别人路线走时的速度，比你留下自己行走路线时的速度更快，那么几年或几十年后，你们总会相遇的。

而如果另一个人不这样合作——比如说他就一直坐在原地等你找到他的话——那你就能看到些漂亮的风景了。

轨道速度

ORBITAL SPEED

Q. 在宇宙飞船返回再入大气层时，如果用一个像“好奇号”降落火星表面时所用的“天空起重机”，把飞船的速度降到每小时只有几千米，那是不是就可以不用热防护罩了?

—— 布赖恩

Q. 有没有一种办法可以让飞船在冲入大气层的时候避免压缩大气，这样就不再需要昂贵而又脆弱的外部热防护罩了?

—— 克里斯托弗 · 马洛

Q. 可不可以把一个小火箭（载有货物）提升到一个很高的地方，然后在那里只需要很小的火箭就能达到逃逸速度?

—— 肯尼 · 范德梅勒

A. **这三个问题问的东西本质上是一样的，**而且我在其他几篇文章中也讲到过，不过现在我把它们特别拿出来讲一下：

进入地球轨道之所以困难并不是因为太空太高。

进入轨道很困难是因为你必须达到足够快的速度。

太空并不是像这样：

未按真实比例绘制

太空其实是这样的：

你知道的，按真实比例绘制。

太空大约距离我们有 100 千米远。它确实很遥远——至少我不想爬 100 千米高的梯子——但它又没有想象中的远。如果你在萨克拉门托、西雅图、堪培拉、加尔各答、海得拉巴、金边、开罗、北京、日本中部、斯里兰卡中部或者波特兰，那么你离大海的距离比你离太空的距离还要远。

进入太空[1]很简单。虽然你确实没法开车进入太空，但这并不是一个大问题。仅靠一个电话线杆大小的探空火箭就能把一个人送入太空。要知道美国的 X-15 飞机就是因

1. 这里是指国际空间站或者航天飞机所在的近地轨道。

为飞得非常快，然后机头往上一拉进入太空的[2,3]。

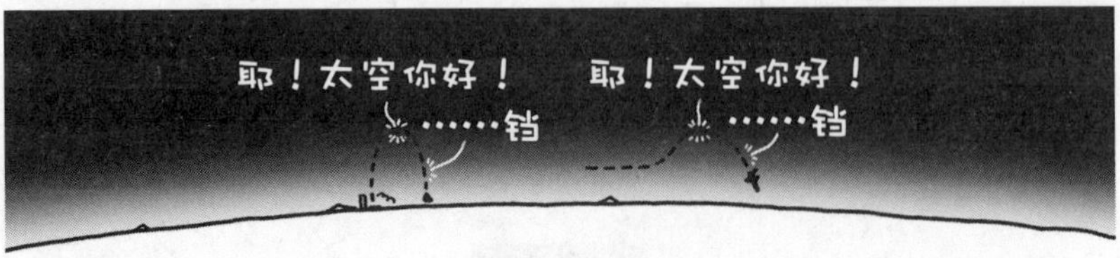

你这是来也匆匆，去也匆匆。

进入太空容易，要留在太空中就没那么简单了。

近地轨道处的地球引力几乎和在地面上一样强。即使是空间站也没能逃离地球引力的魔爪，它受到的引力大小约是在地面上的 90%。

要想不从太空掉回来，你必须要绕地球飞得足够快。

要想保持在绕地轨道的高度你需要达到每秒 8 千米[4] 的速度。火箭的能量只有很少一部分用来将负载带到大气层外，大部分的能量都被用于加速到轨道上侧着走的速度。

于是我们就看到了入轨的重点：达到轨道速度要比进入轨道高度花费多得多的燃料。要想把一艘飞船加速到每秒 8 千米需要许许多多的助推器。达到轨道速度已经很难了，还要携带足够的燃料把速度再降下来根本就是不切实际的。[5]

如此惊人的燃料需求也是为什么飞船在再入大气层时都用热防护罩而不是反推火箭来减速——一头栽入大气层是最可行的减速方式。（至于布赖恩问的那个问题，“好奇号”也是这么减速的，它携带的反推火箭只是在接近地面时才启动，之前已经通过火星大气制动降低了一大部分的速度了。）

>> 那么，每秒 8 千米有多快呢？

我觉得人们之所以会有开头的那些迷惑，是因为在太空中的航天员看起来移动得并不快，他们看起来就像在慢慢飘过一颗蓝色星球。

---

2. X-15 曾两次飞到太空，皆由约瑟夫·沃尔克驾驶。
3. 记得是往上拉机头，而不是往下，否则你就要悲剧了。
4. 如果是在近地轨道较高处的话这个数字会小一些。
5. 指数式增长是火箭科学中的核心问题：速度每秒提升 1 千米，就需要自身质量 ×1.4 千克的燃料。进入轨道要加速到每秒 8 千米，这需要 $1.4^8 \approx 15$ 倍自身重量的燃料。用火箭减速也会面临相同的问题，速度每减少每秒 1 千米，就需要 1.4 倍自身质量的燃料。如果想要减速到零，并轻柔地再入大气层，那么还需要额外的 15 倍自身质量的燃料。

但每秒 8 千米的速度是非常非常非常快的。如果你在日落时仰望天空，有时候你会看到国际空间站从你眼前飞过……然后过了 90 分钟，它又出现了。[6] 也就是说国际空间站在这 90 分钟时间里绕地球飞行了整整一圈。

如果你想和国际空间站比飞行速度的话，假设你在足球场的一端射出一颗来复枪子弹[7]，当国际空间站跑到足球场的另一端时，子弹才刚飞了不到 10 米。[8]

想象一下你以每秒 8 千米的速度在地球表面竞走会是什么样子。

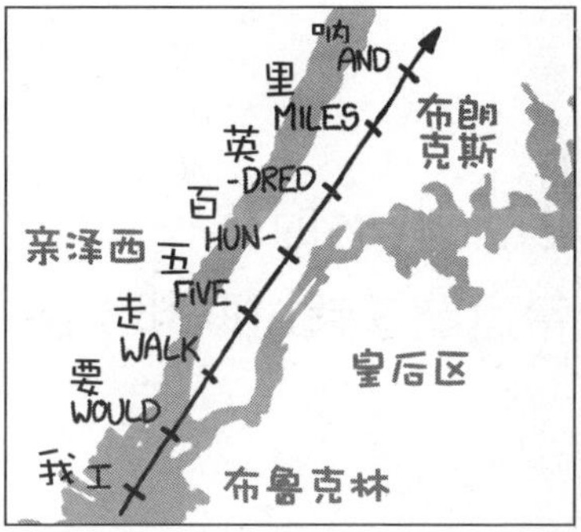

为了让你有更直观的感受，我们不妨以歌曲的节拍来记录时间。[9] 假设你在开始时播放了 1998 年普罗克莱门兄弟演唱的 *I'm Gonna Be(500 Miles)*（我要走五百英里），这首歌每分钟大约有 131.9 拍，所以歌曲每播放一个节拍，你就能走上 2 英里多。

当你唱完歌词的第一行时，你就已经从布朗克斯（纽约最北端）走到了自由女神像那儿了。

相当于你每秒能跑 15 个地铁站。

当你唱完第二行（16 拍）时，你就能够跨越英吉利海峡了。

而这里有一个很神奇的巧合。歌曲一共有 3 分 30 秒长，而国际空间站的速度是每秒 7.66 千米。

这意味着如果国际空间站上的一位宇航员在听这首歌，那么在整首歌唱到最后一行时……

……他刚好跨越了约 1000 英里的距离。

6. 网上有许多软件可以帮你找到国际空间站和其他一些卫星的位置。

7. 足球或橄榄球都行。

8. 这么玩在澳大利亚是被允许的。

9. 心肺复苏也会用歌曲的节拍计算时间，使用的歌曲是 *Stayin' Alive*（活下去）。

联邦快递 VS 互联网

FEDEX BANDWIDTH

Q．什么时候——如果真的可能的话——互联网的传输带宽能够超过联邦快递（FedEx）的带宽?

——约翰·奥布林克

永远不要低估一辆装满磁带在高速公路上飞驰的小货车的传输带宽。

——安德鲁·塔能鲍姆，1981

A．**如果你想传输几百 GB 的数据，那么一般来说用联邦快递把硬盘直接快递过去要比你通过互联网传输更快。**这个想法并不新鲜——它经常被冠以“步行网”（SneakerNet）的名称——这也是谷歌内部传输大量数据的方法。

但它一直能快下去吗?

思科估计目前互联网的总流量约相当于每秒 167TB。联邦快递拥有 654 架飞机组成的机队，每天能够运输 1.2 吨的货物，而笔记本电脑固态硬盘的重量一般是 78 克，容量最高可达 1TB。

这意味着联邦快递每天可以传输 150EB 的数据，换言之它每秒可以传输 14PB——几乎是现在互联网总流量的 100 倍。

如果你不在乎花多少钱，一个 10 千克的鞋盒就能装下许多互联网上的内容。

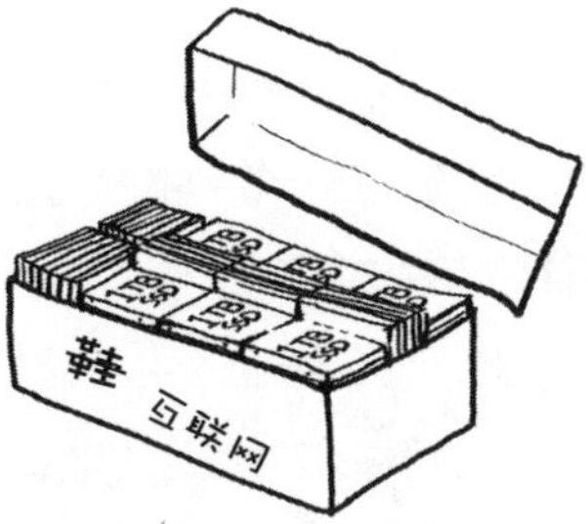

选用 MicroSD 卡还可进一步提高数据的存储密度。

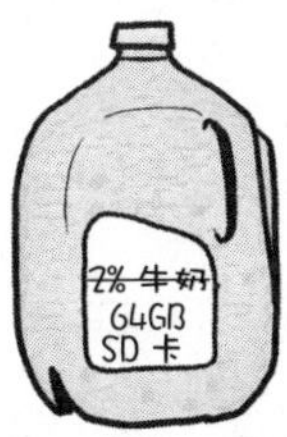

这些指甲盖大小的小薄片的存储密度达每千克 160TB，也就是说满载 MicroSD 卡的联邦快递机队每秒可以运送 177PB（或每天运输 2ZB）的数据——这可是目前互联网流量的 1000 倍。（不过所需的基础设施也相当可观——谷歌需要建一个巨大的厂房来容纳这些处理 SD 卡的机器。）

思科预计互联网流量将以每年 29% 的速度递增，在这个条件下互联网流量将于 2040 年达到联邦快递的运输能力。当然了，到那个时候硬盘上可以放得下的数据也变多了。实际上，唯一能达到联邦快递能力的方式就是使数据传输速率增速远超数据储存速率。坦白说，这看上去有些不现实，因为传输和存储是相辅相成的——从某个地方来的数据总要到另一个地方去——但我们无法准确预计将来的使用情况是否还是如此。

虽然联邦快递在将来的几十年内还是能保持优势，但这不意味着我们没法制造出能够击败他们的新型连接方式。现在已经有每秒能够处理超过 1PB 的光纤束出现了，只要 200 根这样的光纤就能让联邦快递趴下。

如果你足够有钱，雇用美国整个货运行业来为你运送 SD 卡，那么传输速率将达到每秒 500EB（相当于 0.5ZB）。要想在数字世界达到这个速率，你需要 50 万根上述的千万亿位光纤。

所以结论是，如果只考虑原始带宽的话，互联网可能将永远没法击败“步行网”。不过，使用这种近乎无限的带宽的代价是，打游戏时会“享受”8000 万毫秒的延迟。

自由落体

FREE FALL

Q. 在地球上的哪个地方跳下去能让你体验到时间最久的自由落体？如果你穿着翼装跳下去会有什么影响？

—— 达什 · 什里瓦萨

A. **如果仅仅是看垂直落差的话，**加拿大的托尔峰排名第一，它的样子大概是这样的：

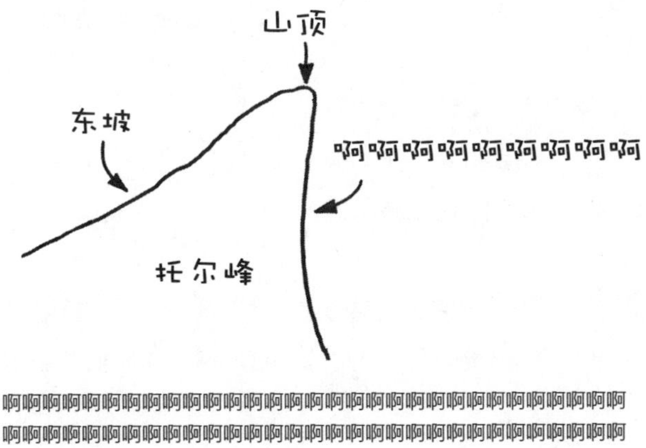

为了让跳崖这件事不那么惊悚，我们不妨在山脚下挖个坑，里面填满了松软的东西，比如棉花糖，这样你就不至于摔死了。

这个方法可行吗？敬请期待《那些古怪又让人忧心的问题》第二卷

如果一个人下落时四肢伸展，那么最终坠落速度会在每秒 55 米上下。要达到这个速度至少要下落几百米的距离，因而要花上 26 秒多一点的时间你才能坠到山脚下。

在这 26 秒你能做些什么呢？

这段时间足够你玩完原版“超级马里奥”的第一关，前提是你时间拿捏精准，并且利用管子抄近道。

这点时间还足够你错过一个电话。斯普林特公司的振铃周期——即打电话转入语音邮箱所需要等待的时间——是 23 秒。[1]

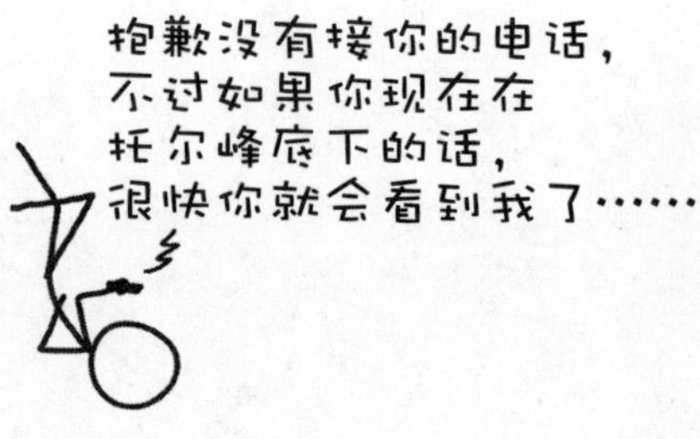

这意味着如果有人打电话给你，而就在你跳下去的那一刻手机铃响了，那么在你坠落到地面 3 秒前电话会转入语音邮箱。

而如果你从爱尔兰 210 米高的莫赫悬崖上往下跳，你只能翱翔约 8 秒的时间——如果上升气流强的话可能还会更久一点儿。这段时间看起来不长，不过里弗·塔姆表示，

1. 相比之下，瓦格纳的歌剧《尼伯龙根的指环》要比它长 2350 倍的时间。

只要有充足的真空吸尘设备，这段时间足够把你全身的血液都抽干。

到目前为止，我们假设的是你是垂直下落，但别忘了你可以不直直下落。

即使不穿戴特殊装置，一个经验丰富的跳伞运动员也能在抵达全速之后以近 45 度的角度滑翔。通过这个技巧，你可以极大地延长下落时间。

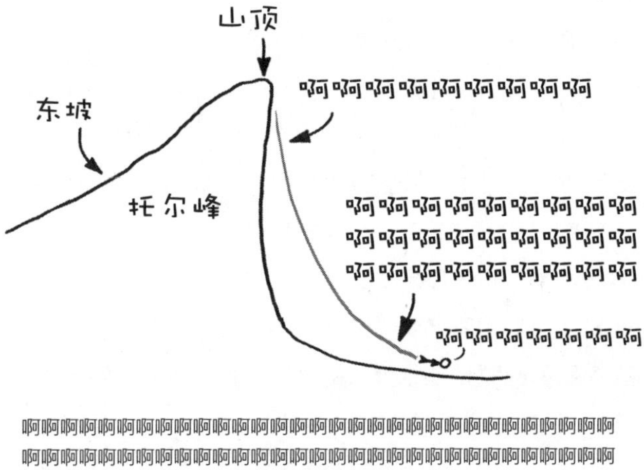

如果你要问水平滑翔距离能达到多大，这还真不好说，要看你穿什么衣服。低空跳伞记录页面上的一条评论是这么说的：

> “不穿翼装的最长下落时间记录很难确定，因为随着更加先进的服装的出现，牛仔裤和翼装之间的区别已经变得很模糊了。”

唔，我们说到了翼装——降落伞裤子和降落伞的中间体。

穿着翼装下落能够极大地减缓垂直下落速度。一名翼装飞行员在论坛上发布了一组翼装飞行的数据，这些数据显示穿着翼装滑翔的下落速度能够降到每秒只有 18 米，比之前的每秒 55 米慢了许多。

即使不算水平滑翔，仅仅是这么低的垂直速度也已经能大大延长坠落时间了。这段时间足够你下完一盘棋，也妥妥地够你听完 REM 的 *It's the End of the World as We Know it* 的第一段，说不定还能听完辣妹组合的 *Wannabe* 最后的 rap 部分——只是可能而已。

（听 *Wannabe* 中……图片中为歌词）

如果我们算上水平滑翔的话，下落的时间就会更长。

有很多山能让你的翼装飞行持续非常久的时间。比如巴基斯坦的南迦帕尔巴特峰有一段落差超过 3000 米的很陡的山坡。（令人惊讶的是翼装在这种高度下居然还能正常使用，不过请自备一个氧气瓶，而且滑翔速度会比正常时更快一些。）

到目前为止，世界上最久的低空翼装跳伞时间纪录由迪恩 · 波特保持。他从瑞士的艾格尔峰上跳下来，在空中飞行了 3 分 20 秒。

在这 3 分 20 秒内你可以干什么?

假设我们招来了乔伊 · 切斯特纳特和小林尊这两位世界顶尖的大胃王。

如果我们能够设法让他们在翼装飞行的时候还能全速吃东西，假如他们从艾格尔峰上跳下来，他们——理论上——能够在落到地面之前吃完 45 个热狗……

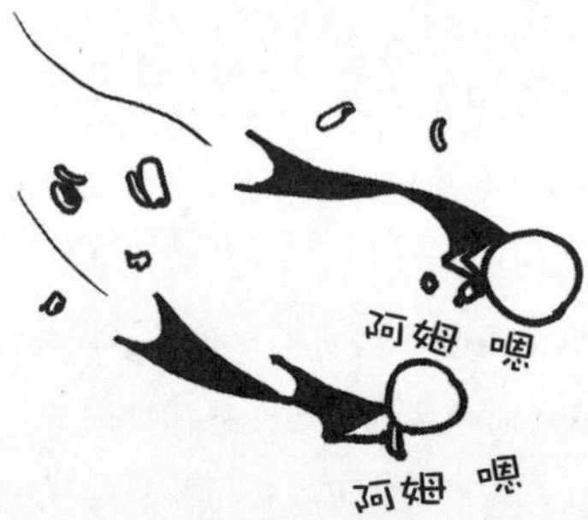

……这样他们就能成为这项可能是最为古怪的世界纪录的共同保持者。

那些古怪而又让人忧心的问题合集九

WEIRD (AND WORRYING) QUESTIONS FROM THE WHAT IF? INBOX, #9

Q. 我可以通过沉入地表游泳池的水面的方法躲过海啸并活下来吗?

——克里斯 · 马斯卡

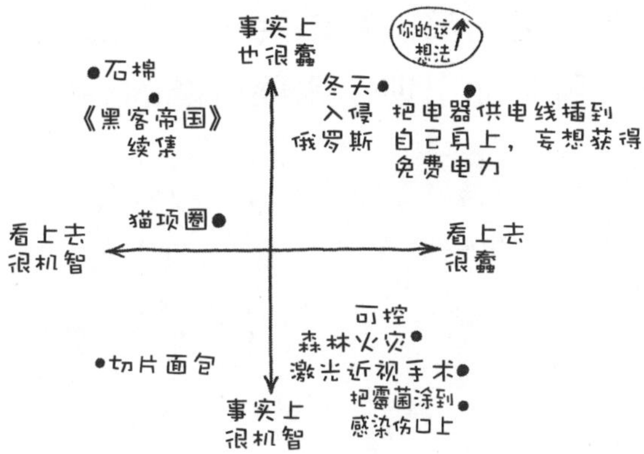

Q. 如果你在自由下坠的过程中降落伞突然失效了，但你有一个质量、张力等都恰到好处的“机灵鬼”螺旋弹簧，如果你把弹簧抛向空中，手握其中一端，通过这种方法能让你活下来吗?

—— 瓦拉达拉金 · 斯里尼瓦桑

斯巴达勇士

SPARTA

Q. 在电影《斯巴达 300 勇士》中，斯巴达勇士朝天空中射箭，看上去阳光都被箭给挡住了。那么在现实生活中这种场景是否可能出现？如果可能的话需要用到多少支箭？

——安娜 · 纽厄尔

A. **要做到这种效果相当困难。**

>> 方法一

长弓射手每分钟能够射出 8~10 支箭。用物理术语来说，一位长弓手就是一个频率为 150 毫赫兹的发箭机。

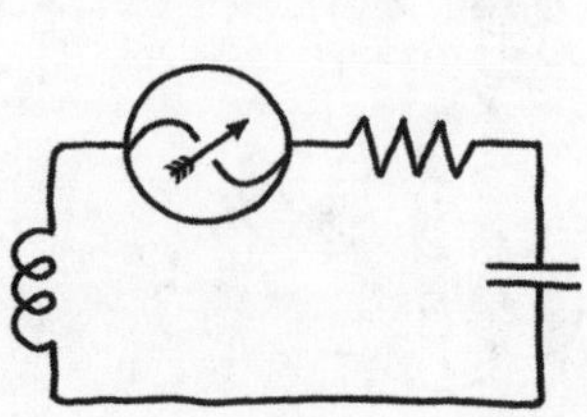

每支箭在空中停留的时间只有几秒。如果在战场上平均每支箭滞空时间为 3 秒的话，那么在任意时刻，仅有一半射手的箭在空中。

每支箭都能挡住约 40 平方厘米的阳光。由于一位射手只有一半的时间箭是在半空中，因而平均每支箭能挡住 20 平方厘米的阳光。

如果射手们站成方阵形状，每一行两人间距半米，两行之间相距 1.5 米，并且一个射击阵列有 20 行（宽 30 米），那么平均每 1 米的宽度……

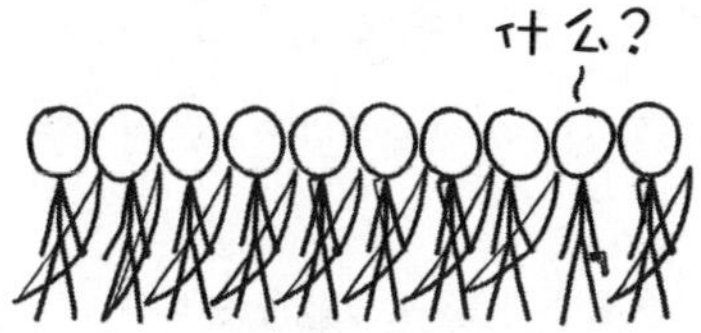

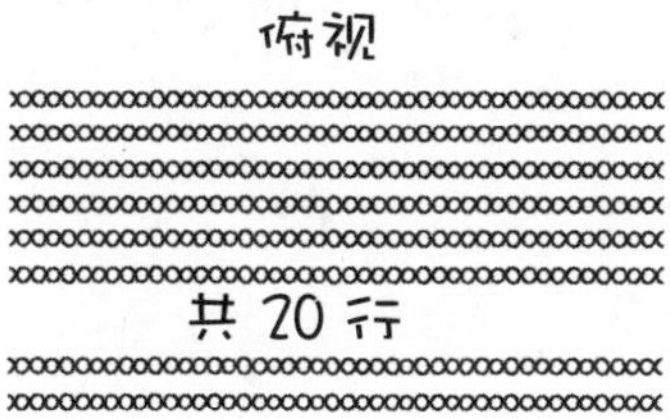

……能有 18 支箭在空中。

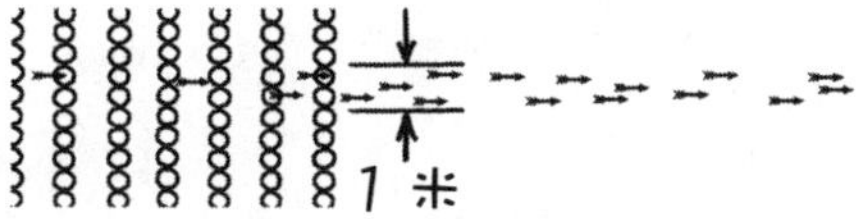

从有效射程以外看 18 支箭只会挡住约 0.1% 的阳光。同志还需努力！

>> 方法二

我们可以让射手们站得更靠近一些。如果他们站得和夜店狂舞区那里一样近，[1] 每平方英尺的人数就可以翻两番。当然，站这么近射起箭来肯定不舒服，但我确定射手

1. 经验法则：每平方米站 1 个人算稀疏人群，而每平方米站 4 个人就跟在夜店狂舞区一样拥挤了。

们一定会想出解决方法来的。

我们可以将射击阵列的宽度增加到 60 米，这样每米就有 130 名射手了。

他们能射多快?

在 2001 年电影《指环王：魔戒远征队》加长版中出现了一个场景，其中一队兽人[2]朝莱戈拉斯猛攻，而莱戈拉斯连续不断地迅速拔箭射击，在兽人冲到他面前之前就一箭一个射倒了这些兽人。

扮演莱戈拉斯的演员奥兰多 · 布鲁姆在现实生活中没法以这么快的速度射箭，其实在拍摄时他只是假装在拉弓射击，并没有搭上箭，观众们看到的箭其实是后期通过特效加上去的。既然在观众看来，莱戈拉斯的飞快速度还没有到物理上不可能的程度，因此我们就以它为限来进行计算。

假设我们能训练出许多像莱戈拉斯那样能在 8 秒内射出 7 支箭的射手。

在这种情况下，我们的射击方阵平均每秒能够射出不可思议的 339 支箭，但即使这样也只能挡住约 1.56% 的阳光。

>> 方法三

我们还是完全放弃手动射箭，转而给这些射手每人都配备一把加特林射箭器。如果他们每分钟能射出 70 支箭，这样每 100 平方米的战场就能射出截面积 110 平方米的箭阵。真是完美!

但这里有个问题。虽然所有的箭加在一起截面积有 100 平方米，但其中有些箭是互相重叠的。

计算一大堆互相重叠的箭覆盖的地面面积百分比的公式为:

$$\left(1-\frac{\text{箭的截面积}}{\text{地面面积}}\right)^{\text{箭的数量}}$$

总截面积 110 平方米的箭只能覆盖三分之二的战场。由于我们的眼睛是以对数形式衡量光的亮度，因而把阳光亮度减弱到三分之一在肉眼看来只是有一点点暗淡，完全达不到“完全遮蔽”的效果。

如果我们把已经不切实际的射箭速度进一步提高，最终还是可以达到完全遮蔽的效

2. 严格来说他们并不是典型的半兽人，而是强兽人。强兽人的准确起源和特性有些难以捉摸。托尔金曾表示他们是人和半兽人杂交而成，但在发布于《失去的传说》上的更早的草稿中，托尔金表示强兽人生于“地球泥沼和地下热量之中”。导演彼得 • 杰克逊在翻拍时机智地选择了后者作为呈现在银幕上的内容。

果。如果加特林射箭器每秒能够射出 300 支箭，那么它就能阻断战场上空 99% 的阳光。

但其实还有更简单的办法。

>> 方法四

之前我们进行的计算隐含了一个条件，那就是太阳在我们的正上方。在电影中当然是这样，不过也许那句著名的夸口说的是凌晨进攻的计划。

如果太阳刚从东边的地平线上升起，而射手们向北射箭的话，阳光必须要穿过整个“箭云”才能抵达地面，这样的遮蔽效果会是之前的几千倍。

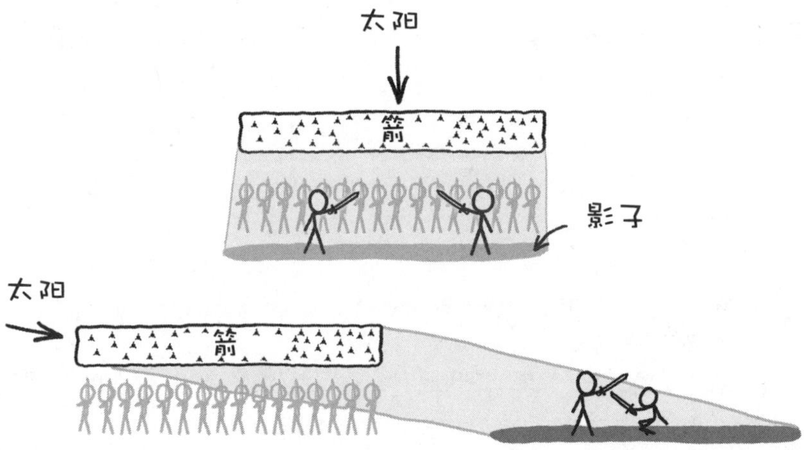

当然了，要是这样射箭的话，就别指望它们落在敌军附近了。可是问题里说的是射出的箭挡住了太阳，他们并没有说要不要击中任何人。

而且谁知道呢，也许面对合适的敌人，只需要挡住阳光就足够了。

把海水抽干

DRAIN THE OCEANS

Q. 如果在海底最深处——挑战者深渊——挖一个半径 10 米且通向太空的圆形传送门，那么海水会以多快的速度漏出去？海水一点点被抽干了，地球又是怎样一番景象呢？

—— 特德 · M

A. **首先说一点。**

我粗略地估算了下，如果航空母舰沉没了而且又恰好卡在这个排水口，那么洞口处的压强足以轻松将其折断，然后把它吸进去。哈哈哈哈！

那你要把洞的另一头放在那里呢？如果它太靠近地球，那么海水又会掉回大气层。在海水下落的过程中，它的温度会不断升高，然后变成水蒸气，而水蒸气最后又会冷凝成雨，最后还是会落回海洋。只是在这个过程中，对大气层的能量输入足以彻底搅乱地球的气候，这还没考虑高空巨量水蒸气带来的后果呢。

所以我们得把洞的另一头放得远一点——比如放到火星上。（其实我很想把它放到“好奇号”火星探测器上面，这样我们就终于能有火星存在液态水的确切证据了！）

那地球上会发生什么变化呢?

变化不大。事实上要等上几十万年海水才会全部漏完。

虽然这个洞比篮球场还宽，而且海水将以极高的速度从这个洞流出去，但是记住海水是非常非常多的。一开始，海平面每天下降的高度不会超过 1 厘米。

而且海面上还不会出现酷炫的漩涡——因为洞太小了，大海太深了。（这也是为什么浴缸里的水在刚开始流出去时不会产生漩涡，至少要等一半的水流出去时才会有。）

但不妨假设为了让水漏得更快些，我们丧心病狂地挖了更多的洞。[1]

然后我们来看看世界地图会发生怎样的变化。

一开始看起来是这样的:

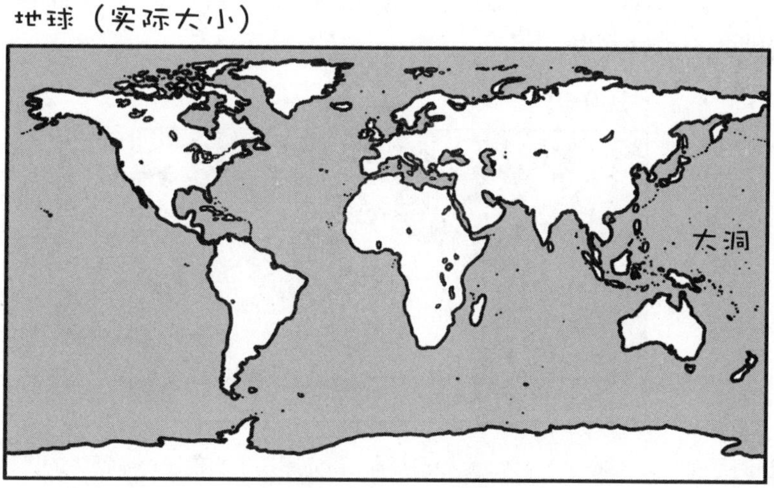

方格投影图（参考：xkcd.com/977）

1. 记得每隔几天清理一下滤鲸网。

这是海平面下降 50 米时的景象：

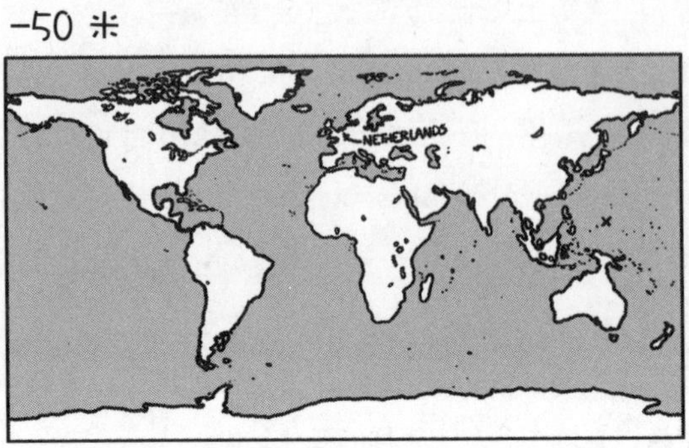

这两张图看起来挺相似的，但其实还是有些区别的。斯里兰卡、新几内亚、英国、爪哇岛、婆罗洲现在和它们的邻国有陆地连通了。

阻挡海洋 2000 年后，荷兰终于高出海平面，变成旱地了。没有了灾难性洪水的持续威胁，荷兰人终于可以把精力放在向外扩张上了，于是他们立即倾巢而出，对新暴露出来的土地宣示主权。

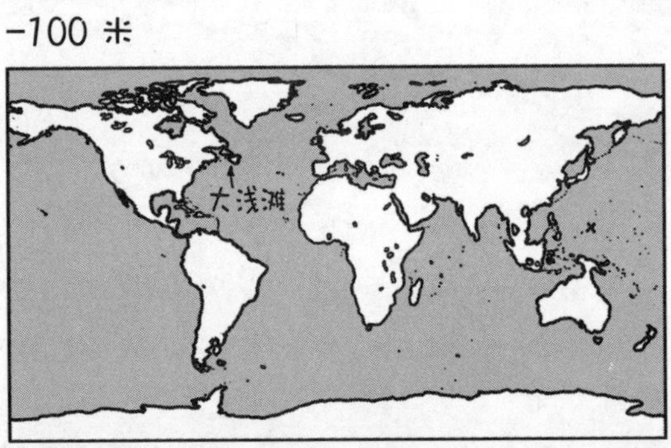

当海平面下降 100 米后，加拿大新斯科舍省海岸边上出现了一个巨大的岛屿，而之前这里还是大浅滩。

你可能注意到了一些不同寻常的地方：并非所有的海洋都在缩小。比如说黑海在缩小了一点点之后就不再变小了。

这是因为这些水体不再与海洋相连。随着水平面的下降，一些盆地露了出来，切断了它之中的水与大海的联系。流出这些盆地的水可能会“挖”出一条比盆地更深的海峡，这样水就能继续流出去了，不过这取决于海床的构造。但大多数盆地里的水就这样被大陆给围住了，也就不会再流出去了。

-200 米

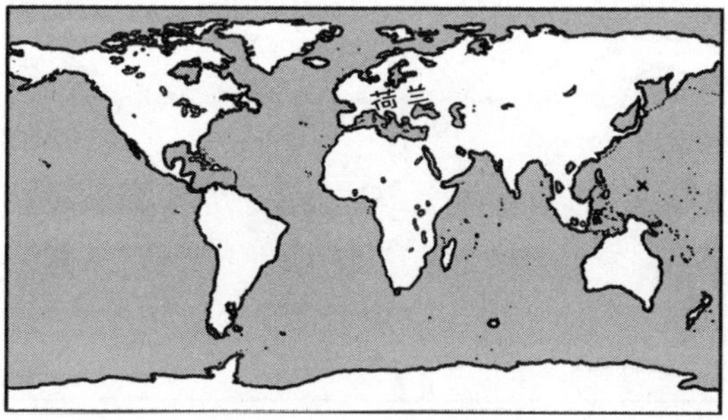

当海平面下降 200 米时，世界地图看上去就有些奇怪了。新的岛屿不断出现，印度尼西亚连成了一大坨，荷兰人控制了欧洲大半地区。

-500 米

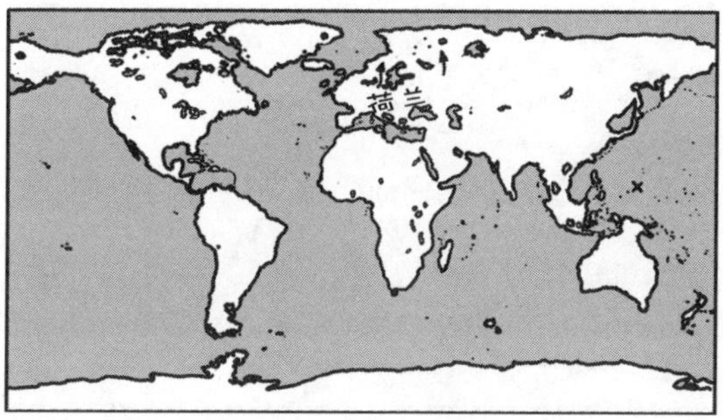

日本现在成了连接朝鲜半岛和俄罗斯的地峡。新西兰又新添了一些岛屿。荷兰人继续向北扩张。

-1000 米

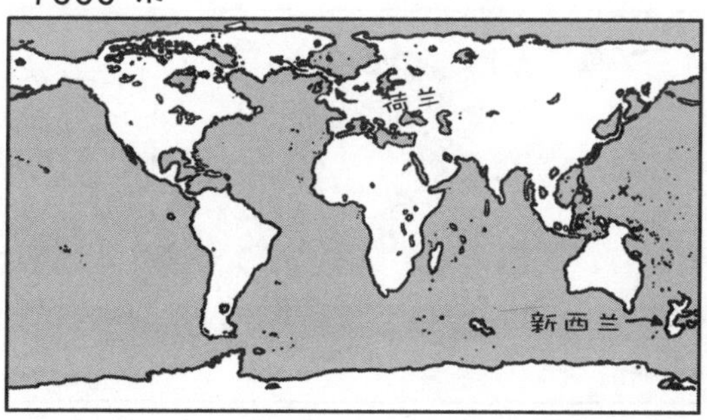

新西兰变得越来越大了。北冰洋已经孤立，水位也不再下降。荷兰人跨过新形成的大陆桥来到了北美。

-2000 米

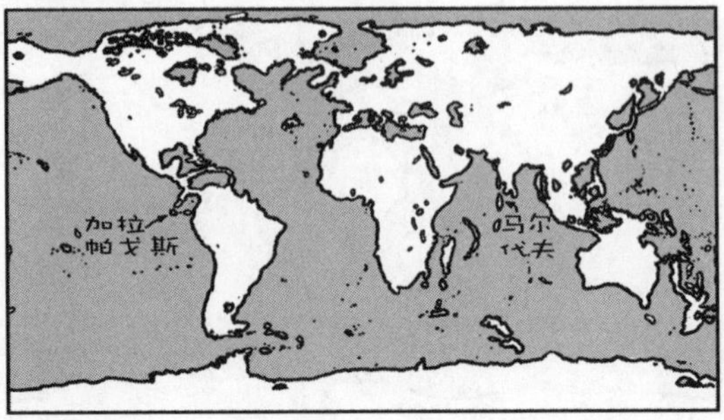

海平面已经下降了 2000 米了。新的岛屿左一个右一个地冒了出来。加勒比海和墨西哥湾马上就要与大西洋分离开来了。我不知道新西兰在干啥。

-3000 米

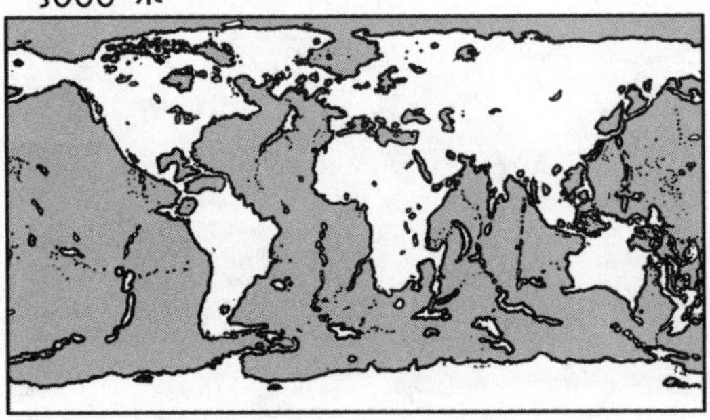

当海平面下降 3000 米时，许多洋中脊的顶峰——洋中脊是世界上最长的山脉——开始露出水面。许许多多长条形的新大陆开始出现。

-5000 米

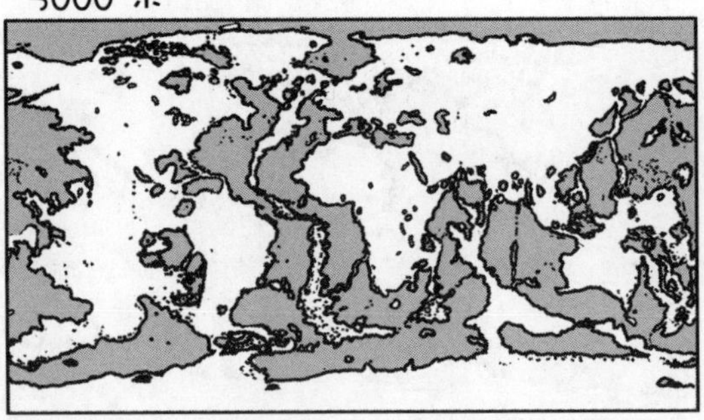

到现在为止，世界上大部分的海洋彼此之间已经不再连通了，排水孔也渐渐地没有水了。至于新出现的内海的准确位置和大小很难预测，上图只是一个大概的估计。

漏完了

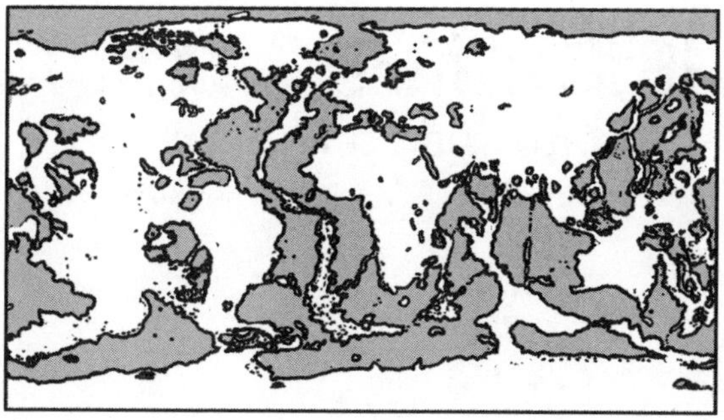

上面这张图就是能流的水都流完后世界地图的样子。现在还是有许多水没流走，虽然大部分都是非常浅的浅水，但还是有深达四五千米的海沟。

抽空海洋一半的海水会对气候和生态系统造成无法估计的影响，但可以肯定的是生态圈会崩溃，大量物种会灭绝。

我们人类还是有可能幸存下来的，但我们将不得不直面这样的景象：

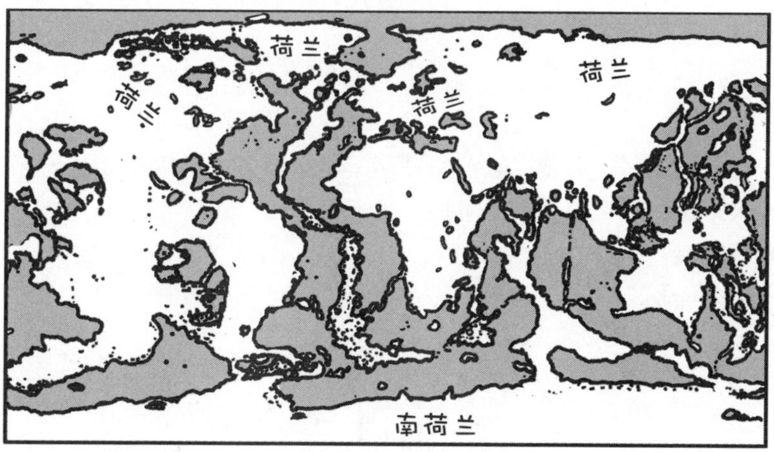

把海水抽干（续集）

DRAIN THE OCEANS: PART II

Q. 如果你像上一期里所说的那样把海水都抽走，浇到“好奇号”火星探测器上，那么随着浇的水越来越多，火星会发生什么变化?

——伊恩

A. 在前一篇文章中，我们在马里亚纳海沟底部开了个洞，海水可以从那个洞流走。

至于要把海水抽到哪里去这个问题，我随手就选了火星，因为“好奇号”探测器一直在苦苦寻找火星上有水存在的证据，所以我想把海水抽到火星上应该能让“好奇号”轻松一点吧……

“好奇号”目前在火星一处叫作盖尔陨石坑的低洼地上，洼地的中间有一座小山，人们喜欢叫它“夏普山”。

火星上其实有很多水，但问题是它们都是以固态形式存在的。液态水在火星上维持不了太长时间，不是因为那儿温度太低，就是因为那儿空气太稀薄。

如果你在火星上泼一杯温水，它会先沸腾，然后结冰，最后升华，而这三个过程几乎是同时发生的。看上去在火星上水似乎觉得除了液态怎么着都行。

可问题是我们在以极快的速度往火星上灌水（而且水温都在零上若干摄氏度），因而水没有时间结冰、沸腾或升华。如果你的传送门足够大，涌进来的水会把盖尔陨石坑填成一个大湖，就跟在地球上一样。我们可以用美国地质勘探局发布的很赞的火星地形图来记录水位上涨的过程。

一开始盖尔陨石坑是这样的：

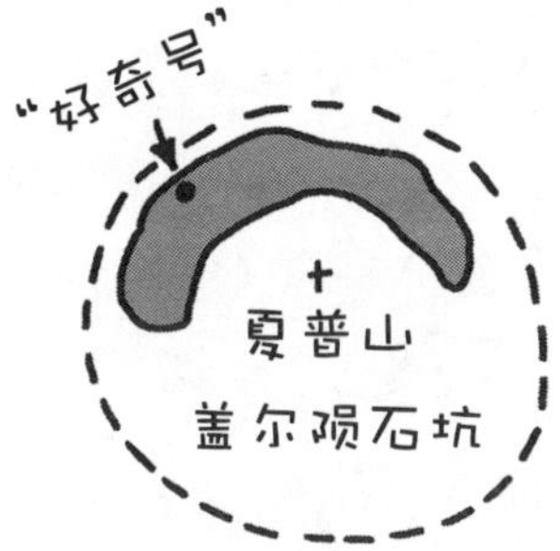

随着越来越多的水涌进来，很快“好奇号”就被淹没在几百米深的水下：

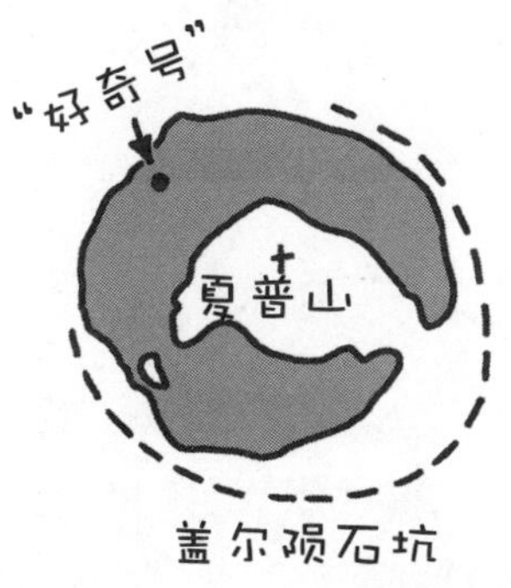

最终，夏普山变成了一个小岛：在水位没过夏普山之前，海水就会先从陨石坑的

北边流出去，然后蔓延至整个沙地。

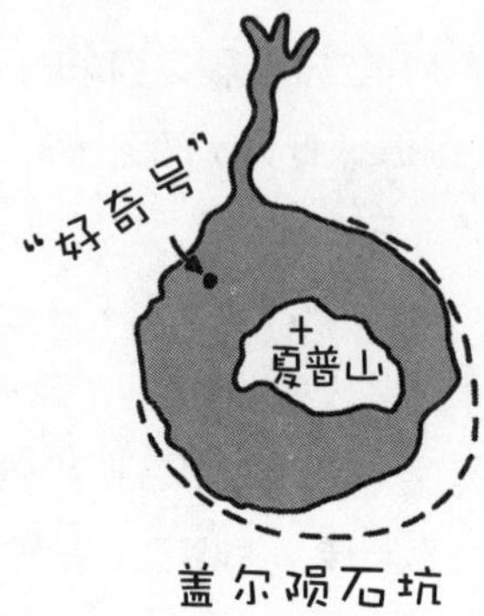

有证据表明，由于火星表面时不时会有热浪产生，火星土壤中的冰会时不时地融化，并像液体一样发生流动。这种情况发生时，涓涓细流走不了多远就会蒸发完。不过别忘了我们手上可是有大把大把的海水的。

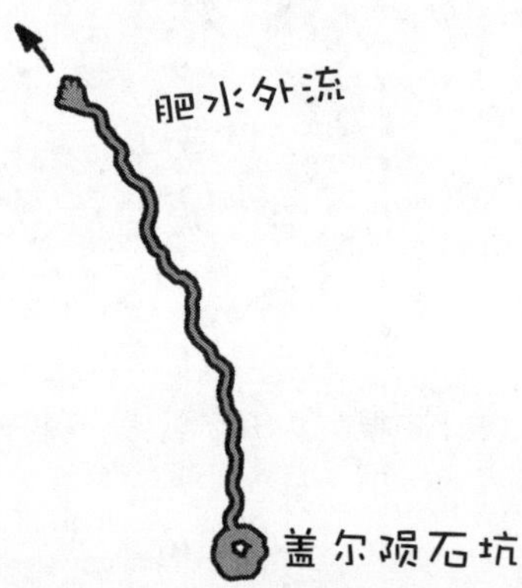

海水开始灌进北极盆地：

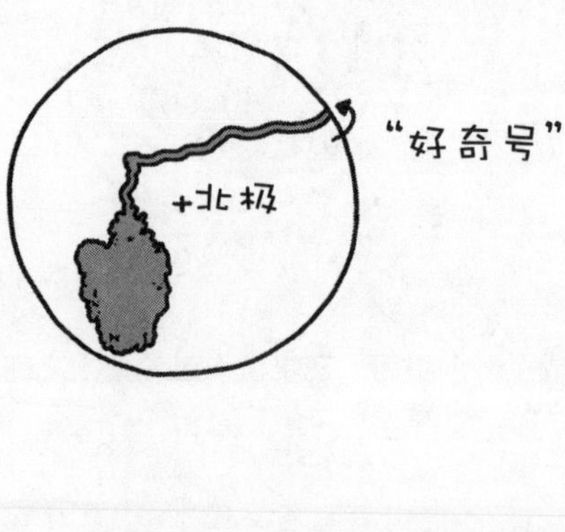

慢慢地海水会填满整个盆地：

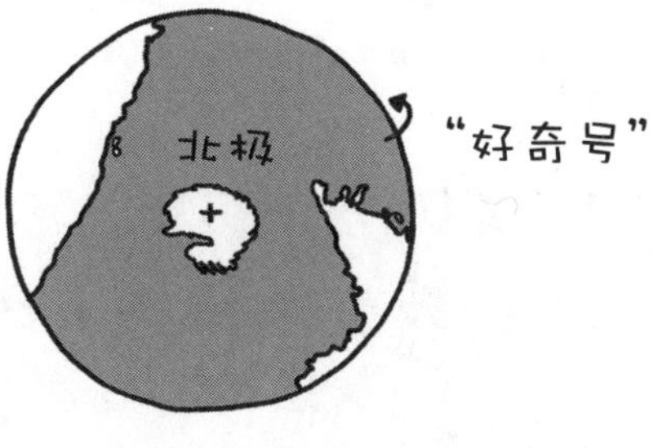

不过如果我们在火星赤道地区（有好多火山）看的话，其实还是有许多陆地离海水很远的：

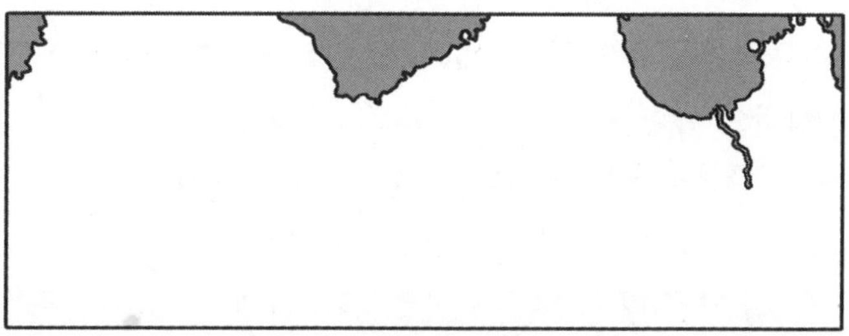

墨卡托投影图，不包括极点

坦白来说，我觉得这张地图有点无聊：没有太大的变化，有的只是上面的陆地，还有海洋。

差评！

可是我们手头上的海水还远远没用完呢。虽然在上篇的结尾处，地球从地图上看上去还有许多蓝色的地方，但它们都十分浅，大部分的海水已经不翼而飞了。

而火星又比地球小很多，因而同样体积的海水会形成更深的海洋。

此时此刻，海水漫进了水手号谷，并形成了许多不同寻常的海岸线。这张图看起来就有趣多了，但大峡谷附近地区的形状有些奇怪。

海水现在刚好淹没“勇气号”和“机遇号”。最终它会涌入海勒斯陨石坑，火星上的最低点就在这个陨石坑里。

在我看来，剩下的地图变得越来越好看了。

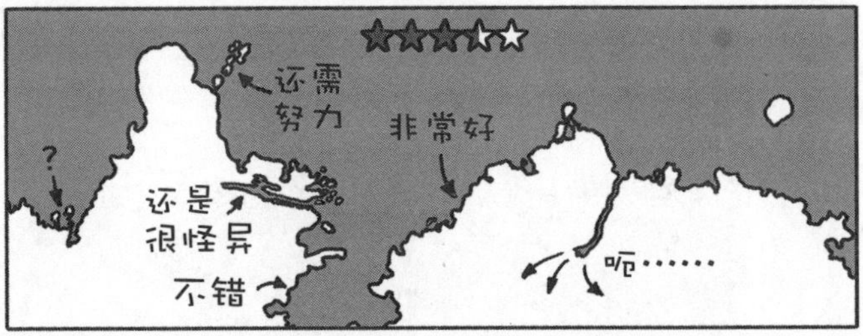

随着水位继续给力地上涨，现在地图上只剩少数几座大岛(还有数不清的小岛)了。

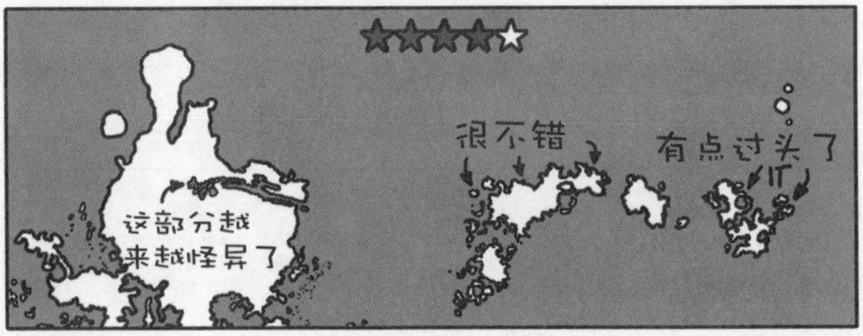

海水很快就淹没了绝大多数的高原，现在只剩为数不多的几个小岛了。

最后，我们断水了！因为地球上的海洋都已经干了……

现在让我们仔细看看这些主要的岛屿：

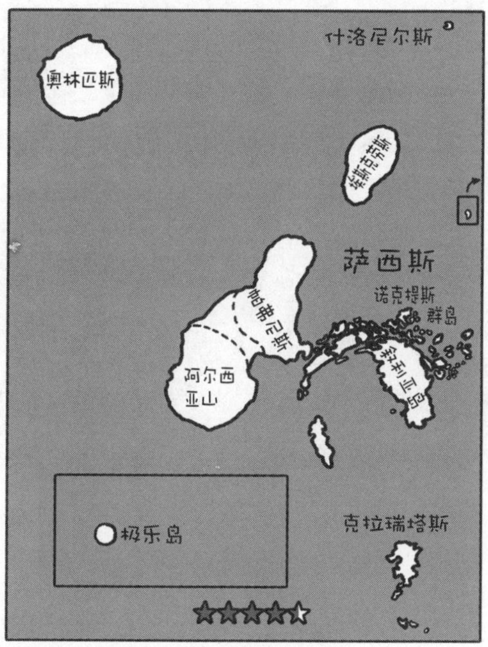

所有火星探测器都已经被淹了

奥林帕斯山和其他一些火山依然坚挺地露出了水面。令人惊讶的是，它们离被淹没还远着呢。奥林帕斯山比新的海平面高出 10 千米以上，火星上还是有巨型山脉的。

这些惊人的岛屿是海水涌入诺克提斯迷宫（注：火星上位于水手号谷和塔尔西斯之间的区域，因其类似迷宫、深而陡峭的峡谷而得名）的产物，这些奇形怪状的峡谷围成了一个找不到起点的诡异迷宫。

但火星上的这个海洋不会存在太长时间。在消失前，火星上可能出现短暂的温室效应，但说到底火星还是太冷了。最终海洋会彻底结冰，然后被灰尘覆盖，然后逐渐移动到极点成为永久冻土。

这个过程要花很长很长时间。不过一旦真的变成这样了，火星会变得更加有趣。

考虑到跨越两个星球的传送门运输系统已经有现成的了，那么以下结果就是不可避免的了：

论 Twitter 的无穷性

TWITTER

Q. 世界上有多少独一无二的英语推文(Twitter 状态)?如果全世界人民把它们都读出来要花多少时间?

——埃里克 · H

在遥远的北方有一个叫斯维斯约德(Svithjod)的地方,那里有一块大石头,它有 100 英里长,100 英里高。每一千年都有一只小鸟来到这块巨石前,用石头磨砺自己的喙。当石头就这样被磨掉之后,永恒终才过了一天。

——亨德里克 · W. 房龙

A. **推文只能有 140 个字符。**而英语中有 26 个字母——如果你把空格也算进去的话是 27 个。如果利用这些字母,那么就有 $27^{140} \approx 10^{200}$ 种可能的字符串。

但是在推文中你不止可以使用这些字符,所有的 Unicode 字符你都可以使用,而这加起来有超过 100 万个不同的字符。Twitter 里 Unicode 字符算多少字的算法很复杂,但可能的字符串个数仍然高达 10^{800} 种。

当然了，这些字符串中大多数都是毫无意义的多语种混搭，即使你把可使用的字符限定在 26 个英语字母中，也是充斥着像“ptikobj”这样无意义的词。但埃里克提的问题是用英语表达一些有意义的内容，那么有多少种可能性呢？

这个问题有点棘手。你的第一直觉大概是只允许使用英语里有的词。接下来你可能想把范围限制在合乎语法的句子里。

但这里有陷阱。比如说，如果你的名字正好是 Mxyztplk 的话，“Hi, I'm Mxyztplk”这句话在语法上就没问题。（说起来，就算你撒谎了，你的名字不是这个，这句话在语法上依然成立呀。）所以一个显然的问题就是，你不能把所有以 "Hi, I'm ..." 开头的字符串当作一个独立的句子。对于一个普通的说英语的人来说，"Hi, I'm Mxyztplk" 和 "Hi, I'm Mxzkqklt" 简直没有任何区别，因而它们不能被重复计数。但是 "Hi, I'm xPoKeFaNx" 这句话与之前那两句话是一眼就能看出不同的，哪怕“xPoKeFaNx”也无论如何不可能是一个英语单词。

所以我们用来衡量差异性的办法不管用了。所幸还有更好的办法。

假设存在一种语言，它只有两个可用的句子，并且每条推文必须是这两个句子中的一句。这两个句子分别是：

· “5 号通道有一匹马。”

· “我的屋子里都是陷阱。”

那么 Twitter 上看起来会是这个样子的：

这些消息看上去很长，但其中每一条的信息量只有一点——你所得知的只是某人选择发那条关于马的消息还是关于房子的消息。这本质上就是要么 1 要么 0。虽然字母有许多，但对于一个看懂了语言模式的读者来说，这个语言的每一句话只含有 1 比特的信息。

这个例子蕴含了一个十分深刻的思想，那就是：信息，是与接收者对于信息内容的不确定性以及他们提前预测的能力息息相关的。[1]

克劳德·香农——他几乎是以一己之力发明了现代信息理论——对于衡量一种语言的信息量有一个十分巧妙的方法。他给一组一组的受试者看普通的英语句子，只不过这些句子被随机在一个地方切断，然后他要求受试者猜出下一个出现的字母是什么。

它威胁用信息把我们村子淹没！

根据猜对的频率——以及严谨的数学分析——香农发现普通的写下来的英语句子的信息量是每个字母 1~1.2 比特。这意味着一个好的压缩算法能够把 ASCII 格式的英语文本——这种文本每一个字符占 8 比特——压缩到原来大小的八分之一。事实上，如果你用一款不错的压缩软件压缩一本 txt 电子书，你会发现结果基本上就是如此。

如果一段文本包含了 n 比特的信息，那么某种意义上来说这意味着它可以传达 2^n 种不同的信息。这里用到了一些数学技巧（譬如，信息的长度以及“唯一解距离”这个概念），但我们至少可以知道所有有意义的推文的数量级在 $2^{(140\times1.1)}\approx2\times10^{46}$ 附近，而非之前所说的 10^{200} 或 10^{800}。

那么全世界的人把这些都读出来要花多长时间呢？

---

1. 同时也隐约地暗示出五号通道有一匹马。

朗读 2×10^{46} 条推文大概需要一个人 10^{47} 秒的时间，因而朗读完所有推文所需的时间大得惊人，以至于你可以不用纠结是让一个人去读还是让十亿人去读——因为不管是前者还是后者，在地球的有生之年里都不可能读完。

所以还是让我们回到那个鸟儿在石头上磨喙的故事吧。假设这只鸟每一千年都会磨掉一小片石头，在它离去的时候会把磨下来的这点儿尘埃颗粒带走。（一只正常的鸟儿磨掉的喙的量恐怕要比它能带走的石头量要多的，不过在现在这种情形下没有什么东西能用正常的思维来衡量，所以就先不管它，接着往下看吧。）

我们不妨假设你每天有 16 小时在大声朗读推文，而在你身后每一千年都有一只小鸟前来磨掉 100 英里长的山的微不足道的一小块尘埃。

当最终山被磨平时，永恒才刚过了第一天。

然后这座山又再次出现，然后这个循环继续进行，然后过了永恒的第二天。如此往复 365 个永恒日——每一个都有 10^{32} 年这么长——然后一个永恒年才过去。

那只小鸟在 100 个永恒年里磨掉了 36500 座山，然后一个永恒世纪过去了。

但一个世纪还不够呢，一个千年还是不够。

读完所有的推文要花掉你一万个永恒年。

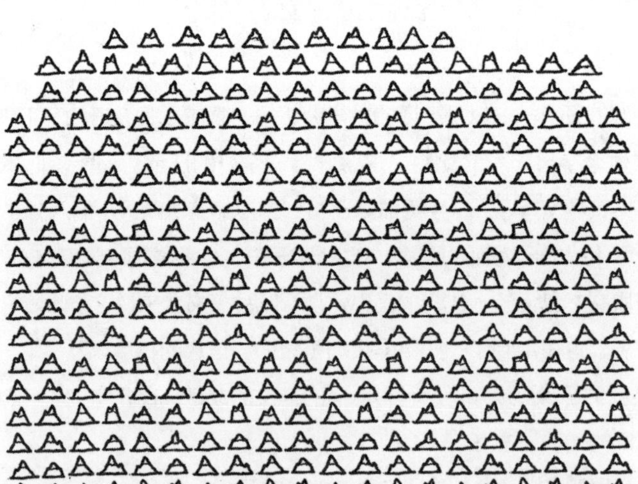

这段时间足够你旁观一遍从书写的发明一直到现在的人类的全史了，并且那只小鸟每磨掉一座山，你这里才刚过了一天。

140 个字符看起来不是很多，不过我们是永远不会无话可说的。

乐高大桥

LEGO BRIDGE

Q. 要想用乐高积木搭一座连接纽约和伦敦的大桥需要多少积木？已经生产出来的乐高积木数量够建造这么一座大桥吗？

——杰瑞·彼得森

A. **野心先不要这么大。**

>> 连接两座城市

全世界当然有足够连接纽约和伦敦的 Lego[1] 积木。如果用 LEGO[2]“单体”来作为衡量标准的话，纽约和伦敦相距 7 亿块单体。这意味着如果你像这样搭积木……

1. 尽管乐高积木的狂热爱好者会指出商标应该写作“LEGO”。
2. 其实乐高集团官方要求写成“LEGO®”。

……则会需要 3.5 亿块积木。不过造出来的桥连自身的完整性都不能保证，而且任何比 LEGO®[3] 小人大的东西都放不上去。但这是一个很不错的开头。

全世界已经生产出来的 Lego[4] 积木超过 4000 亿块，但其中又有多少是可以拿来建造这座乐高大桥的砖块，又有多少是丢失在地毯当中的乐高小人护目镜呢?

假设我们用的是最普通的 2×4 LeGo[5] 积木。

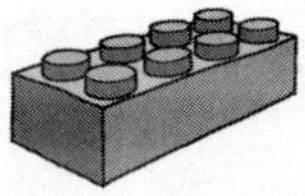

丹 · 博格是一位 Lego[6] 套装档案保管员，同时也是 Peeron.com 乐高数据网站的运营专员，用他整理出来的数据我粗略估计了一下：每 50~100 块乐高积木中就有一块 2×4 的长方形积木。这意味着全世界一共有 50 亿 ~100 亿块 2×4 乐高积木，这些积木足够建造我们那个一块积木宽的乐高大桥了。

>> 承载汽车

当然了，如果我们想让正常的汽车能够开上乐高大桥，那么大桥需要变得更宽一些。

我们可能还想让乐高大桥浮起来。大西洋很深，所以我们希望尽可能别建造一个 5 千米高的乐高桥塔。

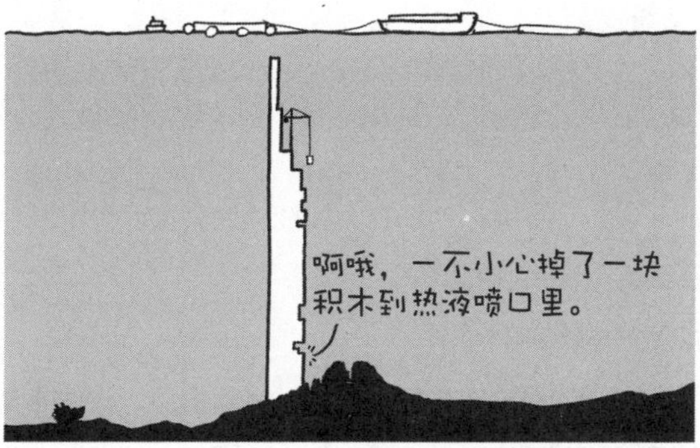

3. 不过作者就没有法律义务把商标符号也写上去。维基百科样式指南授意写成“Lego”。

4. 维基百科上的写法也是争议重重。人们激烈讨论了好几页，其中还包括了许多没有法律依据的违法警告。人们还就是否要用斜体而争论不休。

5. 好吧，没人会这么写。

6. 这样还行。

一块块拼起来的乐高积木并不具有防水性[7]，而且制作乐高积木的塑料密度大于水。这个问题很好解决：我们在外表面涂一层密封材料，这样整个积木块的密度就比水小了。

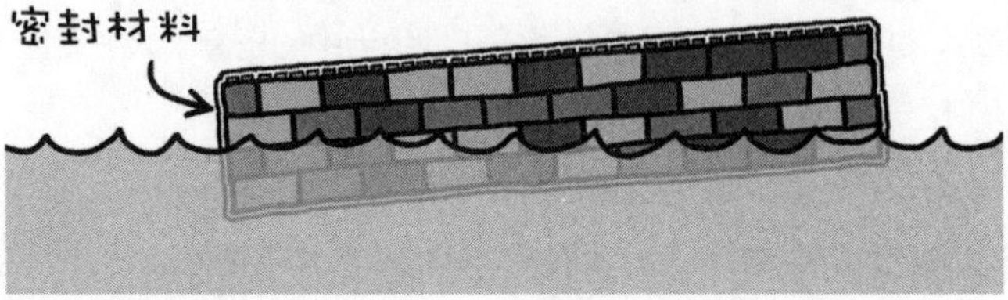

每排开 1 立方米的水，我们的乐高大桥能够浮起 400 千克的物体。一辆普通的私家车质量接近 2000 千克，所以每开上去一辆车，乐高大桥的体积就至少要增加 10 立方米。

如果我们造出 1 米厚 5 米宽的大桥，它自身浮在水面上应该没什么问题——虽然突出海平面只有一点点距离——汽车开在上面也会很稳当。

Legos[8] 积木强度非常高。根据英国广播公司（BBC）的研究结果，如果你把 2×2 的乐高积木一块一块往上叠，需要叠 25 万块积木才能让最下面那块积木崩溃。[9]

这种想法遇到的第一个问题是世界上没有足够的乐高积木来建造出这种样式的乐高大桥。第二个问题和海洋有关。

>> 极大的力

北大西洋风暴频发，也许我们的乐高大桥能够避开墨西哥湾流中快速移动的那部分，但它仍然会受到强风和大浪的冲击。

我们的大桥能造得多结实？

好在有南昆士兰大学的研究人员特里斯坦·洛斯塔奇，我们能够获取某些种类乐高连接件的抗拉强度。和英国广播公司得出的结果相似，他们得出的结论也是乐高积木非常结实。

7. 引用：我曾经用乐高积木搭了一艘船，我把它放在水里，然后它就沉了。:(

8. 我觉得我要因此收到许多愤怒的投诉邮件了。

9. 也许那天没什么好新闻。

最佳的设计是把又长又薄的盘片互相重叠放在一起：

这样的设计结构强度非常高——抗拉强度和混凝土有得一比——但还是远远不够用。大风、海浪和洋流会把大桥的中部往一个方向推，在桥身中产生出极大的拉力。

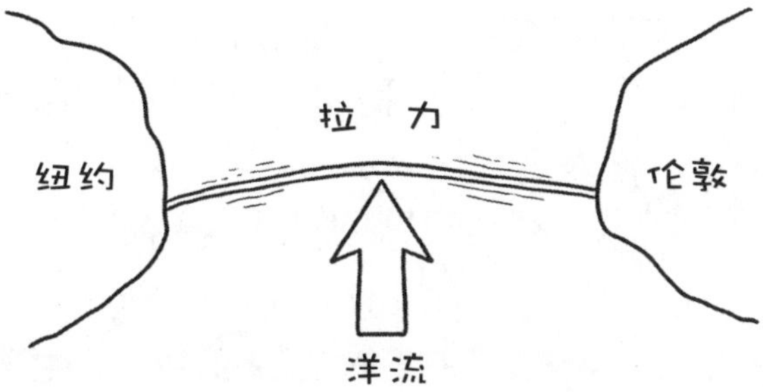

解决这个问题的传统方法是把桥身锚定在地面上，这样桥体就不会往一个方向漂出太远的距离。如果我们还允许用绳索来建造乐高大桥，[10] 我们就可以用绳索把巨大的桥身锚定在海床上。[11]

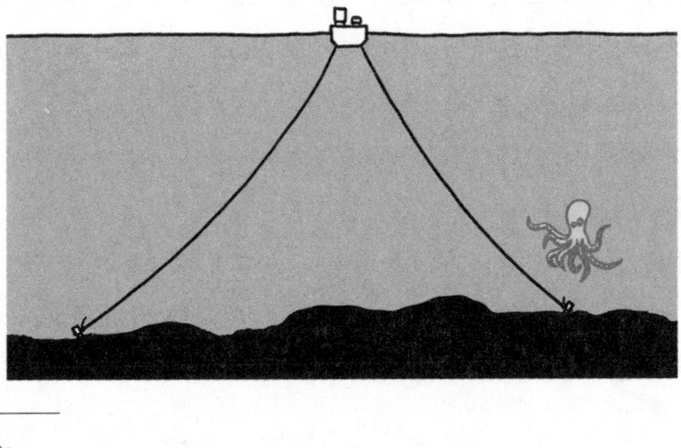

10. 还有密封材料。

11. 如果我们只能用乐高组件的话，可以用那些包括小尼龙绳的套装。

但问题还没解决呢。一座 5 米宽的桥或许可以在平静的小池塘里浮起一辆汽车，但我们的乐高大桥需要在大风大浪的情况下仍然保持位于大浪上方。开阔海面上普通的浪高可达数米，因而我们需要让桥面浮在离水面至少 4 米的地方。

我们可以通过增加气囊和空心腔体来增加整体的浮力，但这样一来我们需要加宽桥面，否则它就会翻转倾覆。这意味着我们需要动用更多的锚，锚上还要绑上浮筒以防止沉下去。增加的浮筒会增大阻力，会在绳索中产生更大的应力，把整个桥体往下拉，这样一来我们又需要更多的浮筒……

>> 海床

如果我们打算把大桥建造在海床上，那么会面临许多问题。在巨大的压强下，气囊完全无法张开，因而整个结构必须要承载自身的重量。要解决洋流冲击带来的问题，我们需要把桥造得更宽。于是最后我们相当于造了一条铺道出来。

这样的一个副作用是北大西洋洋流将会被阻断，气候科学家表示由此引起的后果“很有可能是很糟糕的”。[12]

此外，我们的大桥还会穿过大西洋中脊上方。大西洋海床正在从中间的一条裂缝向两边延伸，速度大约是每 112 天移动 1 块乐高积木的距离。因而我们需要在桥身上设置伸缩缝，或者频繁地去大洋中间添加几块积木。

12. 他们会继续问道：“等等，你刚说你打算造什么来着？”以及“你是怎么进来的？”

>> 造价

乐高积木由 ABS 塑料制成，在写这篇文章时这种材料的成本约为每千克 1 美元。即使我们使用最简单的设计方案，就是那个用几千米长的铁索的那个方案，[13] 也要花费至少 5 万亿美元。

考虑一下：伦敦整个地产市场的价值也就 2.1 万亿美元，跨大西洋海运的价格约为每吨 30 美元。

这意味着把大桥的总造价里拿出一部分就够买下伦敦所有的地产，并且还剩下足够多的钱把这些地产一块一块全部海运到纽约。然后我们可以在纽约港一座新的小岛上再把这些房子一块一块地原样拼回去，之后再在两个“城市”间用一个简单无比的乐高大桥连接起来。

剩下的钱没准还够买一个很赞的乐高千年隼号战舰套装。

13. 我最喜欢的《老友记》剧集。

最长的落日

GLOBAL WINDSTORM

Q. 假设你遵守交通法规不超速驾驶，并且在铺有路面的道路上行驶，那么你能观赏到的最长日落会持续多久？

—— 迈克尔 · 伯格

A. 要回答这个问题，首先我们要确定什么叫“日落”。

这算是一个日落：

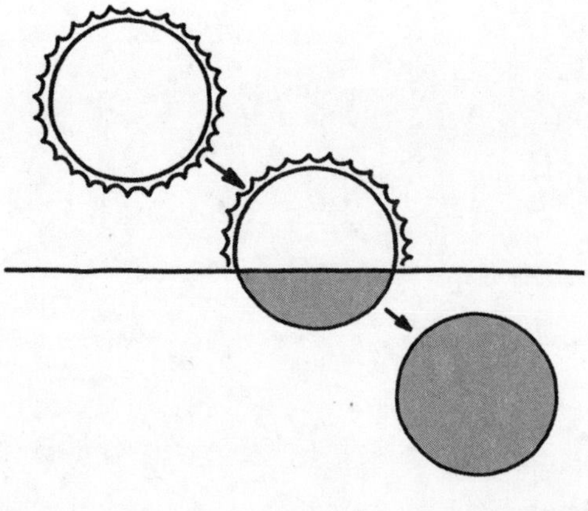

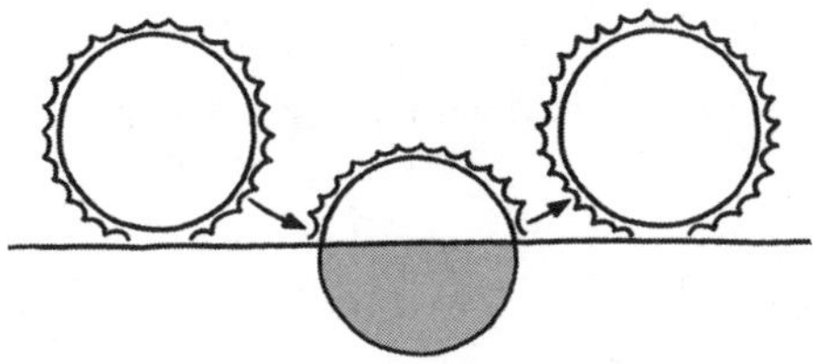

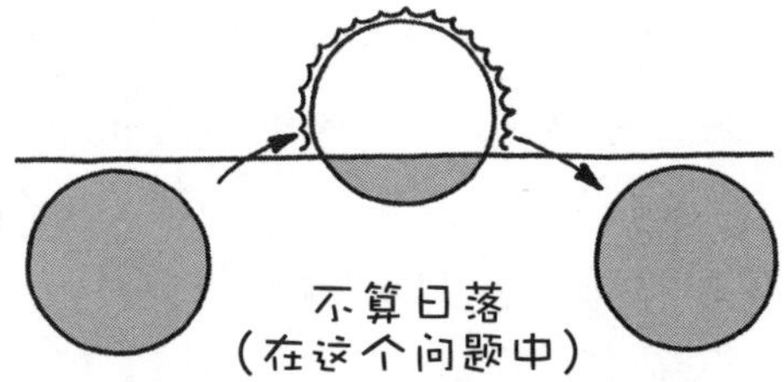

不算日落
（在这个问题中）

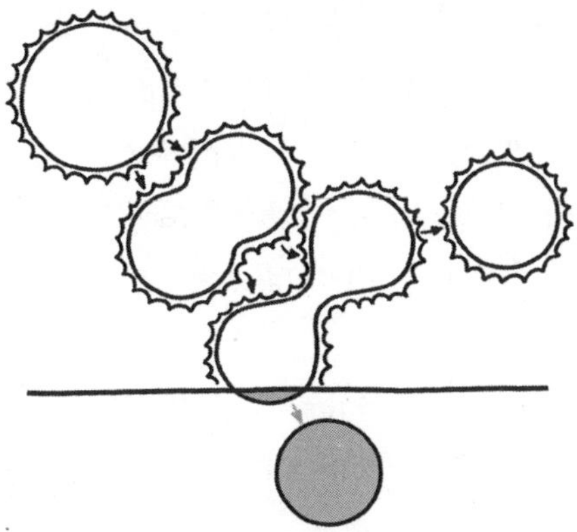

不算日落

不算日落

日落在太阳开始没入地平线的那一瞬间就算开始了，当太阳完全没入地平线以下之后日落也就结束了。如果太阳碰了一下地平线又重新升了起来，那这就不能称为日落。

要算得上日落，太阳必须没入理想地平线之下，而非只是躲在附近一座小山后面。以下这种情况虽然看起来像日落，但其实不是：

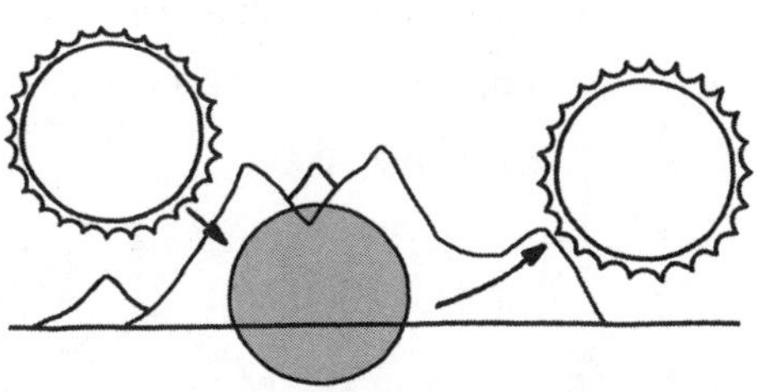

不算日落

至于原因很简单：你不能随便躲在某个看不见太阳的障碍物后面就说太阳落下去了，否则你只要藏在石头背后就随时能够制造出一场日落。

注意我们要考虑折射情况。地球的大气层会使光线弯折，因而当太阳实际碰到地平线的时候，你会发现太阳实际比地平线高出一个身位。在所有常规的计算中这种情况的平均效应都已经被考虑在内，我这里也是。

如果你身处赤道，那么 3 月和 9 月的日落略微比 2 分钟多一点。在像伦敦这样靠近极点的地方，日落可能长达 200~300 秒。日落的持续时间在春季和夏季最短（在这些时候太阳直射点在赤道上方），在至日和春分（秋分）的时候最长。

如果你在早春 3 月在南极站定，太阳整天都高高挂在天上，在地平线上方绕一整个圈子。有时在 3 月 21 日前后太阳会落到地平线之下，这也是一年中唯一一次。这样的日落会长达 38~40 小时，这也意味着在日落的过程中太阳转了一整圈还不止。

但是迈克尔的问题问得很好。他问的是你在铺有路面的道路上能看到的最长的日落有多久。有一条路通向南极的科研站，但它没有铺路面——它是由雪堆出来的。两极附近都没有任何一条铺有路面的道路。

能够符合上述标准的离极点最近的道路估计是挪威斯瓦尔巴特群岛上朗伊尔城的主干道。（如果你能开到朗伊尔城中的机场跑道末端，你可以离极点更近一点，不过这么做你可能会惹上大麻烦。）

朗伊尔城离北极的距离比南极洲的麦克莫多站离南极的距离还近。还有一大把军事基地、研究站和钓鱼站离北极更近，不过它们都没有铺有路面的道路，有的只是用碎石或雪铺成的飞机跑道。

如果你在朗伊尔城中心城区[1]闲逛，你能看到的最长的日落差几分钟满一小时。至于你有没有开车基本不会有什么影响，因为这个城市实在是太小了。

但如果你回到大陆上，那儿的道路更长，你会看到更长的日落。

如果你从热带地区开始驾车，一直在铺有路面的道路上行驶，那么能跑到的最北的地方是挪威的欧洲 69 号公路末端。斯堪的纳维亚北边有许多互相交叉的道路，因而那里是启程的好地方。但我们该选择哪条路呢？

从直觉上来看，我们要尽可能地往北跑。我们离极点越近，就越容易追上太阳。

但事实上试图追上太阳不是一个好的策略。即使你在像挪威这样的高纬度地区，太阳移动的速度还是太快了。在欧洲 69 号公路的尖端——从赤道开始通过铺有路面

1. 和“北极熊过马路”的标志拍张照。

的道路你能达到的最北边的地方——你仍然需要以约音速的一半的速度才能赶上太阳。（而且欧洲 69 号公路是南北向，而不是东西向，所以一直开下去就会跌入巴伦支海。）

幸运的是，我们还有更好的办法。

当太阳在挪威北部靠近地平线时，晨昏线（terminator）以如下方式滑过大陆：

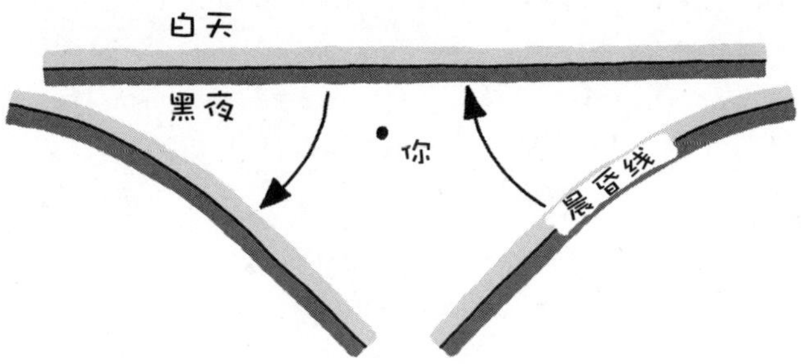

不要跟《终结者》系列中的终结者搞混了，它是这么移动的：

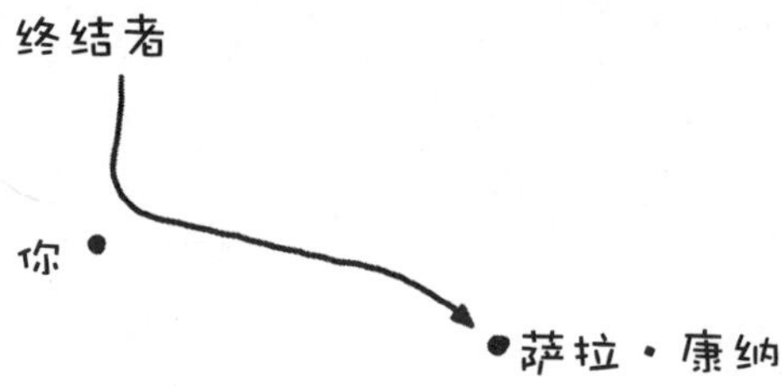

我都不知道逃离哪一个要更容易。[2]

要想看到更长的日落，你的策略很简单：静静等待晨昏线正要达到你所在的位置。在晨昏线抵达你所在的位置之前乖乖地待在车里，晨昏线抵达之后你就往北开，尽可能长时间保持你在晨昏线前面一点点（取决于当地的道路布局），在撑不下去之后掉头往南开，速度越快越好，直到你进入黑暗处的庇护。[3]

2. 译注：terminator 既可指晨昏线，又可指终结者。

3. 这招也适用于你遇上终结者的时候。

令人惊喜的是，这一招在北极圈内的任何地方都有差不多好的效果，因而你能在芬兰和挪威的许多道路上看到这么长的日落。我用 PyEphem[4] 和挪威高速 GPS 记录搜索了一下能看到最久日落的驾驶路线，我发现在不同的路径和时速条件下，最长的日落差不多都是 95 分钟左右——比使用一动不动待在斯瓦尔巴特群岛这种策略提升了近 40 分钟的时间。

不过如果你被困在斯瓦尔巴特群岛而又想看到更长一点的日落——和日出——的话，你可以试试逆时针转动身体。[5] 是的，你可以多看到几分之一纳秒的风景，但如果考虑一下你是和谁在一起……

……这么做有可能是值得的。

4. 译注：星历表计算软件。

5. 参考 xkcd 网站上“角动量”一章，http://xkcd.com/162/

随机祝福电话

RANDOM SNEEZE CALL

Q. 如果你随机拨打一个电话号码，然后说“上帝保佑你”。那么有多大几率接电话的那人刚打过喷嚏？

——米米

A. **这个几率有点难算，不过大致是四万分之一这么个几率。**

在你拿起电话前首先要记住，有十亿分之一的几率你要打给的那人刚杀了一个人。[1] 所以在你送出祝福的时候最好小心一点。

不过很显然打喷嚏的几率要比谋杀高出许多，[2] 所以接电话的那人刚打过喷嚏还是很有可能的。至于想用这个方法抓住杀人犯……你还是回去洗洗睡吧。

友情提示：当有人打喷嚏时我就会这么说

和谋杀率相比，没有多少学术研究会关注打喷嚏率这玩意儿。而被引用次数最多的人均打喷嚏频率来自于一名受 ABC 广播公司采访的医生，他觉得平均每人每年会打 200 次喷嚏。

在为数不多的几个学术数据来源中，有一个研究诱使受试者产生过敏反应，然后监测他们打喷嚏的情况。为了估计平均打喷嚏的频率，我们不妨直接忽略这个研究打算采集的所有真实医疗数据，转而关注实验中的对照组。对照组里的受试者完全不接触过敏原，他们只是在一个房间里共计做了 176 个 20 分钟的实验流程。[3]

对照组中的受试者在这 58 小时左右的时间里一共打了 4 次喷嚏 [4]，假设他们只在醒着的时候才会打喷嚏，那么相当于每人每年会打约 400 个喷嚏。

在谷歌学术搜索的帮助下，我们找到了 5980 篇 2012 年发表的提到“打喷嚏”的论文。假设这其中有一半的论文是在美国发表，并且平均一篇论文有 4 位作者，那

1. 基于美国平均十万分之四的谋杀率计算，这个比例在发达国家中算是高的了。
2. 引用：你还活着。
3. 这个长度相当于 *Hey Jude* 重复播放 490 遍。
4. 在整个 58 小时的试验期间，4 个喷嚏是最有意思的实验数据。我宁愿听 490 遍 *Hey Jude* 也不想做这个实验。

么你有一千万分之一的几率打给了一个正好在当天发表了一篇关于打喷嚏的论文的作者。

而另一方面来看，每年美国都会有 60 个左右的倒霉蛋被闪电劈死。这意味着你有十万万亿分之一的几率打给一个 30 秒前刚被闪电劈死的倒霉蛋。

最后，我们不妨假设在这篇文章发布的当天，有 5 位读者决定实践一下。如果他们 24 小时没日没夜地不停打电话，那么有三万分之一的几率他们打给的那人正在通话中——因为那人也在给别人打相同的祝福电话。

而有十万万亿分之一的几率在同一时刻这两个无聊鬼正好互相打给对方。

此时此刻，老天爷看不下去了，于是一道闪电把他们都劈死了。

那些古怪而又让人忧心的问题合集十

WEIRD (AND WORRYING) QUESTIONS FROM THE WHAT IF? INBOX, #10

Q. 如果我被人用刀刺中躯干，有多大的几率刀没有刺到任何重要器官并且我能活下来?

——托马斯

Q. 如果我在一辆摩托车上，在驶上四分之一圆弧坡道时跳离摩托车，那么那一刹那我的速度需要有多快才能安全离开摩托车，并且用降落伞安全着地?

——匿名提问者

Q. 如果每天每个人有 1% 的几率变成火鸡，而每只火鸡有 1% 的几率变成人类会发生什么?

——肯尼思

地球扩张

EXPANDING EARTH

Q. 如果地球半径现在开始以每秒 1 厘米的速度扩大，要花多久人们才能意识到他们自己变重了？（假设岩石的平均构成不变。）

——丹尼斯·奥唐奈

A. **地球目前并不在扩张。**

一直有人主张说地球也许在扩张。在 20 世纪 60 年代[1]板块漂移学说被证实之前，人们就已经发现了不同大陆的海岸线能够互相吻合。于是人们想出很多个解释方法，其中有一个认为，地球本是一个十分光滑圆整的球，而海洋盆地则是地球不断扩张产生的裂缝。这个理论从未变得十分流行[2]，但它的身影不时在 YouTube 上出现。

为了避免出现大地裂痕，我们不妨假设地球上从地壳到地核的所有物质都会均匀扩张。为了不让之前发生的“榨干海洋”惨剧再度发生，我们假定海洋也会扩张。[3]所有人类建筑都会保持原样。

1. 板块构造学说的确凿证据是海床在不断延展。海床延展和地磁极倒转两者能够很好地互相印证，这是我最喜欢的科学发现管用的例子之一。
2. 事实证明这理论挺蠢的。
3. 实际上海洋确实在扩张，因为海水在变暖，而这也是（目前）全球变暖导致海平面上升的主要原因。

>> 1 秒后

当地球刚开始扩张时，你可能会感觉到一些颤动，甚至会暂时失去平衡。不过别担心，这只会持续很短一段时间。因为你是以每秒 1 厘米的速度匀速上升，你不会感受到任何由此产生的加速度。在这一天剩下的时间里，你什么也不会注意到。

>> 1 天后

1 天后，地球已经变胖了 864 米。

重力增长得非常慢。如果你在扩张伊始是 70 千克，那么第一天结束时你将是 70.01 千克。

那么道路和桥梁呢？总有一天它们会断裂，对吧？

是的，但没有你想象中那么快。我曾经听说过这么一个谜题：

想象一下，你在地球表面紧紧绕了一圈绳子。

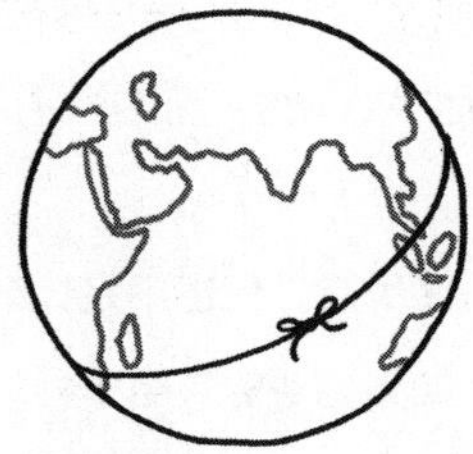

假设你想把绳子抬离地面一米。

那么你需要加多长的绳子？

虽然看上去你需要加上几十千米长的绳子，但正确答案是 6.28 米。圆的周长正比于半径，因而直径增加一单位，周长就增加 2π 单位。

把一根 4 万千米长的绳子拉长 6.28 米没什么大不了的。即使是扩张一天后，额外增长的 5.4 千米对于几乎任何建筑物来说，都是可以轻松承受的。混凝土每天被拉长和压缩的量都比这长。

在最初感到一些震动后，你首先会注意到的一些效应就是你的 GPS 设备不再正常工作了。因为 GPS 卫星基本还是待在原来的轨道上，但 GPS 系统所依赖的精密的授时系统在几个小时内就彻底被打乱了。在所有工程学问题中，GPS 计时是极其精确的，这也是唯一一个迫使工程师同时考虑狭义和广义相对论效应的地方。

其他绝大部分的钟都会继续好好地运行下去。只是如果你家有个十分准确的单摆钟，那么你会发现一些端倪——在快到第二天的时候，你会发现这个钟快了 3 秒。

>> 1 个月后

1 个月后，地球的直径增加了 26 千米——增长了 0.4%——它的质量增加了 1.2%。而地表的重力也只是增加了 0.4%，而不是 1.2%，因为地表的重力与地球半径成正比。[4]

你可能会在称体重时发现一些异常，但也不是什么大问题。在不同的城市你的体重偏差的量差不多也是这么多。如果你买的是电子秤的话你最好记住这一点。如果你家的秤精确到小数点后两位，那么你就需要用一个测试砝码来校准它——不过秤的生产厂家那里的重力和你家的重力一般是不同的。

虽然直到此时你可能还没注意到重力变大了，但你一定会发现地球在扩张。1 个月后，你会在长混凝土结构上发现许多裂缝，一些高架桥和旧的大桥会相继断裂。绝大多数建筑不会倒塌，但那些地基深入基岩的房子的处境就有些不可预料了。[5]

此时此刻，国际空间站上的宇航员们要开始着急了。不仅是地面（以及大气）在朝他们扑来，不断增大的引力也在使空间站的轨道高度不断下降。他们需要尽快撤离空间站。最多几个月时间，空间站就会脱离轨道坠毁。

>> 1 年后

1 年后，重力变强了 5%。这时你应该会注意到体重增加了，你也绝对会注意到道路、桥梁、输电线、卫星、海底电缆相继出了问题。而你家的那台单摆钟比正常时间快了 5 天。

那么大气层呢?

如果大气层不像陆地和海洋那样扩张，那么气压会开始下降。这是许多因素共同作用的结果：随着重力增加，空气也变得更重。但由于空气分散于一个更大的面积上，总体效果就是气压下降了。

另一方面，如果大气层也一起扩张，那么表层的气压也会随之上升。几年后，珠峰顶端将不再是“死亡区”。但反过来说，你的体重增加了，山也更高了——于是爬

4. 质量正比于半径的三次方，而重力正比于质量乘以半径平方的倒数，所以半径的三次方除以半径的平方等于半径。

5. 造摩天大楼要的不就是这个嘛。

山就更累了。

>> 5 年后

5 年后，重力增加了 25%。如果你在扩张开始时有 70 千克，那么现在你就有 88 千克了。

绝大多数的基础设施都已经塌了，原因是它们脚底下的土地在扩张，而不是重力变大了。令人惊奇的是，绝大多数摩天大楼在重力显著变大的情况下仍然十分坚挺。[6] 对它们而言，限制因素不是重量，而是风。

>> 10 年后

10 年后，重力增加了 50%。如果大气不随着扩张，那么即使在海平面，空气也已经稀薄到了无法呼吸的程度。如果大气一起扩张的话，我们还能再撑一会儿。

>> 40 年后

40 年后，地球的重力变成了最初的 3 倍。[7] 此时此刻，即使是最强壮的人也只能勉强才能走路。呼吸也变得很艰难，树都倒了，粮食被自己的重量压得抬不起头。几乎每座山的山坡都可以见到巨型滑坡，因为此时的静止角比以往要更小。

地质运动也会加剧。地球产生的大部分热来自于位于地壳和地幔之间的放射性物质的衰变放热，[8] 而更多的物质意味着更多的热。由于体积扩张的速度比表面积快，因

---

6. 虽然我可不敢再去乘电梯了。

7. 几十年后地球重力增加的速度会比你所期望的略快一些。因为不断增加的重量会压迫地球自身，地球内部的压强粗略正比于表面积的平方，因而地核会被压得十分紧密。http://cseligman.com/text/planets/internalpressure.htm

8. 虽然一些放射性物质（比如铀）很重，但它们会被从地球内部挤出来，因为在那种深度下它们没法和岩石晶格很好地混合，具体内容参见这一章节（http://igppweb.ucsd.edu/~guy/sio103/chap3.pdf）以及这篇文章（http://world-nuclear.org/info/Nuclear-Fuel-Cycle/Uranium-Resources/The-Cosmic-Origins-of-Uranium/#.UlxuGmRDJf4）。

此总体平均每平方米发出的热量就会变多。

不过这些还不足以使这颗星球温度大幅升高——地球的表面温度主要取决于大气层和太阳——但更多的热会导致更多火山爆发、地震，以及更快的地壳运动。这和几十亿年前的地球相似，那时地球具有更多的放射性物质，所以地幔温度会更高。

更加活跃的板块构造对生命来说可能有些好处。板块构造对稳定地球的气候起着关键作用，而比地球小的那些星球（比如火星）内部没有足够多的热来维持长期的地质运动。更大的星球意味着更多的地质运动，这也是为什么一些科学家认为生命在比地球稍大一些的星球（所谓的“超级地球”）会比和地球差不多大的星球上活得更好一些。

>> 100 年后

100 年后，我们将感受到 6 倍重力。我们不仅没法四处走动寻找食物，就连心脏都无力把血液泵到大脑中去。只有一些小昆虫（和海洋生物）还有可能四处活动。也许人类可以在专门设计的控压屋里生存，要移动的话也要先把大部分身体浸在水里。

在这种条件下呼吸是十分困难的。由于水的压迫，你很难吸入空气，这也是为什么呼吸管只在浅水里才有用。

出了控压屋，你还是无法呼吸空气，不过原因和之前的不一样。在约 6 倍大气压下，即使是普通的空气也变得有毒起来。即使我们能够克服其他所有困难，100 年后我们还是会死于空气中毒。除去毒性不说，呼吸致密的空气也非常困难，因为它太重了。

>> 黑洞?

什么时候地球会最终变成一个黑洞?

这个问题很难回答，因为问题中说虽然半径一直在变大，但密度一直不变——而在黑洞中，密度会增加。

很少有人会去研究那些超大型的岩石行星的动力学，因为它们很难形成：任何这么大的东西在形成过程中都足以吸引大量的氢和氦，从而变成一颗气态巨行星。

在未来的某一刻，不停扩张的地球总有一天会变成这样的状况：每增加一点质量，它都会缩小而不是变大。自那以后，它会不断坍缩，直到变成一颗白矮星或者中子星——如果质量还是不停增加，它最终会变成一个黑洞。

但那要等好久……

>> 300 年后

我们人类活不到这一天真是遗憾，因为此时会发生一件非常赞的事情。

随着地球不断变大，月亮会像那些卫星一样轨道高度越转越低。几个世纪后，终有一天地球与月球之间的引潮力会超过月球聚拢自身的引力。

当那个界限——叫作洛希极限——被跨越后，月亮会被撕裂[9]，而在短时间内地球会拥有一个美丽的光环。

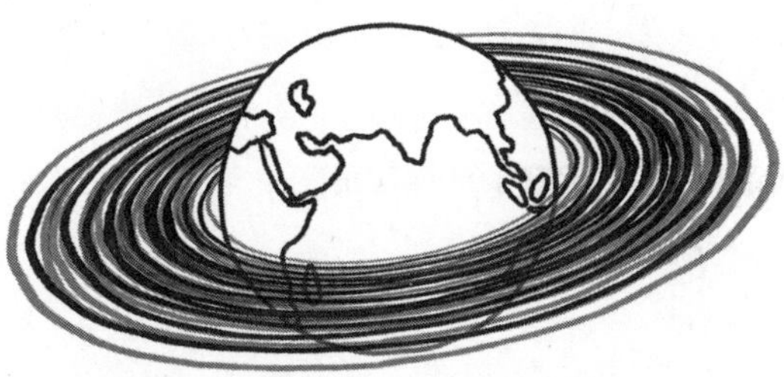

如果你喜欢它，就应该把一个物体移动到它的洛希半径内。[10]

9. 对不起啦，月亮！

10. 注：碧昂斯的著名歌曲“*single ladies*”有一句歌词：If you like it then you shoulda put a ring on it.（如果你喜欢它，就应该给它戴个戒指。）

无重力射箭

WEIGHTLESS ARROW

Q. 假设有一个地方的大气条件和地球上的完全一致，但那里没有重力，如果我在那儿射出一支箭，那么这支箭要多久才会由于空气阻力而停下来？到最后这支箭会完全停下来并悬浮在半空中吗？

——马克·埃斯塔诺

A. **我们每个人都有这样的经历。**你现在正在一个巨大的空间站表面，准备用弓和箭朝某人射击。

和普通的物理问题相比，这次我们的思路要反一反。通常来说你会考虑重力而忽略空气阻力，但这次我们要忽略重力而考虑空气阻力。[1]

就像你预期的那样，空气阻力会使箭支减速，最终在飞行了很远很远的距离后……箭支会停下来。还好在大部分飞行时间内，这支箭都不会对旁人造成太大的威胁。

让我们仔细看一下整个过程。

假设你以每秒 85 米的速度射出一支箭，这个速度差不多是棒球大联盟飞得最快的快球速度的 2 倍，和高端复合弓射出的每秒 100 米的箭相比还差一点。

射出的箭的速度很快就会降低，因为空气阻力正比于速度的平方，这意味着箭支在高速飞行时会受到相当大的阻力。

射出 10 秒后，箭支飞过了 400 米的距离，速度从起初的每秒 85 米降到了每秒 25 米，差不多相当于一个普通的人用手扔出的箭的速度。

在这个速度下，飞行的箭支危险性大大下降。

从猎人那儿我们知道，箭支速度的微小差异会极大影响到被射杀的猎物的体型。一支以每秒 100 米速度飞行的 25 克重的箭能够猎杀马鹿或者黑熊，而速度每秒 70 米的箭支可能都无法杀死一只鹿，或者，在我们的场景里，太空鹿。

如果箭支的速度进一步下降，它就更没危险性了……不过距离它停下来还远呢。

1. 而且你不太会没事儿去拿箭射宇航员，至少一个有学士学位的人不会这么干。

5分钟后，箭支已经飞出了大约1英里（约1.6千米），速度也下降到了步行速度。以这个速度飞行只会受到非常小的阻力，因而箭支会继续“滑行”，并缓慢地减速。

到了现在，这支箭飞出的距离已经超过地球上任何一支箭的射程了。高端的弓能在平地上将箭射出几百米，不过手持弓的最远射程世界纪录略高于1千米。

这个纪录由射手丹·布朗于1987年创立，他用一个几乎已经没有弓的样子的可怕装置将细长的金属杆射出了世界纪录。

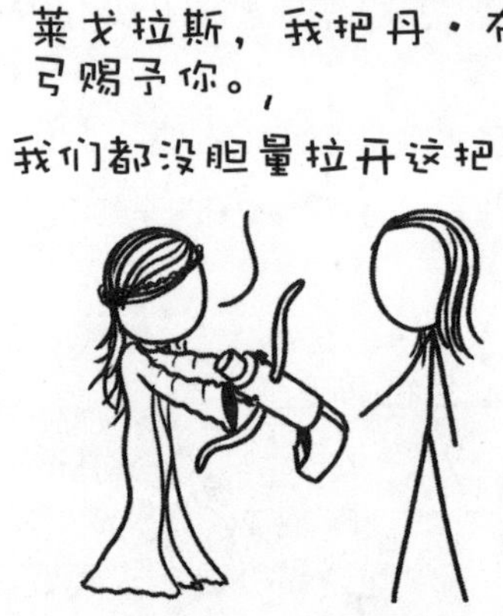

随着时间越来越长，箭支的飞行速度越来越慢，此时流经箭支表面的气流开始发生变化。

空气的黏度很小，也就是说没有黏黏的感觉。这意味着飞过空气的物体受到的空气阻力来自于它们排开空气的动量——而不是来自于物体与空气分子之间的黏力。这像是你用手推过一浴缸的水而非蜂蜜。

几个小时后，箭支的飞行速度已经到了肉眼几乎无法分辨的程度。假设此时空气是相对静止的，那么现在空气对于箭支更像是蜂蜜那样黏糊糊的，而箭支也会慢慢地趋向停止。

箭支的外形细节会大幅影响最终的射程。箭支形状的细小差别会极大改变低速流过的空气的特性，但此时箭支至少已经飞出了好几千米，飞出个 5 千米或者 10 千米也是可以想象的。

现在问题来了：目前能够持续维持零重力的类地环境只存在于国际空间站。国际空间站最大的一个单元“希望号实验室”的长度也只有 10 米。

这意味着如果你真的打算做这个实验，箭支飞不出 10 米。之后这支箭要么就此停下来，要么就酿成大祸。

太阳熄灭之日

SUNLESS EARTH

Q. 如果太阳某一天突然灭了，地球会怎么样?

——许许多多无穷无尽的读者

A. **这个问题可能是 What If 栏目收到的最多的问题了……**

那为什么我到现在都不回答这个问题呢？部分原因是这个问题已经被回答过了。随手谷歌一下“太阳熄灭了会怎么样”就能找到许许多多详细分析这种情况的好文章。

不过，自从前几期讲到了日落，问这个问题的人就更多了，所以我还是尽我所能回答一下。

如果太阳熄灭了……

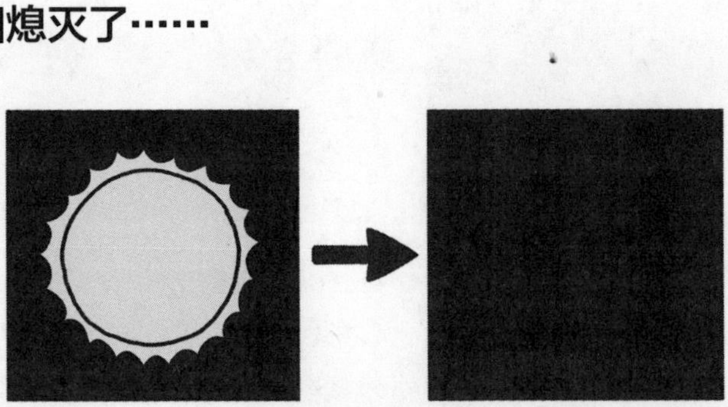

太阳灭了 :(

我们不用在意太阳是怎么熄灭的，假设我们找到了一个办法，能像快进一样加速太阳的老化过程，直到它变成一个又寒冷又荒芜的大球体。那对于在地球上的我们来说，是好还是坏呢？

>> 先来看看一些好处……

耀斑威胁减小： 1859 年，一场来自太阳的巨大的耀斑产生的超级磁暴袭击了地球。磁暴会在电线中产生感应电流，糟糕的是 1859 年地球上到处都是电报线。磁暴使得这些电线中产生了巨大的电流，切断了人们的通信联系，还导致一些电报设备起火燃烧。

自 1859 年以后，地球上的电线更多了。如果 1859 年那个规模的磁暴袭击如今的地球，据美国国土安全局估计，单是美国就会有数万亿美元的经济损失——比所有袭击过美国的飓风带来的损失加在一起还要多。如果太阳熄灭了，那这个威胁就不复存在了。

卫星服务改善： 当一颗通信卫星经过太阳前方时，太阳会淹没卫星发出的无线电信号，导致服务暂时中断。如果太阳熄灭了，这个问题也就解决了。

天文观察增强： 没有了太阳，地面上的观测台就可以夜以继日地观测。更凉爽的空气产生的大气噪声也减小了，这减轻了自适应光学系统的负担，拍摄得到的图像也更加锐利。

灰尘轨道稳定： 没有了阳光，坡印亭－罗伯逊阻力也会随之消失，这意味着围绕太阳旋转的尘埃的轨道半径不会衰减。我不知道会不会有人喜欢这个结果，但说不定就有人喜欢呢。

基础花费减少： 美国运输部估计，在未来的 20 年内，用于维修和维护所有美国境内的桥梁的花费每年会超过 200 亿美元。绝大部分桥梁都架设在水面上空，而如果没有了太阳，我们直接在冰面上铺上沥青就可以通车啦，这样可以省下一大笔钱。

贸易花费减少： 时区的存在让项目贸易变得更加昂贵，要与那些工作时间和你不一样的人做生意是很困难的。如果太阳熄灭了，时区也就没有存在的意义了，大家都会使用协调世界时间，全球经济也会更上一层楼。

儿童更加安全： 根据美国北达科他州健康部门发布的信息，6 个月以下的婴儿应该避免阳光直射。而没有了阳光，孩子就会更安全了。

飞行员更加安全：许多人暴露在明亮的阳光下会打喷嚏，这个反射的原因至今不明，但会对战机飞行员造成威胁。如果太阳熄灭了，这个威胁也就减小了。

更安全的防风草：野生的防风草（又称欧洲萝卜）是种很贱的植物。它的叶片含有一种叫作呋喃香豆素的化学物质，它能被人类皮肤吸收而且还不产生症状——只是一开始——一旦之后（在数天甚至数周后）皮肤暴露在阳光下，这种物质会造成疼痛难忍的化学性灼伤，叫作植物光化性皮炎。一个黑漆漆的太阳能够让我们免受欧洲萝卜之苦。

徒步旅行小贴士：
遇到野生的欧洲萝卜该怎么办？

总的来说，如果太阳熄灭了，我们生活的各个方面都会享受到好处。

>> 那有没有什么不好的地方？

我们都会被冻死。

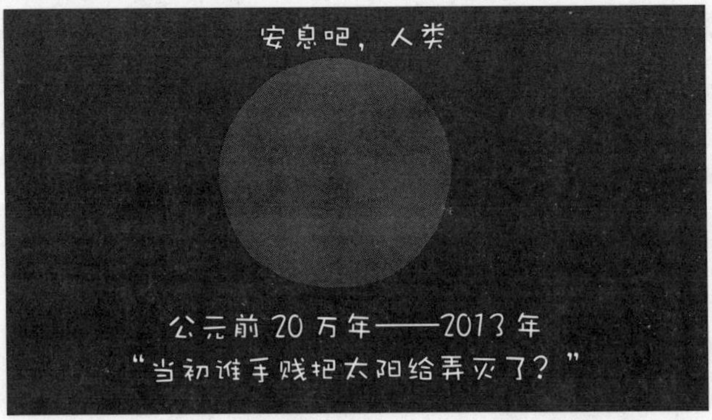

纸质版维基百科

UPDATING A PRINTED WIKIPEDIA

Q. 如果你要把整个英文版维基百科打印出来，那么你需要多少台打印机才能赶上网络版本的更新速度？

——马里安·科宁斯

A. **这么点就够了。**

如果你的男友 / 女友带你回家，你发现他 / 她的客厅里有一排打印机轰轰作响，你会怎么想？

原来只要这么点儿打印机就够了！但在你打算自己打印一套实时更新的纸质版维基百科出来之前，让我们先看看打印机需要干些什么……以及这么做要花多少钱。

>> 打印维基百科

事实上曾有人考虑过把维基百科全部打出来这个想法。几年前，一个叫作罗布·马修斯的学生把维基百科上的所有“特色条目”都打印了出来，于是就有了一本一米多厚的书。

当然了，这些只是维基百科所有精华的九牛一毛，整个维基百科要比它大得多。一名维基百科用户 Tompw 建立了一个页面，计算整个英文维基百科如果全部打印出来要占多少地方。结论是它至少会填满好几十个书架。

要想赶上实时更新的速度可不容易。

>> 赶上更新速度

英文版维基百科现在每天有 12.5 万 ~15 万次修改，相当于每分钟有 90~100 次。

我们可以试着定义一种方式，计算平均每次编辑的“字数”，但这会非常艰难，几乎不可能。还好我们并不需要这么做——我们可以估算每次需要再新打印一页的变化，虽然许多编辑修改可能需要好多页才能打印完——但很多编辑是回退操作，也就是说我们可以把很多已经打印好的纸再放回去。[1] 每次编辑要花费一张纸这个估算看上去挺合理的。

维基百科页面上一般是图文表格混杂，对于这样的内容，一台不错的喷墨打印机每分钟能够打印 15 页。也就是说只需要 6 台打印机就能在任何时刻跟上电子版的更新速度。

打印出来的纸张很快就会堆积起来。以罗布·马修斯打印出来的书作为参考，我自己又大致估算了一下现有的英文版维基百科的规模，根据“特色文章”的平均长度和所有文章的比值，我估计整个英文维基百科打印出来要有 300 立方米。

而如果你想赶上目前的更新编辑速度，你每个月都要打印 300 立方米的纸。

1. 这么做所需要的归档系统会让人脑袋炸掉。我正在拼命压抑冲动，不让自己着手设计一套这种系统。

>> 每月花费 50 万美元

6 台打印机并不多，但鉴于它们是在不间断地打印，成本一下子就上去了。

每天的电费倒是不贵——也就几美元吧。

纸张差不多每张 1 美分，这么说来一天要花掉约 1000 美元。你要雇人 24 小时管理这些打印机，不过雇人的成本还没纸张的花费高呢。

即使是打印机本身也不贵，除了吓人的更新周期。

但墨盒的花费将会成为你的噩梦。

>> 墨水

QualityLogic[2] 进行的一项研究指出，一个普通的喷墨打印机的实际墨水成本是从黑白的每张 5 美分到彩色的每张约 30 美分。这意味着你每天花掉的墨水钱要达到 4~5 位数。

你肯定会想买一个激光打印机。否则不出一两个月，这个项目就会耗费你 50 万美元。

2. 译注：全球资深的独立质量保证调查公司之一。

但这还不是最糟糕的呢。

2012 年 1 月 18 日，维基百科涂黑了所有的页面以抗议限制互联网自由的法案。如果有一天维基百科再次决定进行黑屏活动，然后你又想参与这一提议……

……你得买一大捆记号笔，然后把每张纸全部涂黑，而这全部都将由你一个人完成。

我还是用回我的电子版吧。

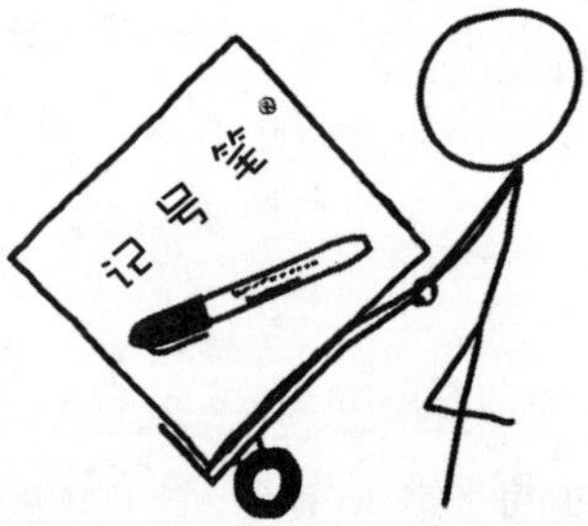

FACEBOOK 之死亡国

FACEBOOK OF THE DEAD Facebook

Q. 何时（如果真有那么一天的话）Facebook 上死人的账户数会超过活人的账户数?

——埃米莉 · 邓纳姆

“戴上耳机！”“做不到啊，耳朵早掉啦。”

A. **不是 206X 年就是 213X 年。**

目前 Facebook 上死人账户并不多。[2] 这主要是因为 Facebook——以及它的用户们——都很年轻。在过去几年中，Facebook 用户的平均年龄确实在上涨，但目前玩 Facebook 的年轻人还是远超老年人。

1. 译注：一款游戏。
2. 至少在我写这篇文章的时候还是这样的，机器人的血腥革命还没开始呢。

>> 过去

根据 Facebook 的增长速度，以及这些年来注册用户的年龄段演变来看，[3] 这之中大约有 1000 万到 2000 万注册用户已经去世了。

目前来看，这些人在年龄段上分布均匀。虽然年轻人的死亡率比六七十岁的老人要低，但由于他们占了 Facebook 用户中的大部分，因而死去的年轻人的数量还是和死去的老年人的数量差不多。

年老的科利 · 多克托罗正在 cosplay 未来的人认为他在过去的穿着。

>> 未来

约有 29 万 Facebook 美国用户将（或已经）在 2013 年死去，而全球在 2013 年大约要死几百万人。[4] 只需 7 年，死亡率就会翻倍；再过 7 年，死亡率还会再翻一番。

即使 Facebook 明年就关闭注册，每年的死亡数还会持续上升，这个势头将保持好几十年，因为 2000 年到 2020 年间读大学的人都开始变老了。

决定死人账号数何时超过活人账户数的关键因素在于，Facebook 的新增用户速度——一般是那些年轻人——能否快过老用户死亡的速度。

2100 年的 Facebook

我们现在要探讨一下 Facebook 的未来了。

我们没法确切地说 Facebook 能活多少年，因为我们没有类似的经验。大多数网站都是短时间内大火，然后慢慢地埋没于历史的尘埃之中，因而不妨假定 Facebook 最后的命运也会是如此。[5]

---

3. 你可以用 Facebook 的 create-an-ad 工具来数一下不同年龄段的用户数，不过你也得承认 Facebook 对用户年龄的限制使得一些用户不得不在年龄上撒谎。

4. 一些地方我用的是美国地区的数据来代表整体的数据，因为美国地区的数据比较好找，我也不想一个一个去找那些用 Facebook 国家的具体数字。美国数据并不能很好地代表全世界，但基本道理——人口数量会在继续上涨一段时间后持平，年轻人对 Facebook 的接纳程度决定了这个网站的成功与否——不管在什么地方大致都是一样的。发展中国家人口增长更快，平均年龄也更低，如果假设那里使用 Facebook 的人口迅速饱和，这会让一些里程碑式事件提前好几年，不过整体来说，变化并没有你想象中的大。

5. 我假定的是 Facebook 不会删除用户信息，因为即使一些用户不用 Facebook 了，他们也很少会去删除个人数据。但一旦这一假设不成立，结论就会有很大的变化。

按照这个场景，Facebook 将在几年后开始失去市场份额，并且永远都不会恢复过来。Facebook 的转折点——死人账户数超过活人账户数的那一天——将在 2065 年前后来临。

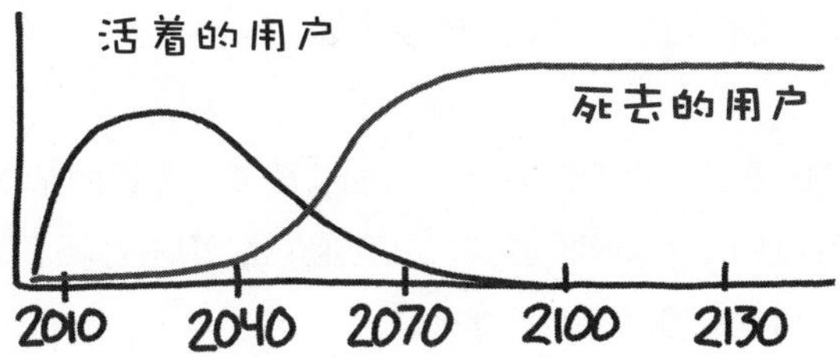

不过也有可能不是如此，也许它会变得像 TCP 协议那样，成为其他基础设施的基石，这样用户们可就离不开它了。

如果 Facebook 能够历经数代人而不倒的话，那么它的转折点将会到 22 世纪中期才来临。

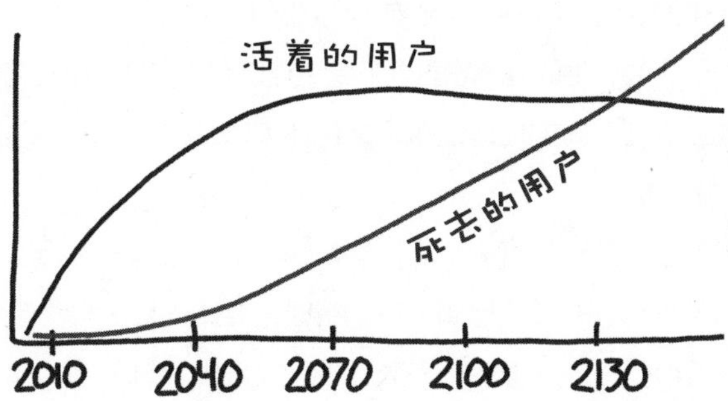

不过这也不太现实，没有什么能够永恒存在，尤其是那些基于计算机技术的东西，急速更迭才是常态。在历史的长河里布满了那些 10 年前被认为将永远存在的网站和技术的遗骨。

所以 Facebook 的命运很可能介于这两种情况之间。[6] 我们只有静静等待才能知晓结果。

---

6. 也许 Facebook 用户——很有可能是全人类——的死亡率会在突然之间急速上升，转折点发生在明天也不是没有可能。

>> 账户的命运

Facebook 有财力能够将所有用户的页面和数据无限期地保存下去。活人用户产生的数据总是比死人用户要多的，[7] 而且也只有那些活人的账户才会被经常访问。即使所有用户中死人（或不活跃）账户占了绝大多数，这也不会对总的数据存储支出产生太大影响。

其实更重要的是我们用户的想法。我们要留着那些页面干啥？除非我们要求 Facebook 把页面删了，否则他们应该默认会永久备份所有数据。即使 Facebook 不那么做，也总会有那些数据收集公司这么做。

现在死者的近亲可以将死者的 Facebook 页面变成一个纪念页。但这其中还涉及许多问题，比如密码、私人信息等，这些问题我们还没有形成社会共识。这些页面还要继续能被访问吗？哪些信息要被隐藏？死者的近亲有权进入邮箱吗？纪念页允许留言吗？如果遇到捣乱的或是恶意破坏该怎么办？其他用户可以与死者的账号互动吗？死者该出现在哪种好友名单上？

这些问题，我们目前正在靠试错法寻找解决方案。死亡一直以来都是一个重大的、艰难的、情绪化的话题，不同的社会有不同的处理方法。

但组成一个人的一生的基本事件是不会变的。我们都要吃饭、学习、长大、恋爱、斗争，最终死去。在不同的地理位置、文化环境以及技术图景中，我们围绕着这些基本活动发展出不同的行为。

正如在我们之前活过的每一个人一样，我们都是在自己的人生运动场上进行着相同的游戏。虽然事情有时总不尽如人意，有时还会碰一鼻子灰，但我们还是不断地在互联网上更新着恋爱、争吵、学习以及长大的社交准则。我们迟早会明白该如何去祭奠。

14 个赞

7. 但愿如此。

日不落帝国的日落

SUNSET ON THE BRITISH EMPIRE

Q. 什么时候（如果有的话）在所有大英帝国的土地上都看不到太阳?

——库尔特·阿蒙森

A. **到目前为止这种情况还没发生过。**不过这仅仅是因为有这么一小撮人住在某些比迪士尼公园还小的土地上。

>> 世界上最大的帝国

大英帝国的领土遍布全球各地，因而才会有人说大英帝国是日不落帝国，因为总有那么一块领土所处的正好是白天。

要想知道这种情景是何时开始出现的十分困难，因为宣称某一块（已经有别人居住）土地是殖民地的这一做法从一开始就很武断。实际上英国人驾着船开到哪里就在哪里插上一面旗子，宣称这是他们的殖民地，所以你很难确定一个国家的某一地区是何时被“正式”加入到大英帝国里去的。

“那些处在阴影里的地方呢？”“那里是法国，但我们终究会把它抢回来的。”

大英帝国不再经历日落的准确日期大概是 18 世纪末、19 世纪初的某一天，当第一块澳洲领土正式加入的时候。

在 20 世纪初期，大英帝国基本已经解体了，但让人惊讶的是，自那以后太阳依然没有真正落下去过。

>> 14 个殖民地

英国现在有 14 处海外领土，这些都是曾经的大英帝国的残留。

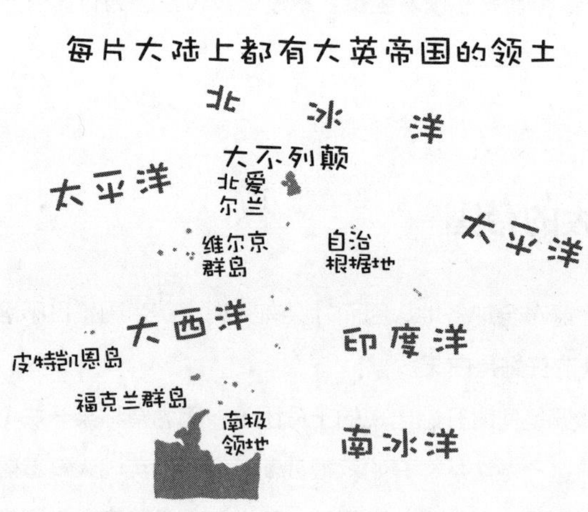

许多新独立出来的英国殖民地都加入了英联邦，其中一些诸如加拿大、澳大利亚等国家的官方君主都是伊丽莎白女王，但它们都是独立的国家，只是恰好君主都是同一个而已，它们现在不属于任何帝国。[1]

1. 任何他们所知的帝国。

太阳不会同时在所有的 14 处（或 13 处，如果你不把英属南极领地算在内的话）领土上落下。不过，只要英国失去一处小领地，它就会经历 200 多年来整个帝国的首次日落。

每天晚上在格林威治时间午夜前后，开曼群岛上空的太阳就会落下，而太阳要在凌晨 1 点以后才会在英属印度洋领地升起。在这段时间内，南太平洋上小小的皮特凯恩群岛是唯一能够看到太阳的英国领地。

皮特凯恩岛上只有几十人，都是当年英国皇家海军“邦蒂号”上的叛变船员的后裔。2004 年一桩丑闻让这个小岛变得臭名远扬，因为包括市长在内的三分之一的成年男性居民性侵儿童的罪名成立。

不管这个小岛有着怎样不堪的往事，它仍是大英帝国的一部分。除非你把它一脚踢出帝国版图，否则大英帝国长达 2 个世纪之久的白天仍将继续。

>> 永远都是白天吗？

呵呵，也许吧。

再过 400 多年，在 2432 年的 5 月份，这个小岛将经历自叛逃者登陆以来首次日全食。

对于大英帝国来说有一点是幸运的，那就是日食发生的时候太阳在加勒比海地区开曼群岛上空。这些地区不会看到日全食，而且在伦敦太阳还好好地挂在空中呢。

事实上，在接下去的几千年里皮特凯恩岛上空都不会发生日全食，也就不会终结大英帝国的日不落神话。如果英国还能继续保持现有的领土范围的话，那么它的白天还能持续好长好长一段时间呢。

但不会永远都是白天。最终在几千年后的某一天，皮特凯恩岛上空将会发生日全食，长久以来挂在大英帝国上空的太阳也就终于会落下。

搅拌加热

STIRRING TEA

Q. 有次我在漫不经心地搅拌一杯热茶时突然想到:“咦，我不是在往这杯茶里输入动能嘛。”我知道搅拌能够加速茶的冷却，但如果我搅拌得快一些呢？我能不能通过搅拌的方式把一杯茶烧开呢?

——威尔·埃文斯

A. **不能。**

不过你说的基本原理是有道理的。温度其实就是（分子）动能的体现。当你搅拌茶的时候，你就在增加它的动能。这些动能总得有个去处，既然这杯茶没有从桌子上升起来也没有发光，那么这些动能最后肯定变成热了。

一定是我泡茶的方式不对！

至于你为什么没有觉察到这些热量，是因为这些热量并不多。加热水需要大量热量，按体积来说，水的比热容比其他任何一种常见物质都要大。[1]

如果你想要在 2 分钟内把水从室温加热到接近沸点，你需要有很大的功率：[2]

$$\frac{\text{一杯茶} \times \text{水的比热容} \times (100℃ - 20℃)}{2\text{ 分钟}} = 700\text{ 瓦}$$

上面的公式告诉我们如果你想在 2 分钟内变出一杯热茶，那么你需要有一个 700 瓦的热源。微波炉一般来说有 700~1100 瓦，用它的确只需 2 分钟就可以做出一杯热茶。理论和现实一致的感觉真好！[3]

将一杯水以 700 瓦的功率加热 2 分钟会使水吸收非常多的能量。当水从尼亚加拉瀑布顶端落下时会获得动能，到了瀑布底部这些动能变成了热能。但即使是下落了如此长的距离，水的温度也只是上升了 0.12℃。[4] 要把一杯水烧开，你需要让它从大气层顶部以上的高度落下来。

1. 按质量来算氢气和氦气有更大的比热容，但是它们是扩散性气体。剩下唯一一种按质量算有更大比热容的常见物质是氨。但如果按体积算的话，这三者都比不过水。
2. 注意：把即将沸腾的水加热到煮沸状态比把水从室温加热到接近煮沸的状态需要更多的能量——这些能量叫作蒸发能。
3. 如果水不够热，我们就会归咎于“效率太低”或者“涡流影响”。
4. 尼亚加拉瀑布的高度 × 重力加速度 / 水的比热容 =0.12℃

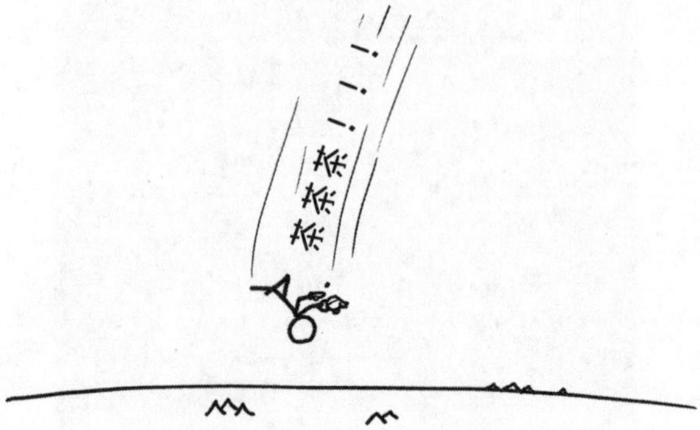

英国版的菲利克斯·鲍姆加特纳

那么搅拌和微波炉加热比起来有什么区别呢？

从工业混合机工程手册上的数字来看，我估计剧烈搅拌一杯茶增加热能的速率约为十万分之一瓦。这完全可以忽略不计。

而搅拌所产生的物理效果则要复杂一些。[5] 茶杯里绝大多数的热量都被茶杯上方对流的空气带走了，也就是说空气使得茶从上至下冷却。搅拌使得茶杯底部的热水被带到表层，因而加快了散热的速度。但同时还发生了其他事情——搅拌也扰乱了空气流动，使得茶杯壁温度升高，但没有数据，这种讨论没有太大意义。

但别忘了我们有互联网！StackExchange 用户 drhodes 恰好测量了搅拌、不搅拌、不停把勺子浸入和拿出对茶冷却速率的影响。而且 drhodes 不仅上传了高分辨率的图像，还上传了原始数据，这可比许多论文提供的信息有用多了。

结论：不管你是不停搅拌，拿勺子放进去或者干脆啥事都不做，茶冷却的速度都差不多。（虽然拿勺子不停放进放出能让茶冷却得略微快一些。）

于是我们又回到了最初的那个问题：我们能够靠拼命搅拌把茶烧开吗？

不能。

首先是因为功率。700 瓦差不多是 1 马力，所以要是你想在 2 分钟内把茶烧开，那么你至少需要一匹马帮你来拼命搅拌。

5. 在某些情况下混合液体能保持温暖。热水会上升，如果水体足够大并且足够静止（比如大海），表面就会形成一个热层。热层比冷层散热的速度更快，所以如果你用加水的方式扰乱这个热层，那么整体散热的速度就会下降。这也是为什么飓风停止前进力量就会大大减弱——停滞的大风会将海洋深层的冷水带上表面，切断飓风与表面热层之间的联系，而大洋表面的热层正是飓风的动力来源。

当然了你可以通过延长做功时间来降低对功率的要求。只是如果时间太长的话，茶冷却的速度就要和你加热的速度一样快了。

即使你能以极高的速度搅拌——比如每秒成千上万转——流体力学会让你失望的。在这种高转速下，茶会发生空化；蒸汽泡会沿着勺子的路径生成，此时搅拌的效率会大大下降。[6]

而如果你真的拼命搅拌到茶发生了空化，那么它的表面温度会急速增加，然后它会在几秒钟内冷却到室温：

不管你搅拌得多么拼命，茶都不会变暖。

6. 有一些内置腔体的搅拌机确实就是这么加热内容物的，但问题是谁会这么无聊用搅拌机来沏茶？

汇聚闪电

ALL THE LIGHTNING

Q. 如果某一天全世界发生的所有闪电都同时出现在一个地方，那么那个地方会变成什么样？

——特雷弗·琼斯

A. **人们常说闪电不会两次击中同一个地方。**

“人们”错了。从进化角度来说，这种说法能够流传下来有些不可思议，因为相信这个说法的人应该会在进化的过程中慢慢被剔除出人类大家庭。

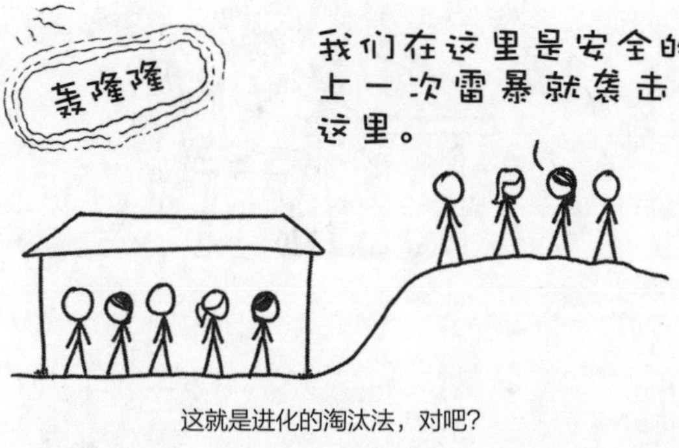

这就是进化的淘汰法，对吧？

人们一直在找寻方法从闪电中获取电能。乍一看这个想法有板有眼，毕竟闪电就是电嘛，[1] 而且在闪电中确实有大量的能量。不过问题在于如何诱导闪电击中你指定的地点。[2]

普通的雷击携带的能量够一间民宅用上两天左右，这意味着即使是像帝国大厦这样每年被闪电击中大约 100 次的地方，雷击产生的电力甚至不够照明用电。

就算是在像佛罗里达和刚果东部这种闪电频繁的地区，地面接收太阳照射带来的能量也要比雷击带来的能量多上 100 万倍。通过雷击发电有点像靠龙卷风驱动的风力牧场：完全不切实际嘛。[3]

>> 特雷弗的闪电

在特雷弗设想的场景中，全世界所有的闪电都集中到了一个地方，这么看起来靠雷击发电的想法一下子就变得很有吸引力了哎！

之前说到闪电“都发生在一个地方”，那么我们不妨假设所有的雷击都紧紧地并排排列。一次雷击的主闪电通道——携带电流的那一部分——的直径约为 1 厘米。我们假想中的闪电束包含了约 100 万个独立的闪电，这意味闪电束的直径约有 6 米。

每个科学作家都总是喜欢把所有东西和扔在广岛上空的原子弹相比较，[4] 那么我们也拿原子弹来作为参照物：我们的闪电束将会向空气和地面注入差不多相当于两颗原子弹爆炸产生的能量。

更直观地来说，产生的电力足以驱动一台游戏主机加等离子电视运行几百万年，或者支撑全美的电力消耗——5 分钟。

---

1. 来源：我三年级的时候在阿萨旺普塞特小学穿成本·富兰克林的样子给同班同学进行的一个演示。
2. 而且我听说闪电从不两次击中同一个地方。
3. 万一你对此感兴趣的话，我确实计算过用经过的龙卷风驱动风力发电机的可能性，得到的结果是它比从闪电中收集电能还不靠谱。龙卷风走廊核心地区平均一个地方每 4000 年才会有龙卷风经过，即使你设法收集到了台风的所有能量，从长期来说发出的平均电力还不到 1 瓦。不管你信不信，类似的想法真的有人尝试过。一家叫作 AVEtec 的公司曾经提出过建造“涡旋引擎”的设想，这种引擎会产生人造龙卷风，并用它们来发电。
4. 尼亚加拉大瀑布的总输出功率相当于每 8 个小时引爆一枚投在广岛的原子弹！投在长崎的原子弹的爆炸能量相当于 1.3 个广岛原子弹！作为比较，大平原上的微风携带的动能也相当于 1 个广岛原子弹。

闪电本身的宽度不会大于篮球场中圈的宽度，但由此产生的大坑将和整个篮球场不相上下。

在闪电束中，空气被电离成具有极高能量的等离子体，闪电产生的光和热会瞬间引燃几千米范围内的地面，产生的冲击波会将附近地区夷为平地。总的来说，把它和原子弹相比并不牵强。

我们能保护自己吗？

>> 避雷针

避雷针的工作原理一直有争议，一些人声称避雷针其实是通过主动将地面中的电荷释放到空气中去，降低云层与地面之间的电势差，从而降低闪电发生的几率来避开雷击。美国消防协会目前并不认可这种说法。

我不清楚美国消防协会对特雷弗设想的巨大闪电柱作何评论，但光靠避雷针是保护不了你的。一根直径 1 米的铜电缆理论上能够承受住闪电产生的瞬时电涌而不会熔毁，但当闪电沿着铜棒来到底端时，由于地面的导电性能不像铜棒那么好，熔融岩石产生的爆炸还是会将你家夷平。[5]

5. 反正你家也已经着火了，因为空中的等离子体放出了大量的热辐射。

>> 卡塔通博闪电

把全世界的闪电都集中到一个地方显然是件不可能的事，那如果只是把一个区域的闪电集中到一起呢？

地球上没有一个地方持续有闪电发生，但委内瑞拉有一个地方闪电极为频繁。马拉开波湖西南角附近有着一种奇怪的现象：永不停息的夜间雷暴。有两处地方几乎每晚都有雷暴形成，一处是湖的上方，另一处是朝西方向的地面上空。这些雷暴每 2 秒钟就能产生一道闪电，使得马拉开波湖成了世界闪电之都。

如果有人设法把一个晚上的卡塔通博雷暴产生的闪电通过一根避雷针传导下来，并用它来给一个巨大的电容充电，储存的能量足够让游戏主机加等离子电视工作将近一个世纪。[6]

当然了，如果你真的这么干，那个古老的说法可能需要再修正一下了。

6. 由于马拉开波湖西南岸没有移动数据网络覆盖，所以你需要购买卫星运营商的网络服务，这通常意味着延时会高达几百毫秒。

最孤独的人

LONELIEST HUMAN

Q. 在这个世界上离其他活人最远的人是谁？他们孤独吗？

——布赖恩 · J. 麦卡特

A. **这问题很难给出确定的答案！**

最有可能的人是阿波罗登月计划中曾待在位于月球轨道上的指令舱里的 6 位宇航员了，他们分别是：迈克尔 · 科林斯、迪克 · 戈登、斯图尔特 · 罗萨、阿尔弗莱德 · 沃尔登、肯 · 马丁利和罗纳德 · 埃万斯。

在每次任务中都会有一位宇航员留在指令舱中，与此同时另两位宇航员会踏上月球表面。当指令舱位于轨道的最高点时，登陆月球的宇航员离留守指令舱的宇航员约有 3585 千米。

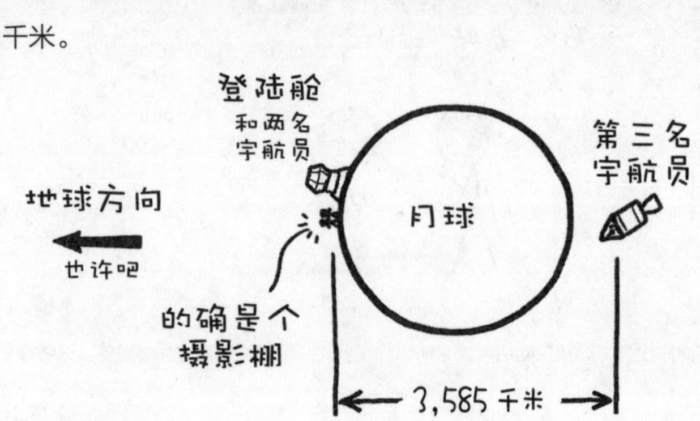

换个角度看，这也是其余的地球人和这些宇航员相距最远的时候。

也许你以为这些宇航员获此殊荣是板上钉钉的事了，但别这么急着下结论，还有一些人可能离这一殊荣也不远！

>> 波利尼西亚人

从一个永久居住地往外数 3585 千米[1]而碰不到一个活人几乎是不可能的。但第一个跨过太平洋的波利尼西亚人却很有潜力，不过这需要一个孤独的水手比他的队友快出一大截。这种情况是有可能的——也许某个人意外地被风暴卷入大海并远离伙伴——但我们恐怕永远也无法确定。

自从太平洋成了人类殖民地的一部分后，便很难在地球表面找到在 3585 千米内看不见活人的地方了。现在南极洲都有驻留的研究人员，就更别想找到这种地方了。

>> 南极探险者

在南极探险时代中，有一些人曾经离那些宇航员所获得殊荣非常之近，其中之一没准是纪录的真正保持者。有一个离纪录很近的人叫罗伯特 · 斯科特。

罗伯特 · 福尔肯 · 斯科特是个英国探险家，但他的生命最终以悲剧结尾。1911 年，斯科特带领的团队到达南极点，却发现挪威探险家罗尔德 · 阿蒙森早在几个月前就已抢先到达。失望的斯科特和他的同伴开始往回走，但在穿越罗斯冰架时他们最后都遇难了。

最后遇难的那位探险队成员在很短的一段时间里，应该可以说是世界上最孤单的人之一了。[2]但不管他是谁，在他周围 3585 千米范围内仍然找得到活人，包括其他南极探险者的前哨站以及在新西兰雷奇欧拉（斯图尔特岛）上的毛利人。

除此之外，还有其他一些人可以角逐这一称号。一位法国水手皮埃尔·弗朗索瓦·普莱斯声称他曾被流放到南印度洋上的阿姆斯特丹岛。如果确实如此的话，他很接近于宇航员们保持的纪录，但他还是离毛里求斯、澳大利亚西南部以及马达加斯加沿岸不够远。

1. 由于地球表面有弧度，因而你需要相隔超过 3619 千米的地表距离才行。
2. 那时候阿蒙森的团队都已经离开南极大陆了。

也许我们将永远无法准确地知道谁是最孤独的人。也许是某个因船只沉没而漂泊在南半球大洋上的18世纪的水手。但在有力的历史证据出现之前，我还是觉得那6位执行阿波罗任务的宇航员才该获得这一称号。

于是我们继续看布赖恩的后半个问题：他们孤独吗？

>> 孤独

返回地球后，阿波罗11号指令长迈克尔·科林斯表示，他一点儿都不觉得孤独。他在描述这一经历的书《带着希望的火种：一位宇航员的旅程》中写道：

> 我丝毫不觉得孤独或者被遗弃。相反，我觉得自己是月球表面上发生的一切的一部分……但我并不是说我没有一种孤寂感，这种感觉确实存在，尤其是当我转到月球的背面，和地球通信的无线电信号突然中断的时候。
>
> 我现在是一个人，真的是一个人，与任何已知的生命形式隔绝。如果数一下的话，在月球的另一边有地球上的30亿人和两位登月的宇航员，而在这边只有我，加上天知道什么东西。

阿波罗15号指令长阿尔弗莱德·戈登甚至还十分享受这个过程：

> 一个人是一回事儿，孤独是另一回事儿，二者全然不同。我现在是一个人，但我不觉得孤独。我曾经是一名空军飞行员，后来是一名试飞员——这期间大多数时间我都在战斗机里度过——所以我很适应这种环境。我完全享受它，我不用和戴夫和吉姆通话……在月球的背面，我甚至都不用和休斯敦联系，这真的是这次旅途中最棒的一部分。

内向的人都明白：史上最孤独的人类非常乐于享受这几分钟的安宁与寂静。

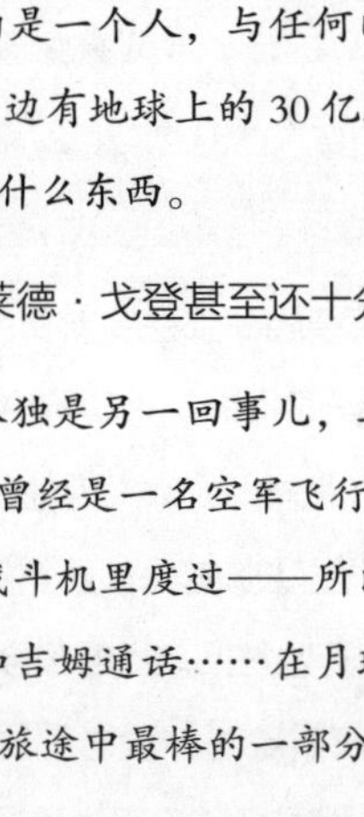

那些古怪而又让人忧心的问题合集十一

WEIRD (AND WORRYING) QUESTIONS
FROM THE WHAT IF? INBOX, #11

Q. 如果英国所有人都跑到一侧海岸边并开始划桨，会发生什么？他们能推动整个岛吗？

——埃伦 · 尤班克斯

NO.

Q. 真的有火龙卷风吗？

——塞思 · 威什曼

YES.

火龙卷风是现实存在的一
个东西，真的会发生。
这一句话就足够了。

雨滴

RAINDROP

Q. 如果一场暴雨中所有的水分都汇聚成一颗巨大的水珠并从天上掉下来会发生什么?

——迈克尔 · 麦克尼尔

A. **堪萨斯的某个盛夏，空气燥热而潮湿。**门廊里两位老人坐在摇椅里。

在西南边的天际，一股不祥的云涌现出来，并在逐渐接近的过程中形成云柱，顶部向外扩散形成铁毡样形状。

老人们听到了微风吹过风铃时发出的丁零声。天色渐渐暗了下来。

>> 湿气

空气中携带着水分。如果你从地面开始向上竖起一道墙直至大气层顶端，使包围在其中的空气柱降温，其中所含的水分就会凝结成雨。如果你在底部收集这些雨水，就会发现雨水的深度在零到几十厘米之间。这个深度就是我们所说的空气的总可降水量（TPW）。

通常来说，总可降水量为 1~2 厘米。

卫星会测量地球上每一点的水蒸气含量，并得到一些非常漂亮的地图。

不妨假设一个暴雨云团长宽各 100 千米，具有较高的总可降水量——6 厘米。这意味着整个云团中含水：

100 千米 × 100 千米 × 6 厘米 =0.6 立方千米

这些水的质量有 6 亿吨（恰好差不多是人类的总重量）。一般情况下，其中一部分水会分散地落下来形成雨，降水量最多也是 6 厘米。

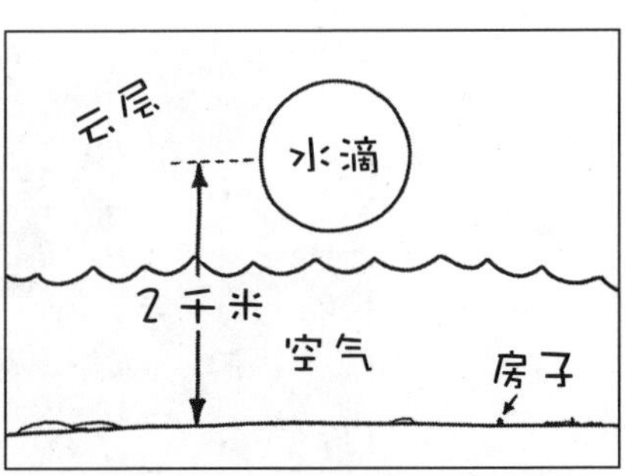

而在这个云团中，所有的水都凝结成了一大滴水，一个直径超过 1 千米的水球。假设这个水球离地若干千米，绝大多数雨

都在这里冷凝形成。

然后巨大的水滴开始下落。

在最初的五六秒内看不出任何异常，之后云层的底部开始慢慢向下隆起，在某一瞬间看上去有点像正在形成的漏斗云。然后隆起部分越来越宽，10 秒后，水滴的底部开始露出云层。

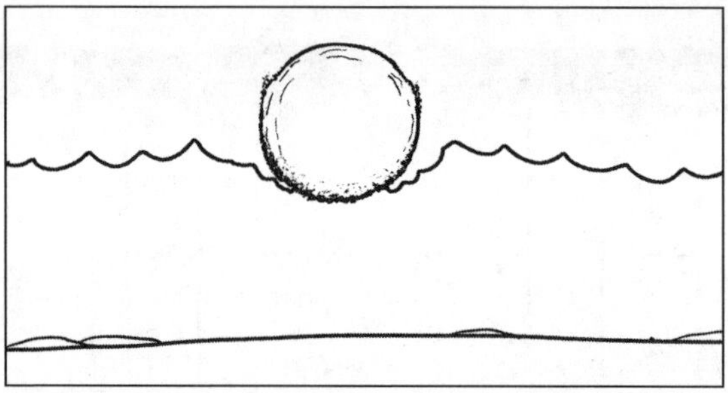

现在水滴的下落速度已经达到了每秒 90 米。呼啸而过的大风将表层水吹成水雾。随着越来越多的空气被强行挤入水滴内部，水滴的下沿开始变成泡沫状。如果水滴继续以这个速度下落足够长的时间，这些力会渐渐把整个水滴分解成雨滴。

但在那发生之前，在水滴形成后约 20 秒，水滴的下沿接触到了地面。现在水滴的下落速度超过每秒 200 米。在接触点的正下方，空气无法及时排开，被压缩的空气迅速产生大量热量，假如有时间的话，下面的草丛是会着火的。

好消息是，这些热量只持续了几毫秒的时间，随后它就被大量冰冷的水淹没了。坏消息是，急速而来的冰冷水滴速度超过音速的一半。

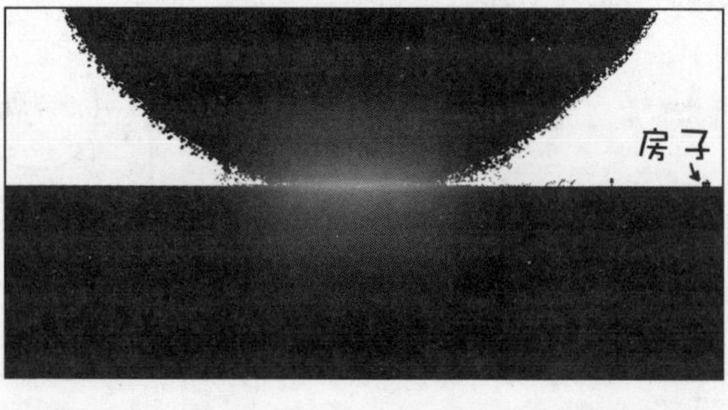

如果之前你一直漂在整个水滴的正中央，你直到此时此刻才会发现一些异样。水滴的中央非常暗，如果你有足够的时间（和肺活量）游上几百米来到水滴边缘，你会看到黯淡的光线。

随着水滴离地面越来越近，不断增加的空气阻力会产生越来越大的压强，你的耳朵会感到胀痛。几秒后，当水滴接触到地面时，你就会因挤压而死——冲击波会在瞬间产生超过马里亚纳海沟底部的压强。

整个水滴一头撞上地面，不过地面上的基岩是不可撼动的。由此产生的压力将水推向四侧，产生一股超音速全向射流，[1] 摧毁一切沿途的物体。

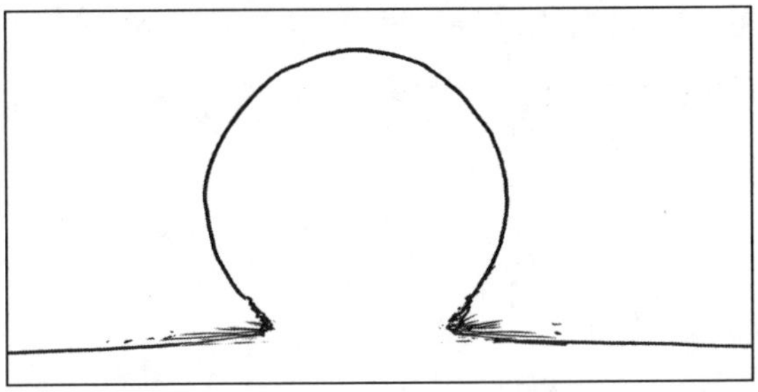

水墙向外延伸出数千米，拔起树木，推倒房屋，翻起土层。在一刹那之间，房子、门廊和那两位老人就被水给淹没。方圆几千米范围内的所有东西都被彻底摧毁，只留下残留在基岩上的一摊泥浆。水花继续一路向外扩散，将方圆 20~30 千米内的建筑悉数冲毁。在这个距离下，有山脉和山脊的庇护的地区得以幸存下来，洪水开始流入山谷和水道。

更远的地区基本不会受到这场暴雨的影响，不过在水滴撞击地面几个小时后，几百千米以外的下游地区将会经受突如其来的洪水袭击。

这场无法解释的天灾通过新闻迅速传遍了世界，整个世界为之震惊又困惑，全世界范围内每一朵云的产生都会引发巨大的恐慌。雨成了全世界人们最恐惧的东西，但一转眼几年过去了，灾难并没有再来。

气象学家历时数年希望还原当年发生的水滴灾难，却得不出任何解释。最终，他们放弃了尝试，这个无法得到解释的天气现象被称为“回响贝斯[2] 暴雨”（dubstep storm）——用一位研究者的话来说——“可真是一大‘低’啊。”

1. 大概是我见过的最酷炫的连续 3 个单词。

2. 译注：回响贝斯是一种电子乐风格，其中通常有很厚重的低音声线。

考试靠猜

SAT GUESSING

Q. 如果每个参加美国高考（SAT）的学生都在选择题部分乱猜一气会怎么样？有多少人会获得满分？

——罗布 · 鲍尔德

A. **没人。**

SAT 考试是给美国高中学生参加的标准化测试，在一些情况下，乱猜一个答案是一个不错的选择。但如果你所有题目都乱猜呢？

SAT 考试并非全部都是选择题，为了把问题简单化，我们假定只在选择题部分乱猜答案，并假设所有人在写作题目和填空部分都拿了满分。

在 2014 年的 SAT 考试中，数学部分有 44 道选择题，批判性阅读部分有 67 道，新式[1]的写作部分有 47 道。每道选择题有 5 个选项，因而乱猜一个答案有 20% 的几率能够猜对。

1. 很久以前我考过 SAT 考试，行了吧？

所有 158 道选择题都猜对的几率为：

$$\frac{1}{5^{44}} \times \frac{1}{5^{67}} \times \frac{1}{5^{47}} \approx \frac{1}{2.7 \times 10^{110}}$$

如果全部 400 万 17 岁的孩子都去参加 SAT 考试瞎猜答案，那么几乎可以肯定的是，在三个部分中的任何一个部分都不会有满分出现。

有多肯定？假设他们每天用计算机参加 100 万次考试，并且持续 50 亿年——直到太阳膨胀成一颗红巨星，将地球烧成渣——在这么多次考试中，仅仅数学部分得到满分的几率只有万分之一。

这几率有多小？每年有大约 500 名美国人被闪电击中（平均每年有 45 人死于雷击，被雷击的死亡率约为 9%~10%）。这意味着指定某一年任选一个美国人，他被闪电击中的几率是七十万分之一。[2]

这意味着如果想通过乱猜获得 SAT 考试满分，这个几率比所有健在的前总统加上《萤火虫》[3] 的全部主演们都在同一天被闪电击中的几率还小。

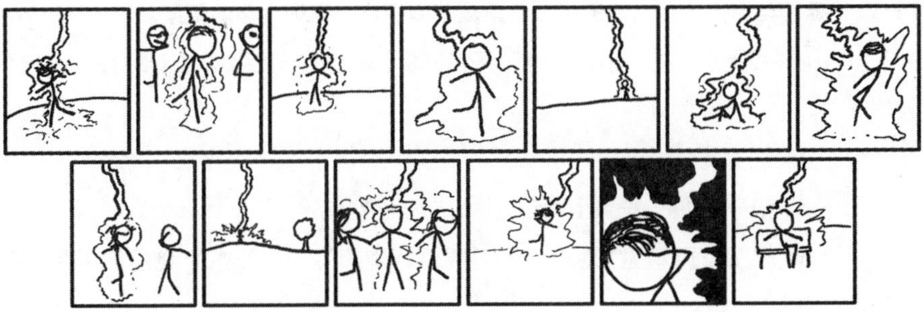

致今年参加 SAT 考试的各位，祝你们好运啦——虽然光靠运气是没用的。

2. 参见 xkcd“条件风险”一章。http://xkcd.com/795/

3. 2002 年美国科幻电视剧。

中子子弹

NEUTRON BULLET

Q. 如果一颗密度与中子星相当的子弹在地球表面从手枪中发射出来（忽略怎么发射这个问题），那么地球会被摧毁吗?

——夏洛特 · 安斯沃思

A. **密度与中子星相当的子弹，重量差不多相当于帝国大厦的重量。**

不管你是否是从手枪中射出，这个子弹都会直直地落向地面，击穿地壳，视岩石如湿纸巾。

我们会关注这两个的问题：

· 子弹落下产生的一长条小洞会对地球有什么影响?

· 如果我们把子弹放在地表，会对周围环境产生什么影响? 我们能用手触碰它吗?

首先，来看一点背景介绍：

>> 什么是中子星?

中子星是一颗巨大恒星因自身重力坍缩后形成的产物。恒星的存在是一个平衡过程，巨大的引力倾向于使整颗恒星向内坍缩，不过收缩会激发好几种不同的向外推的力。

在太阳中心，抵抗坍缩的力来自于核聚变产生的热量。当一颗恒星耗尽核聚变燃料时，它会收缩（这个过程相当复杂，其中还会夹杂好几次爆炸），直到由于受到量子定律的限制，两个物质不能相互重叠而停了下来。[1]

如果一颗恒星足够重，它就能克服量子压力进一步坍缩（还会引发又一次更剧烈的爆炸）形成中子星。如果质量再大一些，它就会形成黑洞。[2]

中子星的密度几乎是你能够找到的密度最大的物体之一（除了密度无限大的黑洞）。这样的星球被自身强大的重力压缩成一份致密的量子力学汤，某种意义上就像是一座山那么大的原子核。

>> 我们的子弹是用中子星上的材料制作的吗?

不是。夏洛特想要的是密度和中子星一样大的子弹，而不是由中子星上的材料制成的子弹。这很好，因为你没法用中子星上的材料制作出一个子弹来。如果你把中子星上的物质拿到其引力势阱范围之外，它会重新膨胀成一团极其炽热的普通物质，释放出的能量大于任何一种核武器。

这大概也是为什么夏洛特只想要一种稳定的、密度和中子星相当的、由神奇材料制成的子弹。

>> 子弹会对地球产生什么影响?

你可以想象它是从一支枪里发射出来的，[3] 但考虑把它从半空中释放的场景会更为

1. 泡利不相容原理限制了电子之间不能过于靠近，这个效应也是为什么笔记本电脑不会穿透你的膝盖掉到地上的主要原因之一。
2. 可能有些物体比中子星更重，但还没有重到能够成为黑洞，它们被称为“奇异星”。
3. 要一把神奇的金身不破的手枪，可以拿着而不会把你的胳膊扯下来。别担心，掉胳膊什么的后面才会讲到！

有趣。不管怎么样，子弹都会向下加速，撞到地面，然后继续一路陷进地球深处。

这颗子弹不会毁灭地球，但产生的结果相当奇怪。

当子弹刚陷入地面一两米时，它自身的重力会扬起大量尘土，随着子弹越陷越深，尘土形成的涟漪会向四周越来越远的地方扩散。同时，你会感觉到地面在震动，子弹会在地面上留下一个破烂不堪、满是裂纹的大坑，但入口洞已经不见了。

子弹会直直地穿透地壳。地表的震动很快就会消散，不过在地下极深处，随着子弹的下落，它会挤压并气化前方的地幔。子弹周围的物质会被强大的冲击波炸开，尾部留下一长串极其炽热的等离子体。这是宇宙有史以来从未出现过的现象：一颗地下流星。

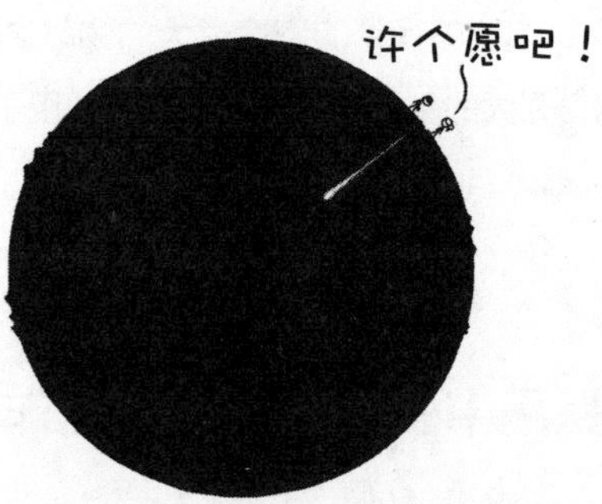

最终子弹会慢慢停下来，卡在地球中央铁镍核心中的某个地方。子弹传递给地球的能量在人类看来非常庞大，但对于地球来说就是九牛一毛了。子弹的重力只会影响它周围十几米范围内的岩石。虽然它的重量大到足以让它穿过地壳，但还是不够把石头压穿。

子弹留下的孔会闭合，把子弹永远掩埋在任何人都不可能挖得到的地方。[4] 最终地球会被年老的太阳吞没，而这颗子弹最后的安息之所将是太阳的核心之中。

太阳本身的质量并不足以使地球变为中子星。在它吞没地球后，它会经历一系列的膨胀和坍缩，最终一切都安宁下来，只留下一颗小小的白矮星，而那颗子弹还留在中央。在遥远的某一天——当宇宙的年龄变成现在的几千倍时——那颗白矮星会冷却成为黑矮星。

至此我们回答了如果子弹射入地球内部会发生什么。那么如果我们设法让它留在地表呢？

4. 除非凯普·度隆（《星球大战》中角色）用原力把它挖出来。

>> 把子弹放在坚实的底座上

首先，我们需要一个强度无限的魔法底座来放置子弹，这个底座底下是一个强度类似的平台，平台的面积大到足以分散这么大的重量，否则整个子弹就会陷到地里去。

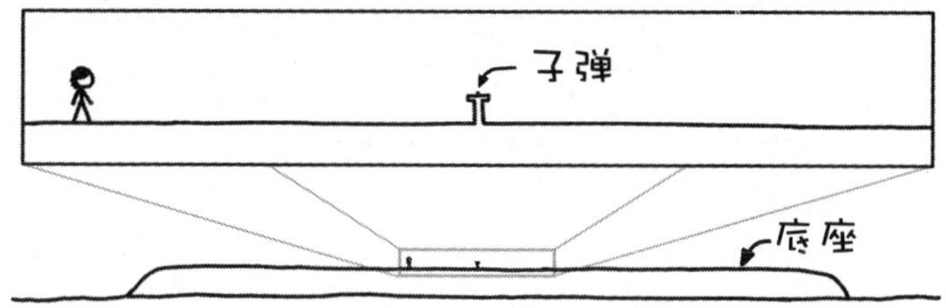

有几个城市街区那么大的底座应该就能让整个装置保持在地面以上几天了，也许能撑更久。毕竟帝国大厦就在和这个差不多的平台上屹立了超过好几天的时间了，也没见它陷到地里去呀。

这颗子弹不会把整个大气都吸走，但它肯定会使周围的空气受到一点压缩，空气温度会因此上升一点，不过你几乎不会感受到。

>> 我能摸一摸吗？

让我们想象一下如果你真的打算去摸一下会发生什么。

子弹产生的引力很大，但还没大到那种程度。

设想你站在 10 米之外。在这个距离下，你能感受到很小的指向底座的拖拽力。你的大脑并没有适应非均匀引力的环境，因而会使你以为自己站在一个缓坡上。

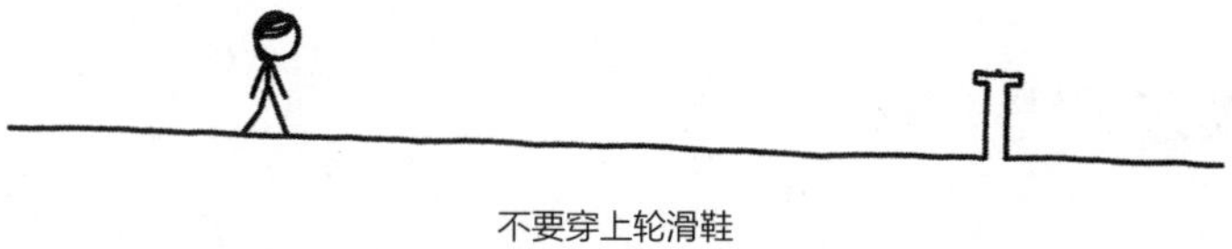

不要穿上轮滑鞋

这个你假想出来的斜坡的倾斜程度随着你离底座距离的减小而增大，在你看来地面就像是向下弯的。

当你走到离底座只有几米时，你就快没法保持身体不向前滑动了。不过如果你能牢牢抓住某个东西，比如一个把手或者一根电线杆的话，你还是能够继续靠近的。

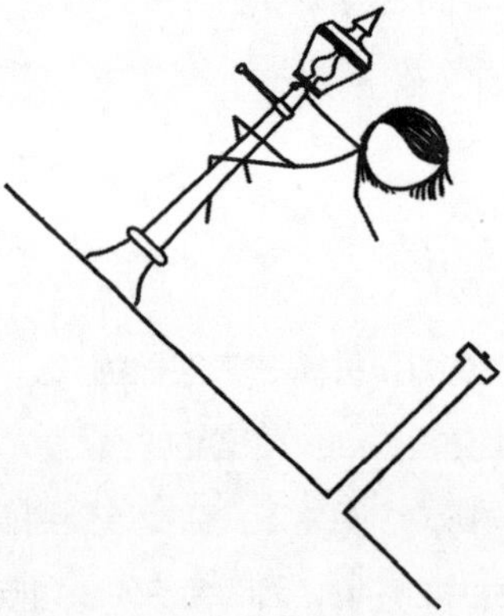

洛斯阿莫斯国家实验室的物理学家们可能会称之为“给龙的尾巴挠痒痒”。

>> 我就是想摸一下！

要想挪到能够触摸到的距离，你需要非常牢固地抓住一些东西。也许你需要全身都用系带拉住，至少你需要戴一个颈托。当你移动到能够摸到的距离时，你的头部受到的引力大小和一个小孩的重量差不多，你体内的血液循环就会被扰乱。不过如果你是个经常接触过载的战斗机驾驶员的话，你有可能可以挺过来。

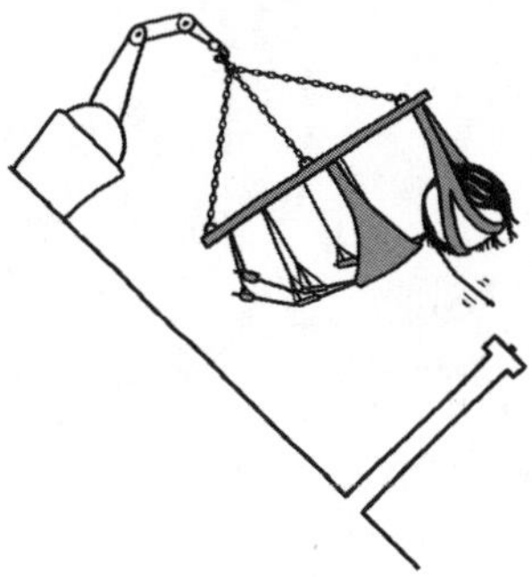

在这个角度下，你全身的血液都会涌向你的头部，但你仍旧可以呼吸。

当你把手臂伸出去时，引力变得越发强大了。一旦距离小于 20 厘米，你就没有反悔的余地了，当你的手指跨过 20 厘米这条线时，你就没有力气再把手臂缩回来了。（如果你经常做单手引体向上的话，你可能可以离得更近一些。）

当你的手指离底座只有几厘米时，作用在手指上的力越来越强，吸引力把你整个人朝前拉——不管你的身体能不能跟上来——之后你的手指能够切实摸到那颗子弹（很有可能把你的手指和手臂扯脱臼）。

当你的指尖触碰到子弹时，作用在手指上的压强如此之大，以至于血液冲破皮肤涌了出来。

在《萤火虫》中，里弗 · 塔姆说过一句很著名的话：“只要有恰当的吸力系统，人体内的全部血液可以在 8.6 秒内抽干。”

如果你的手指摸到了子弹表面，那么你就创造了一个恰当的吸力系统。

你的身体还是被束缚带绑着，手臂也还连在身体上——肌肉比你想象的要更强壮——但血液从指间喷涌而出的速度则大大超过平时的速度。里弗关于“8.6 秒”内流干血液的说法可能还是低估了实际可能发生的情况。

之后事情就开始变得怪异起来。

涌出的血液包围了整颗子弹，形成一个不断变大的暗红色球体，表面嗡嗡作响不停地振动，形成的波纹振动速度快到肉眼根本看不到。

>> 但是等等

现在有一件事变得越发重要：

你漂在血液中。

随着血液球越变越大，作用在你肩膀上的力在逐渐减弱……因为你浸在血液里的那部分身体受到了浮力！血液的密度比肌肉大，而且你的手臂感受的拉力大部分来自于子弹对你最末两节手指的吸引。当血液的深度达到几厘米深时，你感受到的拉力会小很多。

如果你能等到血液球的深度达到 20 厘米——如果此时你的肩膀还完好的话——你甚至可以把手臂缩回来。

问题是：所需的血液量是你全身血液量的 5 倍。

看上去你是不可能活着看到这一刻了。

让我们换个思路。

>> 如何用盐、水和伏特加让你摸到中子子弹

只要你在子弹的周围包围起一圈水，你还是能摸到子弹并活下来的。

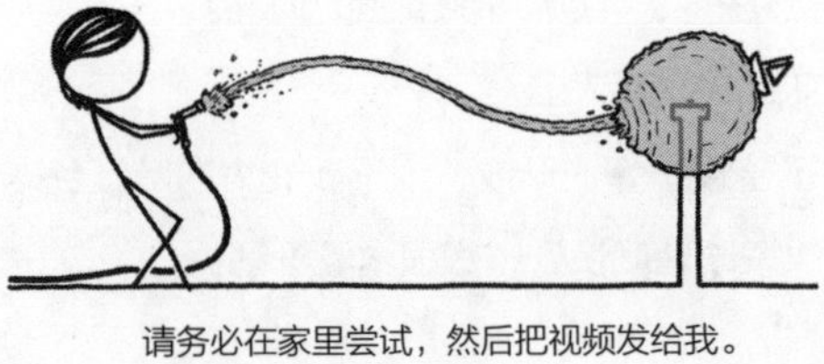

请务必在家里尝试，然后把视频发给我。

如果你想耍聪明，你可以把水管的一端插在水里，让子弹的引力帮你完成吸水工作。

要想安全地摸到子弹，不断把水泼到底座上，直到水深超过 2 米，形成以下的一种形状：

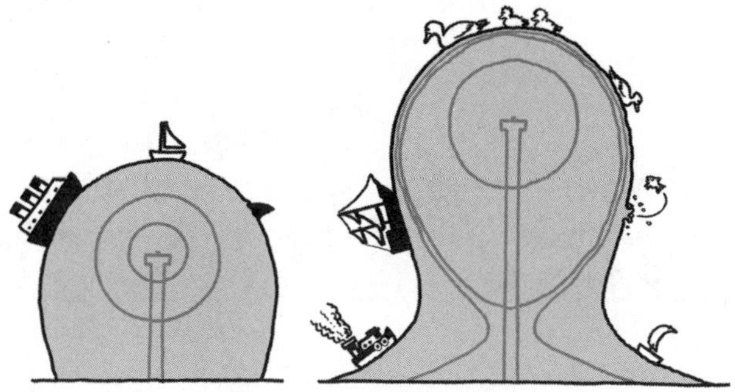

如果这些船沉了，你是没法打捞的。

然后就可以把头和手臂伸进水球啦。

由于水的存在，你应该可以毫无困难地在子弹周围挥舞手臂！子弹确实会把你往里拉，但它同样也在把水往里拉。水（像肌肉一样）即使是在这种压强下也几乎是不可压缩的，所以不会有什么重要的东西被压碎。[5]

然而即使这样你还是不太能“摸”子弹。当你的手指头离子弹只有几毫米时，强大的引力意味着浮力在发挥关键作用。如果你的手密度比水的略小，那么你就没法用手穿透最后那几毫米。如果你的手的密度比水略大，那就会被直接牢牢吸到子弹表面。

这时候就该用上盐和伏特加了。如果你感觉当你伸手靠近时子弹在拉你的手，这意味着你的手受到的浮力还不够大。倒入一点盐可以让水的密度变大。如果你发现手指头只能沿着子弹表面一层看不见的屏障移动，那么你就需要倒入一些伏特加把水稀释。

如果你能恰到好处地掌握平衡，你就能真切地摸到子弹，并活着向别人讲述这个故事。

也许吧。

---

5. 当你把胳膊从水里拉出来的时候，小心由于血液中的氮气气泡而产生的减压症。

>> 另一种方法

上面那种方法听上去还是太过冒险？没问题，这整个计划——子弹、水、盐、伏特加——还能兼职充当指南，告诉你如何调配饮料界有史以来最难制作的鸡尾酒：中子之星。

所以，找一根吸管来开始喝吧。

……同时记住：如果有人朝你的中子星饮料里扔了一颗樱桃，而它沉到了底部，那么不要试图把它再拿出来。它永远都出不来了。

那些古怪而又让人忧心的问题合集十二

WEIRD (AND WORRYING) QUESTIONS FROM THE WHAT IF? INBOX, #12

Q. 如果我吞下一只携带莱姆病病毒的虱子会怎么样？胃酸能够杀死虱子和莱姆病毒吗？还是说我会从内到外染上莱姆病？

——克里斯托弗·福格尔

Q. 假设一架客机的共振频率相对恒定，那么需要多少只猫咪以什么频率一起喵喵叫才能使这架飞机坠毁呢？

——布里塔妮

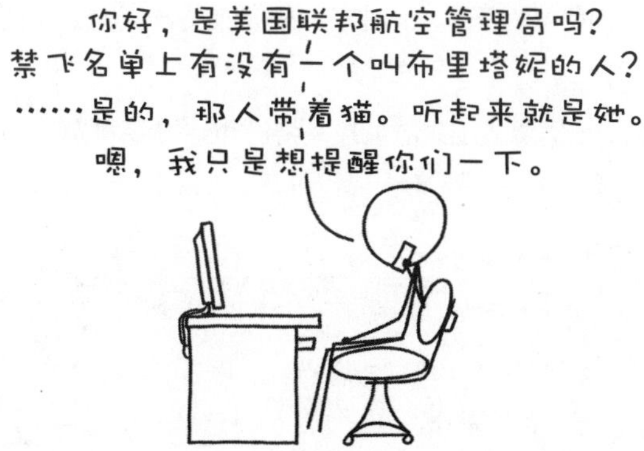

15 级地震

RICHTER 15

Q. 如果美国纽约城受到一场里氏 15 级的地震袭击会发生什么？里氏 20 级，25 级呢？

——亚历克 · 法里德

A. 里氏震级在学术上现在已经被“矩震级”[1]所取代，它们都是用来衡量地震释放出的能量的多少。里氏震级没有上限，不过由于我们平时了解到的地震都在 3~9 级之间，因而许多人都认为最高就是 10 级，最低是 1 级。

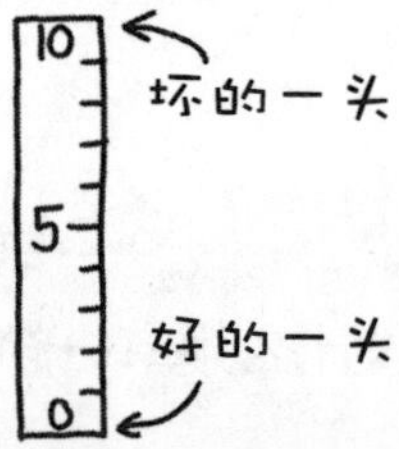

事实上 10 级并不是上限，但实际情况下 10 级很有可能是最高的震级了。一场里氏 9 级的地震已经显著改变地球的自转了，本世纪内两场里氏 9 级以上的地震都使得一天的长度发生了很小的一些变化。

一场里氏 15 级的地震释放出来的能量有将近 10^{32} 焦耳能量，约相当于地球的引

1. 同样的，藤田级数也已经被改良藤田级数所取代。有时人们废弃一种单位只是因为它用起来太糟糕，比如千磅力（kips）每秒千立方英尺（kcfs），以及兰氏度（表示比绝对零度高多少华氏度）。（我曾经不得不读用这些单位写成的技术论文）在其他一些时候，你会意识到科学家们只是想要纠正人们的想法。

力结合能。换言之，死星在奥德兰星球上引起了一场里氏 15 级的地震[2]。

理论上来讲，地球上可能发生威力更大的地震，但这也只是意味着膨胀的碎片云的温度更高一些而已。

太阳的引力结合能比地球更高，可能会发生里氏 20 级的阳震（虽然这可能会引发毁灭性的新星爆发）。已知宇宙范围内威力最大的震动发生在一颗质量极大的中子星上，震级就约为 20 级。释放出的能量相当于你在地球那么大的体积内堆满氢弹，然后在一瞬间引爆。

我们已经花了很长时间讨论庞大而剧烈的东西，如果我们走另一个极端呢？有没有震级为 0 级的地震？

有！事实上震级还可以一路往下走变成负数，让我们来看看低震级“地震”来袭时会对你家产生什么影响吧。

2. 译注：《星球大战》中的星球。

>> 0 级地震

达拉斯牛仔橄榄球队全体队员全速撞上你家邻居的车库墙上。

>> −1 级地震

一名橄榄球运动员撞上你家院子里的一棵树。

>> −2 级地震

一只猫从梳妆台上摔下来。

>> –3 级地震

一只猫把你的手机从床头柜上推下去了。

>> –4 级地震

一分钱硬币从一只狗身上掉下来。

>> –5 级地震

在 IBM 的 M 型键盘上按下一个键。

>> –6 级地震

在轻型键盘上按下一个键。

>> –7 级地震

一片羽毛落到地上。

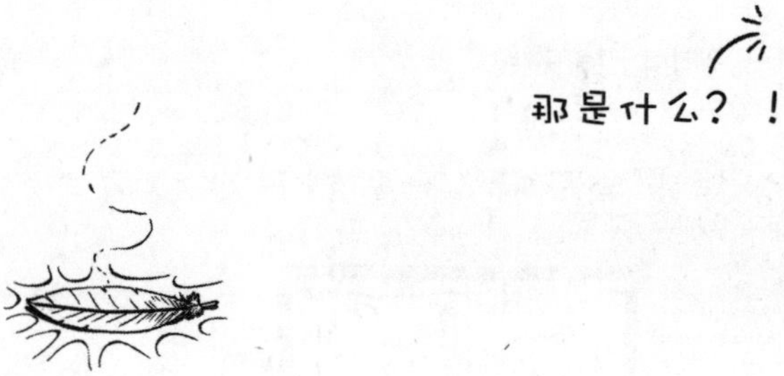

>> –8 级地震

一粒细砂落到沙漏底部的沙堆上。

……让我们直接跳到

>> -15 级地震

空气中飘动的一粒尘埃落到桌上。

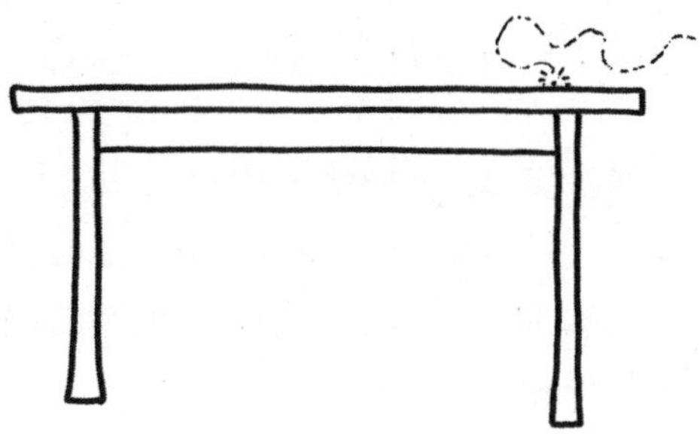

有时换种思路，不去破坏任何东西的感觉真好。

致谢

你正在看的这本书的诞生要归功于许多人的共同努力。

感谢我的编辑考特尼 · 扬，感谢你从一开始就一直是 xkcd 的读者，从头到尾见证着这本书的诞生。感谢 HMH 出版社的许多人，优秀的你们使得这本书得以面世。感谢塞思 · 菲什曼和格纳特的耐心和不倦。

感谢克里斯蒂娜 · 格利森，是你让这本书看上去像一本书，即使这意味着你需要在凌晨 3 点从我关于陨石的潦草笔记中提取信息。感谢帮助我回答问题的各位专家，包括鲁文 · 拉扎勒斯和埃伦 · 麦克马尼斯（辐射方面）、爱丽丝 · 坎塔（基因方面）、德里克 · 洛（化学方面）、妮可 · 古柳奇（望远镜方面）、伊恩 · 麦凯（病毒方面）和萨拉 · 吉莱斯皮（子弹方面）。感谢戴维安，是你促成了这本书的面世，却不愿意被人关注，或许还不太希望在这里被提及。

感谢 IRC 的各位向我提出意见和修改建议，感谢芬恩、埃伦、埃达和里基从洪水般的问题中为我筛选问题，并筛选出和孙悟空（Goku）有关的问题。感谢日本动漫中的孙悟空形象，你有着无穷的力量，也有数百个与你相关的问题，虽然我还是不会为了回答这些问题而去看《龙珠》。

感谢我的家庭通过回答我的问题教会我如何回答奇怪的问题。感谢我的父亲教会我测量，以及我的母亲教会我摹制。感谢我的妻子教我如何变得坚强，教我如何变得勇敢，以及教我一些关于鸟类的知识。

$\rho v^2 C_d A$

$\rho v^3 C_d A$

2

Earth: 1.22

Mars: 0.02

Titan: 5.44

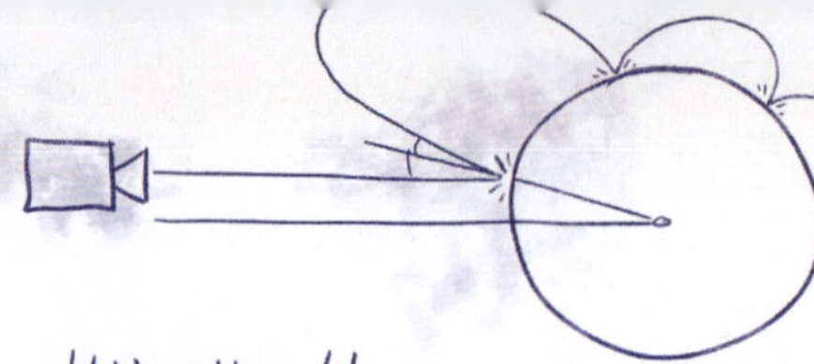

$\cancel{F = M...}$

$\cancel{F = M^a}$

$F = F$

卌 卌 ||

Mexico city: ~~1000~~ 754

$h = \frac{\Delta T s}{g}$

$$\frac{1\,\text{ATM} \times P}{\rho_{AIR}} = 440 \text{ mph}$$

$\leq 25\%$ Chestnut

press...

lava: hot

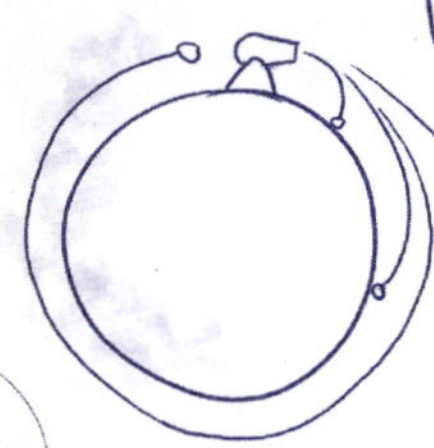

$\Delta x \Delta p \geq \hbar_{FT}$

Glass: 2.86 km

Carbon fiber: 36.3 km

Cast iron: 8.22 km

Trap rock: 4.95 km

~~Trap house~~:

66 $\frac{\text{ton}}{\text{y}}$

f() = ?

$y = \frac{d}{dx} x$

$m_2 = 22.1$ kg (human legs)

$$\frac{Z^{n+1}-1}{Z-1}$$

$$\frac{(Z-1)Z^n}{Z^{n+1}-1}$$

$1 - \frac{1}{Z}$

$$\frac{1.03-1}{1.03}$$

303 29
303 29
303 29
303 29
303 29
303 29

$$\left(-3 + 19 \times 2^{1-6n} \times 5^{1-7n} \times 4443773^n\right)$$

$n \in \{1 \ldots 20\}$

$$(\ldots 00 \times 700)^{\frac{1}{3}} = 315$$

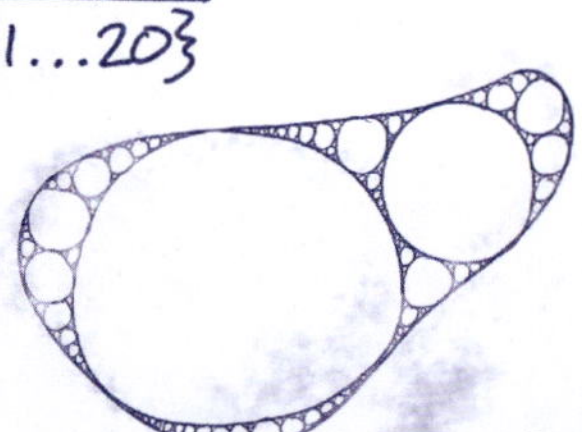

$f(t) + \ldots$

$4.18\ \text{J/g/K}$

$$mgh = ms\Delta T$$

8oz   40

???

$$= \frac{C^2}{g\left(\frac{-cr}{gf}\right)}\left(1 - \frac{M}{F}\ln\left(\frac{F}{M}\right) - \frac{M}{F} - \frac{\left(1-\frac{M}{F}\right)^2}{\frac{-2cr}{gf}}\right)$$

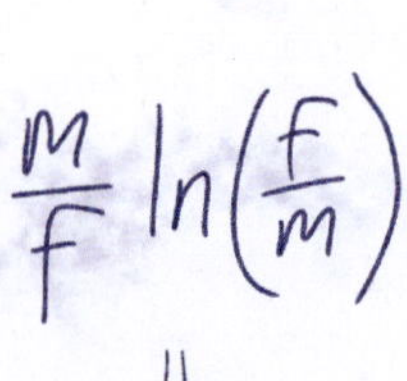

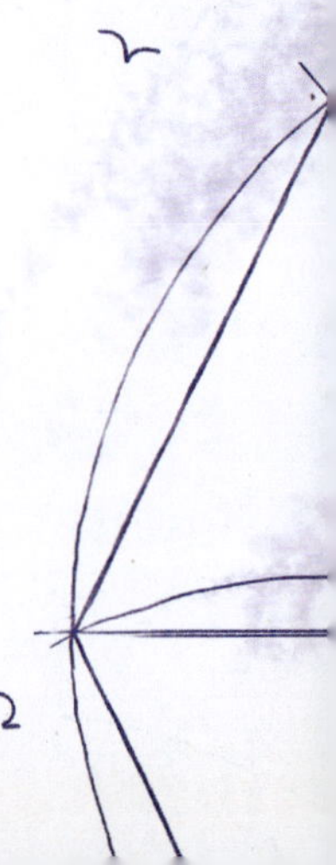

$= \frac{300 \text{ billion birds}}{4\pi R} \times [\text{MISC}]$

$dN = \mathcal{L}\, d\sigma = \mathcal{L}\, D(\theta)\, d\Omega$

$\frac{d\sigma}{\ldots} = D(\theta) = \frac{1}{\ldots}\frac{dN}{\ldots}$